● 二十一世纪"双一流"建设系列精品教材

渠道管理
—— 新零售时代

罗晓萌　谢庆红　朱　兢　编著

西南财经大学出版社

中国·成都

图书在版编目(CIP)数据

渠道管理:新零售时代/罗晓萌,谢庆红,朱兢编著.—成都:西南财经
大学出版社,2024.1
ISBN 978-7-5504-6061-4

Ⅰ.①渠… Ⅱ.①罗…②谢…③朱… Ⅲ.①企业管理—销售管理—
高等学校—教材 Ⅳ.①F274

中国国家版本馆 CIP 数据核字(2024)第 016925 号

渠道管理——新零售时代
QUDAO GUANLI——XINLINGSHOU SHIDAI
罗晓萌 谢庆红 朱 兢 编著

策划编辑:王青杰
责任编辑:王青杰
责任校对:王甜甜
封面设计:墨创文化 张姗姗
责任印制:朱曼丽

出版发行	西南财经大学出版社(四川省成都市光华村街55号)
网 址	http://cbs.swufe.edu.cn
电子邮件	bookcj@swufe.edu.cn
邮政编码	610074
电 话	028-87353785
照 排	四川胜翔数码印务设计有限公司
印 刷	郫县犀浦印刷厂
成品尺寸	185mm×260mm
印 张	16.5
字 数	371 千字
版 次	2024 年 1 月第 1 版
印 次	2024 年 1 月第 1 次印刷
印 数	1— 2000 册
书 号	ISBN 978-7-5504-6061-4
定 价	48.00 元

前　言

营销渠道在市场化过程中扮演着不可或缺的角色，因此渠道管理对于企业经营的重要性不言而喻。随着经济的不断发展和技术的不断革新，营销渠道已从传统的单一渠道模式发展到了如今的全渠道模式，从多层级渠道转向了扁平化渠道。其中经历了数轮演变，渠道管理的理念也随之转换。近年来，得益于电子商务的高速发展，我国线上渠道的成就备受瞩目，中国网络零售的市场规模已连续多年居全球首位，远超位列第二和第三的美国和日本。

党的二十大报告明确指出，要"建设高效顺畅的流通体系，降低物流成本"。在社会再生产过程中，流通效率和生产效率同等重要，都是提高国民经济整体运行效率的重要方面。在以国内大循环为主体、国内国际双循环相互促进的新发展格局下，流通行业成为支撑国民经济发展的重要中间环节。随着我国基础物流设施建设的逐渐完善，以及管理水平的逐步提升，流通行业的发展理念由粗放式向精细化方向转变，逐步迈向了高质量发展。营销渠道作为流通行业的微观视角，对企业在现代市场环境下的转型与变革起着举足轻重的作用。

本书的编写起意于我国有大量有关新零售的先进实践，且新零售的"新"更多地体现在渠道的"新"；而已有的《渠道管理》教材并未涵盖这些最新实践，国外关于"全渠道（omni-channel）"的教材也不完全适用于中国的本土情境。这使得学生在学习渠道管理这门课程时，难以理解新零售时代对渠道变革的推动作用，也没有可参考的前沿概念与理论，学习过程中难以形成代入感，从而影响学习效果。

从本书的编写意义来看，编者力求紧跟我国国民经济的新发展格局，满足我国高等教育新文科建设的需求，并反映近年来学术界新零售与全渠道相关的前沿理论，以及我国企业在新零售领域的创新实践。此外，本书是西南财经大学2021年度第二批规划教材，依托西南财经大学新财经核心课程建设立项项目"新零售与全渠道"而编写。

总体而言，本书的特点体现在以下三个方面：

（1）基于教育部于 2020 年 11 月提出的《新文科建设宣言》和西南财经大学特色的"新财经"理念，顺应当前时代的发展方向，本书力求打破传统学科之间的专业壁垒，融合市场营销、流通经济与供应链管理三个管理和经济学科的前沿理论，构建以"新零售"为背景、"全渠道"为核心和"智慧物流"为支撑的三级教材体系，内容由广入深，旨在打造合格的新财经课程教材，培养一流的新财经人才。

（2）从全球零售行业的发展来看，我国近年来在新零售领域的创新备受瞩目。我国网络经济的爆发式增长，催生出依赖数字化和智能化的创新渠道运营和管理模式，使得我国的许多创新正引领着全球零售行业的发展方向。本书通过引入我国市场环境下的新理论、新技术和新方法，并辅以我国企业的先进实践，力求在传授知识的同时培养学生的爱国情怀和"四个自信"。

（3）本书的编写团队由资深教授、青年教授和青年教师组成，成员均长期从事渠道管理相关的教学和科研，专业方向涵盖流通经济、运营管理和市场营销领域，从不同的专业方向和研究视角出发，融会贯通，形成了本书的撰写框架和内容。

本书由罗晓萌、谢庆红和朱兢编写。其中，第一章和第二章的内容由谢庆红编写，第三章、第四章、第五章和第九章的内容由罗晓萌编写，第六章、第七章和第八章的内容由朱兢编写。西南财经大学博士研究生路云霄、王鑫、吴芬，硕士研究生彭晓曼、杨翠萍、何思成，以及本科生王韵阳、任怡瑾参与了资料搜集与整理工作。全书最后由罗晓萌总纂。

本书适用于高等院校渠道管理课程的教学，也可作为渠道管理从业者及自学者的参考读物。本书的编写和出版过程中，得到西南财经大学出版社的大力支持，在此深表感谢！

由于编者学识水平有限，本书在编写过程中广泛参考了国内外专家学者的最新著作、教材、论文和案例，已力求在参考文献中列出所有来源。此外，书中难免存在疏漏和谬误之处，敬请各界专家学者和广大读者给予批评指正，以便不断改进和完善本书。

编者

2023 年 9 月 10 日于柳林

渠/道/管/理——新/零/售/时/代

目　录

渠/道/管/理——新/零/售/时/代

1 绪论

- -

学习目标

通过本章的学习，学生能够：
- 理解数字化零售世界的特征。
- 了解企业进行渠道变革的动因和现实意义。
- 掌握企业应该遵守的商业伦理及承担的社会责任。

开篇案例：数字化时代的消费场景

想象作为一名消费者，你时常在永辉超市选购口腔护理类产品。某天你的手机收到了一条永辉超市推送的更换电动牙刷的提醒以及一张口腔护理类产品八折优惠券，于是你前往永辉超市选购。

当你进入永辉超市时，入口处的智能识别设备通过刷脸，识别了你的身份。同时永辉后端的数据库显示，在过去一年里，你在永辉超市的月均消费额为800元，其中45%用于食品生鲜类消费，32%用于个人护理消费，23%用于运动用品消费。永辉所有员工都可以在他们的手持终端上查询到这些信息，如果你需要，他们可以随时为你提供个性化服务。同时，你的手机上自动弹出你在永辉超市的会员积分信息，以及再积满多少分就可以达到下一等级和对应的会员福利。

你来到口腔护理产品前，开始比较不同品牌的电动牙刷，你想起了舒克电动牙刷的广告，于是拿起了一款。你掏出手机，用京东App扫描了这款牙刷，该商品的信息立刻显示在手机上，你发现京东上该产品的好评率只有75%。同时，京东为你推荐了几款口碑更好的同类产品，包括一款热销的飞利浦Sonicare声波震动牙刷，其在京东网站的1 025条用户评价中好评率高达98%。

于是你来到飞利浦Sonicare声波震动牙刷货架前，简单地看了一眼产品，目光又回到手机上，通过手机查询，你发现微博上有多达45 000个用户给Sonicare系列产品点了"赞"，其中还包括自己的几位好友。你在哔哩哔哩上关注的几个UP主也关注了Sonicare，并且推荐了该产品。同时，你依稀记起微信朋友圈也曾见到过朋友推荐飞利浦Sonicare系列产品。

随后，你在手机上用语音搜索功能查询最好用的电动牙刷，Sonicare声波震动牙刷的网站链接出现在百度搜索结果页的第一位。继续浏览后发现，多位牙科医生在微博上推荐了 Sonicare 声波震动牙刷。你还发现了一则有关 Sonicare 声波震动牙刷的付费搜索广告，显示该品牌目前正在开展一项购买牙刷即可免费获赠一套替换刷头的促销活动。

经过几分钟的简单调查，你最终确定了自己要买的东西——飞利浦 Sonicare 声波震动牙刷。虽然它并不是你的第一选择，但是你所在的圈子和搜集到的数据影响了你的购买决策。

让我们继续看看你接下来的购物旅程：

手机上的比价软件显示这款牙刷在京东上的售价比永辉超市便宜 50 元，在淘宝网的售价比永辉超市便宜 60 元。尽管你只需轻点手机便可在线购买，而且明天就能收到货，但你还是选择了当场购买，因为你今晚就想试一试自己的新牙刷。于是，你当即就把牙刷放进了购物车里。

你继续在口腔护理产品区闲逛，永辉的"智能购物车"通过包装上的 RFID（射频识别）标签识别出了这款牙刷，评分最高、销量最多的牙膏信息，连同一张同时购买两件立享九折的优惠券自动显示在你的手机屏幕上，于是你决定也购买两支牙膏。手机里的永辉智能购物 App 随即又向你推荐了几款有现货的其他关联产品，为了凑够积分到下一个会员等级，你又穿梭于这几种产品的购物区将它们一并放入了购物车中，然后去结账。你刷脸就完成了结账过程，同时你还获得了更多的会员积分并升到了下一个会员等级，以后你将享受更多的会员权益。于是你拿着一袋子商品心满意足地离开了永辉超市。

拥抱数字化的时代给零售市场带来了无限可能，本案例中提到的消费场景有些已经是事实，有些相信会在不久的将来得以实现。我们欣喜处于这样一个全新的零售世界，让购物变得简单。当你产生一个购物需求时，你也可以足不出户，在手机购物 App 上下达一个订单，选择让快递隔天配送或者由骑手在 1 小时内送达，你的需求被如今的购物网络全方位满足。

（资料来源：作者编写）

1.1 数字化时代的零售世界

党的二十大报告指出："加快发展数字经济，促进数字经济和实体经济深度融合，打造具有国际竞争力的数字产业集群。"党和国家高度重视数字经济的高质量发展，各方面数字化进程不断推进。《第 51 次中国互联网络发展状况统计报告》[①]显示，截至 2022 年 12 月底，中国网民规模达 10.67 亿人，较 2021 年 12 月增长3 549 万人，互联网普及率高达 75.6%。中国数字经济蓬勃发展，超 10 亿网民见证了中国制造和网络强国的发展历程。数字经济正在成为重组生产和生活要素、重塑

---

① 中国互联网络信息中心，第 51 次中国互联网发展状况统计报告。

社会和经济结构以及改变全球竞争的重要工具。中国企业积极投入数字化建设，采用新技术助力企业发展。请看阿里巴巴零售技术创新案例：

零售技术：阿里巴巴的云计算赋能购物节

阿里巴巴是全球大型互联网平台之一，其在中国的零售业务主要由淘宝、天猫和新零售等组成。截至 2022 年 3 月 31 日，9.03 亿的年度活跃消费者在淘宝和天猫平台上交易，实现了 5 760 亿元的成交总额[①]。在 2022 年的"第 14 届天猫双 11 全球狂欢季"（以下简称"天猫双 11"）中，阿里云以基于飞天云操作系统的专用处理器支持购物活动。这一基础设施系统升级极大地提高了数据中心的计算、存储和网络效率。例如，通过升级后的系统加上云原生技术，令"天猫双 11"期间的现货下单、预售尾款支付及退款流程实现同时开启。凭借 AR 方面的自主研发技术，阿里巴巴为消费者带来了更加沉浸式的购物体验。其运用了可生成复杂 3D 场景全新视觉效果的神经网络技术神经辐射场，为 3D 场景建模。此项技术协助博柏利、雅诗兰黛和 SK-Ⅱ等品牌在天猫平台上成功建立了虚拟商店。

阿里巴巴集团首席技术官表示："2022 年'天猫双 11'期间，云计算使用的深度及广度再次展现了阿里巴巴的技术能力。无论是自主研发技术驱动的高性能计算及数据库产品等基础架构，还是面向消费者的延展现实以及直播技术，均体现了云计算的优势。未来阿里巴巴将继续应用这些卓越的技术能力，以更好地服务客户，协助他们迈向更加创新、高效、绿色的数字化进程。"[②]

（资料来源：作者编写）

1.1.1 数字化时代的内涵与特点

随着大数据、物联网、AI、区块链等数字技术的快速发展，数字经济已经成为全球经济增长的"新引擎"。根据联合国贸易和发展会议报告，全球数字经济活动及其创造的收入增长迅速。2019 年数字经济规模占世界经济生产总值的 4.5%~15.5%[③]，并持续扩大[④]。2022 年，中国数字经济规模达到 50.2 亿元（如图 1-1 所示），同比增长 10.3%，数字经济占 GDP 的比重达到 41.5%[⑤]。

---

① 阿里巴巴集团 2022 财政年度报告。
② 阿里巴巴官网，一个更高效、创新及绿色的云上双十一，https://www.alibabagroup.com/document-1528849751804477440.
③ 由于"数字经济"并未形成全球统一的概念，因此联合国贸易和发展会议统计测算的数字经济规模是一个区间的形式。
④ 联合国贸易和发展会议（United Nations Conference on Trade and Development，UNCTAD）《2019 年数字经济报告价值创造和捕获：对发展中国家的影响》（Digital Economy Report 2019—Value Creation and Capture: Implication for Developing Countries）。
⑤ 中国信息通信研究院，中国数字经济发展研究报告（2023 年）。

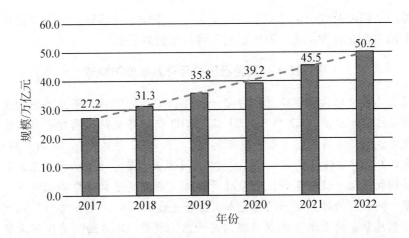

图 1-1　中国数字经济规模（2017—2022 年）

（数据来源：中国信息通信研究院）

我国高度重视发展数字经济。2017 年习近平总书记在中共中央政治局第二次集体学习中强调"要构建以数据为关键要素的数字经济"。2020 年 4 月，中共中央、国务院明确把数据纳入生产要素，提出要"加快培育数据要素市场"。2021 年发布的《中华人民共和国国民经济和社会发展第十四个五年规划和 2035 年远景目标纲要》中"数字经济"单独成篇，指出要"加快数字化发展，建设数字中国"。

1）数字化时代的内涵

数字化时代是指以数字技术为核心的信息时代，各社会主体利用数字化产生的技术，应用于我们生活的各个方面[①]。数字化技术的普及和发展，深刻影响着社会、经济的各方面，成为当代社会最为显著的变革之一。数字化时代的内容主要涵盖了数字技术、数字经济和数字社会三个方面，具体如下：

（1）数字技术

数字技术是数字化时代最基础的组成部分，涉及计算机、网络、AI、物联网等众多领域。数字技术的发展，一方面为人类提供了更加高效、精准、智能的工具和手段，从而实现了信息处理的全面数字化；另一方面也使得信息的交流和传播更加广泛、快速和便捷。

（2）数字经济

数字经济是以数字化知识和信息作为关键生产要素，以数字技术创新为核心驱动力，以现代信息网络为重要载体，通过数字技术与实体经济的深度融合，不断提高传统产业的数字化和智能化水平，加速重构经济发展与政府治理模式的新型经济形态[②]。数字经济的兴起极大地推动了全球经济的发展，也成为国家和地区经济转型升级的重要手段和支撑。

---

① 朱晓明，宋炳颖，倪英子，等. 数字化时代的十大商业趋势［M］. 上海：上海交通大学出版社，2015.

② 中国信息通信研究院. 数字经济概论：理论实践与战略［M］. 北京：人民邮电出版社，2022.

（3）数字社会

数字社会是数字化技术对社会组织和社会生活加以深刻影响后的产物，包括数字城市、数字政府、数字医疗等多个方面。数字社会的发展，将数字技术与社会组织、社会治理和社会服务紧密结合起来，为人们提供更加智能、高效和个性化的公共服务。数字社会的发展也极大地推动了社会组织和治理的现代化进程。

总之，数字化时代是一个涵盖多个领域的综合概念，其核心是数字技术的快速发展和广泛应用。

2）数字化时代的特点

数字化时代具有数据化、数字技术赋能传统产业、更好地满足个性化需求和安全问题催生数字化治理四大特点，具体如下：

（1）数据化

数字化时代最重要的特点之一就是数据化。随着数字技术的发展，各种数据源如社交媒体、互联网、物联网等不断涌现。一方面，数据规模不断扩大，数据类型不断丰富；另一方面，数据处理和应用的技术也不断提升，数据分析和挖掘的效率和精度不断提高。这两方面的发展为个人、企业和政府等提供了更加多样化和精准化的信息服务。例如，京东使用预测性客户行为分析，准确地为顾客提供想要的商品，其推出的两项服务"你可能还喜欢"和"我的专属推荐"就是基于这种数据分析，对客户行为进行识别并推荐个性化产品。

（2）数字技术赋能传统产业

数字化时代下，数字技术与不同领域之间的融合日益深入。数字技术的快速发展，加强了领域内知识和技术的使用和传播，从而产生了更加创新和多样化的产业和产品。例如，数字技术和医疗行业的融合产生了数字医疗，数字技术和教育行业的融合产生了在线教育等。

（3）更好地满足个性化需求

数字化时代下人们的个性化需求得到了更好的满足。数字技术的支持使得企业和政府可以针对不同的用户提供更加精准、定制化的服务。同时，数字技术也使得个人能够更加方便地获取和使用信息、产品和服务，提高了人们的生活质量和满意度。

（4）安全问题催生数字化治理

数字化时代下数字技术的普及也带来了一系列安全问题。网络犯罪、个人信息泄露、数据安全等问题日益严峻，对个人、企业和政府等都造成了难以估量的损失。因此，数字化时代需要强调数据安全和隐私保护，不断推进数字技术的法律保障，由此催生了数字化治理。数字化治理是数字经济发展的必要补充，包括利用数字技术完善治理体系、创新治理模式、提升综合治理能力等。数字化时代下社会治理的模式发生深刻变革，由过去政府单纯监管的治理模式向多元主体协同共治的方式转变，将平台、企业、用户、消费者等数字经济生态的重要参与主体纳入治理体系，发挥各方在治理方面的比较优势，构建多元协同治理方式。

5

1.1.2　数字化时代的零售

在数字经济时代，几乎所有的企业和组织都受到了数字技术带来的颠覆性影响。数字技术作为企业重要的数字资源，是产品开发、生产流程和服务创新的重要来源，能够帮助企业迎接数字化时代的诸多挑战。越来越多的零售企业开始利用数字技术获取所需的资源，来进行交易与创新活动（李玲 等，2023）。近年来，零售业蓬勃发展，规模持续扩大，业态不断创新。在技术升级与消费升级的驱动下，"新零售"应运而生。

"新零售"强调通过大数据和互联网重构"人、货、场"等商业要素，形成新的商业形态。该商业形态有效实现了线上线下的优势互补，越来越受到消费者的欢迎。目前已有包括阿里巴巴、腾讯、京东、小米、网易等众多企业进行了新零售的实践探索，例如阿里巴巴的"盒马鲜生"、腾讯京东系的"超级物种"、小米公司的"小米之家"、网易公司的"网易严选"等（如图1-2所示）。

图1-2　数字化时代的新零售企业

（资料来源：来源于网络）

在新零售模式下，企业的渠道模式及类型发生了巨大的变化，从单渠道转向了多渠道和全渠道。企业对于渠道的经营不仅是"砖头＋水泥"到"鼠标＋砖头＋移动"的简单转变，而且是基于顾客消费的每一环节，将多渠道有机整合，以匹配消费者购物、娱乐、社交等综合体验需求，从而实现消费过程无缝衔接和消费需求精准响应。

基于新零售运作机制的优势以及诸多促进零售业转型的政府意见和政策，新零售正呈现出强大的生命力与市场效益。例如，阿里巴巴旗下的新零售品牌"盒马鲜生"，采用RFID、语音识别等技术，结合社交媒体、小程序、APP等触达消费者的方式，使线上线下的数据、物流、营销等紧密衔接，实现多渠道协同，形成线上线下融合的新零售经营模式。截至2022年年底，盒马的门店数已突破300家，年销售总额为610亿元①，多家店面在开业半年就实现了盈利。如今，新零售已逐步成为

---

① 中国连锁经营协会，2022中国连锁TOP100，2023年6月，http://huiyi.ccfa.org.cn/portal/cn/xiangxi. jsp? id＝444632&type＝10003.

中国商业发展的重要力量，正在加速影响人们的生活方式、地方经济发展以及城市空间的演进。

1）"新零售"的内涵

互联网技术的飞速发展使得电子商务（简称"电商"）的发展进入了快车道，电商企业间的流量竞争更加激烈，导致互联网普及所带来的红利逐年衰减，传统电商市场发展的"天花板"依稀可见。此外，传统电商本身也存在无法提供真实场景和良好购物体验的明显短板，不能满足消费者日益增长的对高品质、异质化、体验式消费的需求。这就要求零售业打破线上和线下渠道间的界限，线上、线下渠道融合发展。

（1）业界对"新零售"的定义

"新零售"的概念自从被提出以来，就得到了社会各界的广泛关注。在企业界，一些互联网巨头依据自身对新零售的理解，相继推出不同形态的新零售模式，并在不断探索的过程中提出了各自有关新零售的定义。

①阿里巴巴对"新零售"的定义。2016年10月，在杭州云栖大会上阿里巴巴的马云率先提出"新零售"的概念。他指出："未来的十年、二十年，没有电子商务一说，只有新零售。"他认为未来线上与线下零售将深度结合，再加上现代物流，服务商利用大数据、云计算等创新技术，构成未来新零售的概念。2017年3月，阿里研究院新零售研究报告对"新零售"的概念给出了官方研究机构的正式解读，即新零售是以消费者体验为中心的数据驱动的泛零售形态[①]。

②腾讯对"新零售"的定义。腾讯借助自身社交流量赋能优势，将用户、数据和连接三个维度与零售业结合，入股了京东和永辉。其强调"去中心化赋能"，旨在为零售企业提供更多直接触达用户的机会，注重社交与零售的融合。

③小米对"新零售"的定义。小米认为"新零售就是更高效率的零售，借助互联网工具从线上回到线下，提升传统零售的效率，实现融合"，关注的是零售效率的提升，据此推出小米之家服务站等。

④京东对"无界零售"的定义。京东认为新零售的本质是实现成本、效益、体验的升级，通过基础设施的智能化和协同化，推动"无界零售"，打破产业边界，重新定义消费者与企业的关系。京东聚焦"无界零售"，实现成本、效益和体验升级，推出了京东之家体验店。刘强东认为，无界零售的核心，从后端来讲，就是供应链一体化，减少品牌商的操作难度；而从前端来讲，就是满足顾客随时随地消费的需求。

⑤苏宁对"智慧零售"的定义。苏宁通过布局"两大两小多专"智慧业态集群，提倡以消费者需求为核心，以云端大数据分析和智慧物流技术为保障，多业态精准经营，促进线上线下相互融合共同发展。苏宁更多关注的是技术赋能，旨在打造"智慧零售"，因而开设了线上卖场"趣逛逛"和线下的智慧生活广场。张近东指出："智慧零售的本质是数字零售，是场景渠道的智能化。"

---

① 阿里研究院，C时代 新零售——阿里研究院新零售研究报告，2017年3月。

（2）学界对"新零售"的定义

结合企业界对"新零售"的理解，学术界对"新零售"的内涵也有较广泛的讨论，一些学者从不同的视角对"新零售"的内涵给出了界定。

①从技术手段视角，杨坚争等（2018）认为"新零售"是企业以互联网为依托，将大数据、AI等创新技术融入流通领域，对商品的生产、流通与销售的过程进行升级改造，从而为消费者、企业获得最大利益的活动方式[①]。

②从线上线下渠道融合视角，王淑翠等（2020）强调"新零售"是指以大数据、AI等新兴技术为基础，融合线上与线下渠道，开发利用当代物流和消费场景为用户提供最佳消费体验的零售行为和商业组织[②]。

③从目标实现视角，周勇等（2021）认为"新零售"是指以用户体验与零售效率提升为目标，构建新零售时代和业态中的"定制化""即时响应"的新型生态供应链[③]。

④从价值共创视角，胡祥培等（2020）强调"新零售"指以消费者的体验为中心，通过线上与线下的协同建设和快速反应的柔性供应链和全渠道的构建，呈现出交互性、协同性、集成性、智能性和数字化的线上线下深度融合，以达到多利益主体协同优化和降本增效的目标[④]。

尽管新零售在业界已经历了多年的蓬勃发展，但各界对"新零售"尚未形成统一的认知和普遍接受的定义。本书在综合业界和学界认知的基础上，认为"新零售"的"新"在于战略层面有了完全不同于传统零售的"新"定位，既更好地服务消费者又让利于消费者。一方面，网络技术使消费者能从多维度获取无差异的体验，实现需求定制化，更好地服务消费者；另一方面，通过先进的数据与AI技术以及多渠道与物流的深度融合，提升企业资源使用与运营效率并降低运营成本，最终让利消费者。

2）新零售的特征

为了更清楚地理解新零售与传统零售之间的区别，需要了解新零售究竟有哪些不同于传统零售的特征。依据上述对新零售的理解和定义，新零售之所以"新"，在于其以消费者为中心的战略定位与发展理念，其核心本质是为了给消费者提供质优价廉的产品或服务，而不是仅仅为了更好地去销售。新零售与传统零售之间的本质区别主要表现在如下三个方面：线上线下深度融合、实现供应网络去中心化以及提升效率和回归零售本质。

（1）线上线下深度融合

该特征体现了新零售的最基本要求。这里的"深度融合"不仅是通过线上线下

① 杨坚争，齐鹏程，王婷婷."新零售"背景下我国传统零售企业转型升级研究［J］.当代经济管理，2018，40（9）：24-31.
② 王淑翠，俞金君，宣峥楠.我国"新零售"的研究综述与展望［J］.科学学与科学技术管理，2020，41（6）：91-107.
③ 周勇，池丽华，袁美琴.新零售的商业逻辑与展望［J］.上海商学院学报，2021，22（1）：17-26.
④ 胡祥培，王明征，王子卓，等.线上线下融合的新零售模式运营管理研究现状与展望［J］.系统工程理论与实践，2020，40（8）：2023-2036.

渠道的简单叠加来获取更多的客源，让消费者能触及所需商品，还需要充分利用不同渠道的优势（如线上渠道具有价格和成本优势，线下渠道则具有消费体验优势），通过对多渠道的协调和整合来弥补各渠道存在的短板（张晓青 等，2018）。

（2）实现供应网络去中心化

该特征是新零售实现的重要标志。供应网络去中心化是指打破大多数传统零售的层层分销网络，直接将制造商或品牌商的产品下拨到线下店、社区门店、前置仓等分销网络的末端，通过厂家直达消费者的产品直配网络，实现消费需求定制化。这种去中心化一方面会大大缩短将产品送达消费者手中的时间，提高时效性；另一方面也可以让消费者直接参与产品设计，真正满足消费者的个性化需求。

（3）提升效率和回归零售本质

该特征是新零售健康发展的根本。新零售的本质是降低成本与提升效率。企业通过线上线下多渠道融合，获取全方位数据，并基于消费者体验视角，来提升零售效率。新零售要真正践行"以消费者为中心"的宗旨：①消除不必要的中间环节，让消费者与产品制造商或品牌商直接交互，从而降低中间成本并实现需求定制化；②充分利用先进的网络技术、数据分析技术与 AI 技术等进一步提高运营效率、降低运营成本，让消费者真正享受到质优价廉的产品和服务；③打破不同渠道间的壁垒，以方便消费者感知、体验与购买为原则来融合线上线下渠道；④深度融合物流以满足消费者越来越高的时效性要求。

1.1.3 改变零售业的主要力量

数字化时代，一方面，实体零售市场因为网络零售的影响逐渐萎缩；另一方面，互联网普及带来的流量红利逐年衰减，使得网络零售的发展也陷入瓶颈。再加上持续技术创新与消费不断升级，致使单一的线下或线上零售难以为继，以独立、对抗的传统模式运营都将陷入增长僵局。在这样的背景下，实体零售和网络零售显现出差异化的痛点。

传统零售：线下和线上运营的痛点

一名在汉正街经营服饰箱包批发零售店的赵先生谈到现在生意不好做："自从电商兴起了之后，我们的生意一落千丈，以前一到节假日街上就人潮涌动，现在是门可罗雀……这还不是最糟的，房租年年涨，平均每天要卖出去 80 个包才能覆盖房租。放在以前也不是不可能，关键是现在货源太透明了，我卖的隔壁家也卖，更别提线上了。现在的顾客太精明了，到处比价。我也尝试过在线上卖，你要是做个促销引个流吧，他们就专挑引流的产品买，其他的也不顺带，那我不也是净亏嘛！"

林小姐开设了淘宝店铺，销售自有品牌服饰，也提及线上服装生意的困境："我 2008 年就开始在线上开店了，那个时候只要你用心简直就是'躺着赚钱'，现在是越来越难了。最初打个广告人均几块钱，现在涨到人均百元以上了！广告打不起只能靠老顾客，但很多顾客都只看价格，天天跟我抱怨哪家产品跟我一样，价格却比我便宜。我已经是微利经营了，真的是有口难辩！而且现在顾客的要求越来越高，我雇用专业团队拍摄的模特加实物图都提供了，还是退货率特别高，以前我自己摆拍也没见这么难卖……"

（资料来源：作者编写）

由以上案例可知，实体零售和网络零售都存在一定痛点。实体零售有固定成本高、消费场景局限等困境；网络零售有退货率高、消费者体验感不足等问题（详见第三章分析）。如今，零售业正在发生深刻变化，"新零售"作为实体零售与网络零售的协同优化升级，其产生和发展过程依附于两类革新：其一，线上、线下与物流的深度融合，通过技术驱动和大数据赋能，大大提升了零售业的整体效率；其二，规避实体零售和网络零售的自身缺点，实现二者的优势协同，迎合消费升级对服务品质升级的诉求，满足消费者购物、娱乐、社交等多维度的需求。"新零售"的产生和发展是零售业态重构和变革的过程，那么造成这场零售业革命的原因和力量究竟有哪些？在寻找答案的过程中，我们发现以下三方面的因素深刻影响了零售业的革命。

1）技术发展与网络基础设施的完善

"新零售"的提出与大数据、云计算、移动互联网等技术的成熟应用密不可分。以大数据为例，对消费者大数据的收集和运用，真正体现了以用户体验为中心的原则，这是"新零售"的数据根基。各种渠道的整合带来了海量的消费者数据，企业利用各种新技术在这些数据中大浪淘沙，可以让消费者体验变得个性化、定制化。同时，企业通过更好地搜集零售终端信息，来辅助需求预测，从而提高生产效率。例如，阿里巴巴集团的阿里云通过采用 AI、大数据等技术，帮助企业实现客户获取、客户运营、客户互动的数字化全过程，建立以消费者为中心的数据驱动的商业模式。

要实现基于大数据的"新零售"，就要提升自身对数据的获取和分析处理能力。而这些技术的推广与应用，均离不开网络基础设施的完善。依托于国家的相关政策，中国网络基础设施的建设全球领先，网络环境由互联网迈向移动互联网，实现了跨越式发展。

2）Z 世代消费者和中产阶级的崛起

Z 世代，通常是指 1997 年至 2010 年出生的一代人。他们一出生就与网络信息时代无缝对接，熟悉信息技术，可以轻松自在地进行线上购物；但同时，他们并不排斥实体商店，也更注重购物体验。因此，Z 世代是自如的全渠道购买者。

在物质资源日益丰富的背景下，随着中产阶级的崛起，其消费观促成了居民消费的整体升级。当前的"新零售"概念正是建立在中产阶级快速崛起与消费升级基础之上的。目前，消费升级主要呈现出三个方面的特征：一是消费品质从"能温饱"向"要吃好"转变，消费者对品质的要求越来越高；二是消费形态从"买产品"向"买服务"转变，消费者越来越重视服务性消费；三是消费行为从"标准化"向"个性化""差异化"转变。消费升级所呈现的特征，特别是其中对个性化的追求、对于服务的特殊要求等，倒逼了零售业的整体升级。

3）零售业的自我发展与革新

全球实体零售业发展放缓，亟须寻找新的增长动力。为了应对零售行业所面临的问题，线上和线下企业均在进行跨界融合。零售业作为数字化应用较早、创新活跃的行业，随着中国在全球率先开始探索"新零售"的实践，催生了新技术、新模式、新消费交织的零售业态变革。

（1）零售企业改写了市场规则

数字经济时代，零售企业以消费者在智慧生活方面的体验作为出发点，建立以"互联网+"、数字信息技术等手段为基础的服务平台，为消费者提供智慧服务，从而满足用户在不同场景下的需求，使消费者能够在整个购物过程中得到最佳的体验。例如，亚马逊的出现让消费者的购物预期发生了彻底的改变。其"一键"购物模式、免运费、退货政策、动态价格，给予了顾客个性化的购物建议，鼓励顾客做出个性化的商品评价。亚马逊不断革新，投资机器人和无人机技术，开发新设备；还提出"无限货架"的观念，开启会员服务、云服务等。京东、淘宝等电商平台的相似行为引导了中国零售业的变革。

（2）全渠道购物

全渠道是指在购物的过程中，消费者能在所有渠道间无缝切换，而不是选择这个渠道或那个渠道的非此即彼的模式。全渠道模式下，企业对不同的渠道进行整合，以满足消费者购物场景分散化的需求，这种渠道融合既有实体店铺，也有线上店铺。全渠道还能在一定程度上满足企业采集消费者行为数据的需求，消费者购物场景分散化使得其行为数据与关系数据沉淀于各个购物场景，只有实现全渠道融合才能达到多源异构、多维完备的大数据要求，从而提升零售业态的经营绩效。

1.1.4 数字化零售的特征

数字化零售依托现代信息技术与智能工具如大数据、云计算、AI 等，将零售价值链上所涉及的商品信息、物流信息、交易信息及用户信息等进行数字化整合，形成智能设备能够识别、计算和优化的数据资产；这些数据资产与零售企业核心价值进行结合，指导零售业态的智能化升级，促进消费者体验改善，从而实现提升零售商运营效率的系统化能力建设。具体而言，数字化零售具有以下四个重要特征。

1）用户为王，"人"的数字化备受关注

零售行业的发展从战略层面分别经历了产品为王、流量为王和用户为王的三个阶段，而每个阶段的战略重心都在很大程度上推动了"人、货、场"的数字化转型进程。新零售数字化赋予了"人、货、场"更多价值：从"人"的层面，用户运营由碎片化的信息发展为用户画像，同时用户标签使企业能够更大程度挖掘用户的生命周期价值；从"货"的层面，产品及服务的研发与营销以人的偏好展开，供应链向柔性化、网络化发展；从"场"的层面，线上线下交互融合，承载产品及服务的同时，沉淀数据资产。由"产品为王""流量为王"发展到"用户为王"，用户消费选择权及话语权愈加强势，"人"的数字化是识别、了解和运营用户，从而实现商业变现的必要途径。在新零售时代的数智化生态构建中，用户数据将成为打通

"人、货、场"的关键所在，用户价值愈加显著。

2）线上线下无边界，随时随地能交易

数字化零售通过在商品、用户、渠道、物流等方面实现融合，推动零售全场景协同，搭建线上线下一体化的购物体验，为用户提供全品类和全渠道的服务。这样能够充分满足消费者到店、到家的购物需求，实现线上和线下的无缝衔接，极大地提升消费者体验。同时，移动支付的发展让线上、线下支付环节不再存有差异，消费者可以利用手机、平板电脑等移动设备随时随地挑选心仪的商品。数字化零售融合线上线下，在需求端与供给端之间搭建数据通路，成为品牌和企业精准时刻满足消费需求、实践新制造的主阵地。

3）新兴技术层出不穷，赋能传统消费场景

新技术是新零售行业持续创新的核心驱动力，数字化零售不断采用新的技术来提高零售的效率和增强客户的体验，5G、AI、物联网是驱动零售业向数字化零售转变的新"三驾马车"。例如，数字化零售能够通过采用虚拟现实（VR）和增强现实（AR）技术，品牌商可以设计与其实体店非常相似的数字空间，消费者可以浏览虚拟衣架、"试穿"服装并与店员实时互动。这一突破将在线购物的便利与通过沉浸式技术虚拟体验产品的能力结合在一起，不仅可以提高客户参与度，还有助于培养客户的品牌忠诚度。

4）高效物流是关键，实现"分钟达"

数字化零售的核心是"人、货、场"的数字化，而连通"人、货、场"的核心是建立高效的数字化物流系统。只有打通现代物流这条血脉，尤其是末端配送的"毛细血管"，数字化零售才能形成闭环。高效的物流仓配体系为数字化零售的运营、商品的供给和用户的体验提供重要的支撑，为零售供应链的健康运营提供重要的保障[①]。各企业正在积极构建全新的端到端物流模式，提高配送效率。例如，京东不仅整合了数家大型商超，还连接了众多小型便利店、水果店、药店、餐饮店等，打出"下单后1小时送达"的宣传语吸引消费者。阿里也推出了"天猫超市1小时达"服务，同时菜鸟网络采用"门店发货"物流模式，承诺最快2小时送达。

1.2　渠道变革的现实意义

随着智能手机、移动设备和互联网服务的日益普及，电商已成为主流的购物平台，新兴支付工具的使用也让购物变得更加便利。2020年暴发的新冠病毒感染疫情（以下简称"新冠疫情"）加大了宏观经济下行压力，百货商店和购物中心等实体零售商阶段性停业或缩短营业时间，导致居民去实体零售店消费的意愿减弱。实体零售企业整体运营压力增加，不得不开始寻找新的渠道模式，因此线上和线下渠道的整合成为主要趋势。在这样的背景下，总部位于武汉的零售品牌公司良品铺子，却实现了逆势增长。

① 胡玉真，王思睿，左傲宇. 社区新零售背景下网格仓需求预测：配送决策迭代优化研究 [J]. 中国管理科学，2023：1-13.

渠道管理——新零售时代

渠道整合：良品铺子的全渠道融合

2020 年良品铺子业绩增长，实现营收 78.94 亿元；第四季度净利润快速恢复，全年毛利率达 30.74%。良品铺子的 CEO 在 2020 年度总结时强调："良品铺子之所以能在疫情中逆流而上，正是因为实施了全渠道布局的战略。全渠道和数字化是公司应对疫情的'免疫力'，更是我们走出疫情的'恢复力'。"

良品铺子利用统一的数字化系统，打破了不同渠道间的数据壁垒，通过数字化有效整合顾客信息，使用算法明确了顾客消费特点，在线上线下实现了精准推荐和最高客单价。2016 年至今，良品铺子构建了智慧化的供应链管理平台，打通了 B2B、B2C、O2O、线下门店等不同渠道的库存，实现数据驱动下的仓货共享。良品铺子真正实现了线上线下协同运营，全渠道紧密融合。良品铺子的全渠道商业模式创新，为中国其他传统零售企业实现全渠道转型提供了好的思路。

（资料来源：改编自《逆势增长，渠道为王：良品铺子疫情下的全渠道建设》，曹麒麟等，中国管理案例共享中心，2022.）

1.2.1 渠道及渠道演变

营销渠道，简称渠道，是指产品或服务从生产领域向消费领域转移所经过的路径，该路径由一系列在功能上相互依赖的组织构成。营销渠道主要由生产者自设的销售机构、批发商、零售商、代理商等组成，而作为营销渠道运作的起点和终点，生产者和消费者往往也被纳入渠道的重要成员之列。在现代经营活动中，营销渠道承担着产品和服务所有权的交换责任，是企业获取持续竞争优势的重要途径[①]（有关营销渠道的详细介绍参见本书第 4 章的内容）。图 1-3 是营销渠道示意图。

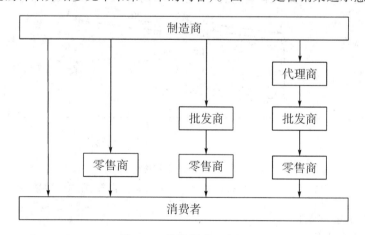

图 1-3 营销渠道示意图

信息和通信技术的进步，使新的商业模式、通信工具、技术和供应链活动得以呈现，零售业经历着重大的变化，营销渠道也发生了深刻的变革。数字化从根本上

---

① 张闯. 营销渠道管理 [M]. 2 版. 北京：清华大学出版社，2020.

改变了零售商、消费者和供应商的互动方式和交易方式。以下从渠道模式及类型的变化和渠道角色的变化两个方面来阐述渠道的演变。

1）渠道模式及类型的变化

随着互联网技术的不断发展和普及，渠道模式经历了"单渠道—多渠道—跨渠道—全渠道"的演变（具体分析见本书第7章的内容）。下面主要介绍多渠道与全渠道的区别。

多渠道是多个单渠道的组合，每条渠道"各自为政"，相互之间没有统一的操作标准和规范，每条渠道战略通常面对不同类型的客户。而全渠道能够通过协调和整合多种零售渠道的优势，带给顾客无缝式的消费体验。从2012年开始，零售企业开始重视顾客体验，通过整合尽可能多的零售渠道，来满足消费者多样化的购物需求。多渠道与全渠道的差别可以用图1-4来表示。

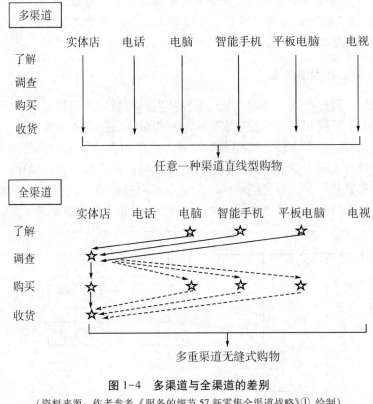

图1-4　多渠道与全渠道的差别

（资料来源：作者参考《服务的细节57 新零售全渠道战略》① 绘制）

2）渠道角色的变化

（1）制造商主导

制造商主导模式是指制造商对渠道的控制程度较高，通常会选择与一些特定的零售商建立合作关系，通过这些零售商将产品销售给消费者。在这种模式下，制造商往往拥有更大的话语权，它们可以控制产品的定价、营销和销售策略，甚至可以

① 角井亮一. 服务的细节57 新零售全渠道战略［M］. 吴婷婷，译. 北京：东方出版社，2017.

要求零售商按照自己的标准进行展示和销售。例如，苹果公司就是采用制造商主导模式，与苹果签署合作协议的零售商需要按照其要求来展示和销售产品。

（2）零售商主导

零售商主导模式则是指大型零售商在渠道中的控制程度较高，它们通常会通过自己的采购和销售策略来影响制造商的决策。在这种模式下，零售商的需求和要求会对制造商的生产和供应产生较大的影响，甚至可以要求制造商进行定制生产。例如，传统零售商沃尔玛和线上零售商京东就是采用零售商主导模式，它们通过强大的采购和供应链系统来影响制造商的决策，以达到自己的销售和利润目标。

（3）从"制造商主导"向"零售商主导"转变

在数字经济时代，随着互联网和电商的快速发展，渠道关系也发生了很大变化。过去，制造商通常是渠道关系中的主导者，但现在，零售商通常是渠道关系中的主导者，尤其是线上零售商。严格意义上讲，像亚马逊和京东这样一类以自营（零售）业务起家的线上企业属于线上零售商，而淘宝、拼多多等以第三方卖家入驻为主的线上企业则是线上平台。线上平台是一种特殊的渠道形态，其不参与商品所有权转移，但是在新零售时代却是重要的渠道参与者，往往也主导了整个渠道。现实中，无论是淘宝还是京东都是两种模式的混合体，因此，在此仍然只用线上零售商来统称，其中也包括了这一类平台型企业。

这种变化的原因在于，如今的零售转变为以消费者为中心，同时消费者对购物的要求也变得更加个性化和多样化，零售商作为更靠近消费者的渠道成员在渠道中的作用也变得更加重要，甚至超过了制造商。尤其是一些大型的线上零售商，其渠道上沉淀的海量消费者行为数据，使得这些零售商在整合供应链资源、提供增值服务、满足消费者个性化需求等方面的优势愈发明显，从而成为整个渠道的主导者。

值得注意的是，虽然零售商在渠道关系中的地位正在上升，但制造商仍扮演着非常重要的角色。制造商在产品质量、研发能力、生产效率等方面具有独特的优势，它们与零售商紧密合作，为消费者提供高品质的产品和服务。数字经济时代的渠道关系中，制造商和零售商之间需要建立稳定的合作关系，共同应对越发不确定的市场和市场环境，实现互利共赢。

1.2.2 渠道变革的动因

所有事物的发展与变化都有其根本原因，渠道变革同样也受到很多因素的影响。归根结底，需求和技术产生的驱动、环境的变化等共同影响了企业的渠道，渠道变革的动因可归类为以下五点。

1）消费者行为的变化

随着数字化技术的发展和互联网普及率的提高，消费者的购物行为发生了很大变化。尤其Z世代的消费者作为数字时代的"原住民"，具备良好的数字技能和数字媒体素养，习惯使用各种数字设备和工具进行消费、沟通和社交，通过PC端、APP、实体店、微信小程序等进行全渠道购物。

2）平台经济的发展

中国的平台经济快速发展，成为加快经济社会数字化转型的新引擎，为零售渠道的变革提供契机。企业需要进行数字化转型以适应市场变化。而渠道变革作为数字化转型的重要组成部分，能够帮助企业更好地适应平台商业模式，提高客户满意度和市场竞争力。

3）渠道成本的变化

传统渠道存在订货效率低、对账难、回款难、营销信息传达不畅、上下游缺少协同等痛点。数字化渠道通过打造从门店到订单到物流再到整体的全体系数字化运营，能够大幅提升渠道运营效率。相对于传统渠道来说，数字化渠道具有更低的成本和更高的效率。

4）跨界竞争的出现

随着数字技术的不断进步，越来越多的企业通过数字化渠道进行销售，市场竞争加剧，竞争规则发生改变。企业面临的竞争不再局限于简单的产品和服务之间，而是日益激烈的多层次的跨界竞争挑战。例如，阿里巴巴不仅在淘宝、天猫为核心的电商业务面临来自京东、拼多多的激烈竞争，还跨界进入以蚂蚁金服为核心的金融服务业务和以菜鸟网络为核心的物流服务业务等，受到了来自京东金融、顺丰等的竞争压力。企业如果不能通过渠道变革来提高效率和创新商业模式，将会失去竞争优势，在竞争中被淘汰。

5）技术的进步

渠道变革的根源离不开技术的进步。一方面，数字化渠道能够帮助企业采集业务数据，提供多维度的数据分析工具，从而了解销售趋势和掌控实时业务现状，实现货品在线化、人员在线化、库存在线化。另一方面，信息技术通过推动相关产业的升级，提高了供应链上游的管理水平，并且畅通了渠道上的信息流通，使得产、供、销体系更加紧密，推动各大零售企业的全渠道转型。

1.2.3 渠道变革的意义

企业的渠道变革不仅能给企业的产品和服务带来新的销路，还能通过对企业资源的优化，使消费者享受到更有效率的销售模式，满足消费者个性化需求。具体而言，渠道变革的意义主要体现在以下五点。

1）催生数据成为可用生产要素

数字化下的渠道变革促进了数据的生成和使用，最典型的形式就是通过移动设备生成数字痕迹，以及用嵌入式设备生成实体运行数据。例如，海尔集团通过开发以用户驱动为核心、实现大规模定制的卡奥斯平台（COSMOPlat）（如图1-5所示），能够搜集设备的运行数据，使设备深度学习调整焊接参数并不断迭代，将焊接问题物耗减少了60%；同时，该平台通过采集用户的行为数据，加以分析后对产品进行改进，有针对性地改善了用户体验。

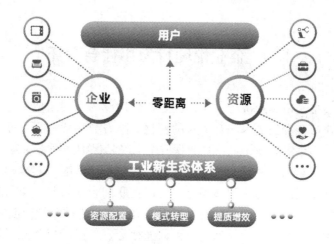

图 1-5　卡奥斯平台官方介绍

（资料来源：海尔官网）

2）实现线上线下的资源整合

在互联网高速发展的时代，一方面，线上渠道的流量巨大，众多传统线下品牌都转战到线上，积极寻求线上渠道的拓展；另一方面，实体店在物流、服务、体验等方面具有优势，许多互联网企业也拓展了线下实体店，以便更好满足消费者的需求。最终，渠道的发展呈现出线上线下大融合的态势。各渠道资源的整合，一方面能够提升渠道整体的运营效率，另一方面也能提供更好的消费者体验。

3）提高企业的运营和销售效率

技术的发展帮助企业开辟了全新的渠道模式，实现对内和对外渠道的拓展与改进，从而提高企业的运营和销售效率。从对内的角度来讲，通过渠道变革，企业可以实现自动化物流运营，降低仓储、运输等物流成本，提高运营效率。从对外的角度来讲，企业可以利用社交媒体建立与用户直接对话的通道，将数字世界与现实世界联系起来，建立多渠道营销战略，帮助企业更好地进行客户关系管理和销售预测，提高销售效率。

4）重塑线下门店价值

对于零售企业来说，线下是展示品牌、开展业务和吸引客户的基本抓手，也是产品和服务的基本保障。随着技术的革新与发展，如今的线下门店不仅能够满足消费者基本的服务需求，也能够通过技术赋能消费场景的布置，这是线上渠道无法比拟的。让不同年龄段人群感受到智能和便捷的数字体验，为实体店原有的功能赋予了新的价值。

5）提升客户体验感

随着渠道变革的重要性日益凸显，企业也越来越意识到消费者的重要性，从而由原有的产品主导思维转变为由消费者主导的思维。电商思维中的顾客体验至上影响并改变了传统企业。企业的渠道变革，通过不断调整和改进渠道模式，力求为消费者提供个性化、多样化和便捷快速的购物选择，更好地满足了消费者的多元化需求。例如个性化推荐、在线客服、移动支付等方式，使得消费者的购物体验更加便捷和愉悦，提升了客户体验感。

17

1.3 企业伦理行为和社会责任

企业是社会主义市场经济的主体，也是社会建设的重要组成部分。在数字化时代，互联网企业社会责任的内涵有了新的变化。随着数字化进程不断加速，数字鸿沟、算法歧视、网络沉迷、个人信息数据安全、隐私保护、网络暴力等新问题出现，形势不容乐观。互联网企业社会责任的重要意义已不言而喻，其承担社会责任也日益成为企业生存发展的动力源和落脚点。促进互联网企业自身健康、长远和可持续的发展，为中国互联网企业的未来发展指明了道路，更为整个社会创造了福祉。

近年来，中国互联网行业蓬勃发展，加强社会责任已经成为互联网行业价值成长、获取社会认同、保持可持续竞争力的新型发展逻辑及有效路径，受到了企业的普遍关注。以下是新兴电商平台拼多多践行企业社会责任，助力乡村振兴的案例。

企业伦理：拼多多践行企业社会责任

作为新兴电商平台，拼多多以实际行动努力践行企业社会责任，助力乡村振兴。拼多多创立于2015年，以农产品零售平台起家，深耕农业，开创了以"拼"为特色的农产品零售新模式，逐步发展为以农副产品为鲜明特色的全品类综合性电商平台，是全球具备规模的纯移动电商平台。

作为"腿上有泥"的新电商，拼多多深入最基础产业带及基层村庄，始终与中国农业、农民一起共同成长。拼多多坚持对农业科技领域长期投入。2021年8月设立"百亿农研"专项，该专项不以商业价值和盈利为目的，致力于推动农业科技进步，以农业科技工作者和劳动者进一步有动力和获得感为目标。拼多多直连全国超1 000个农产区，助力农副产品出村进城及农民增产增收；多多买菜创新供应链及"田间直达餐桌"模式，进一步提升农副产品流通效率；以市场化及科技普惠引导农业现代化升级，培养新农人，有效赋能农业。

（资料来源：根据拼多多官网信息编写。https://www.pinduoduo.com/home/about/.）

1.3.1 企业伦理行为和社会责任的新内涵

1）企业伦理和社会责任的基本概念

企业伦理（business ethics），又称为"管理伦理""商业伦理""经营伦理"或"经济伦理"，是管理学和伦理学交叉研究的一个重要课题。《韦氏大学英语辞典》把伦理定义为"符合道德标准或一种专业行动的行为准则"。斯坦福哲学百科全书（Stanford Encyclopedia of Philosophy，SEP）对伦理的定义为："①一般的形式或生活方式；②一组行为规范或道德规范；③有关生活方式或行为规范的调查。"①

---

① 黎友焕. 企业社会责任概论［M］. 广州：华南理工大学出版社，2013.

　　企业社会责任（corporate social responsibility，CSR）的概念在 20 世纪 20 年代由英国学者欧利文·谢尔顿（Oliver Sheldon）首次提出，但于 20 世纪 80 年代才在全球范围内引起广泛影响。随着经济全球化的发展和跨国公司的对外扩张，各国劳资关系处于一种极端不平衡的状态，劳工权益保障日益成为全球性的社会伦理问题。在这一背景下，企业社会责任运动在欧美发达国家发起，逐渐演变成一股世界性的潮流。关于企业社会责任的内涵，学术界至今没有形成较为统一的认识。

　　不同的学者从差异化的视角揭示了企业社会责任的内涵，有代表性的是以下三种观点：①把企业社会责任看作涵盖各种企业责任的概念，认为企业社会责任其实就是企业责任，即完整的企业社会责任是企业的经济责任、法律责任、伦理责任和慈善责任的加总。②在企业责任这一总概念之下，界定企业社会责任。企业社会责任的内涵关键在于是否有合理边界的存在，其内涵必须承认和尊重企业的其他类型的责任（经济责任、法律责任、道德责任）。③以外延式的方法对企业社会责任进行界定。如美国经济开发委员会对企业社会责任的界定，认为其涉及 58 种行为，包括经济增长与效率、教育、用工和培训、公民权与机会均等、城市改建与开发、污染防治、资源保护与再生、文化与艺术、医疗服务、对政府的支持共十大方面①。

　　2）中国企业社会责任现状

　　自 20 世纪 90 年代以来，企业社会责任在中国也有了长足发展。首先，政府从政策上明确支持企业社会责任，特别是 2005 年企业社会责任被写入《中华人民共和国公司法》（以下简称《公司法》）；2008 年国务院国资委发布《关于中央企业履行社会责任的指导意见》；2022 年，国务院国资委单独成立社会责任局。其次，全社会、全市场的社会责任意识也在逐步提升，消费者及公众对企业提出了更高的社会责任预期。最后，中国企业也不断发展壮大，承担社会责任、提升品牌形象成为企业发展的内在要求。此外，中国在国际社会上塑造了负责任的大国形象，这包括企业海外投资时积极承担社会责任。

　　综上，企业社会责任在中国越来越普及。这可以从中国企业发布社会责任报告的数量统计反映出来。2021 年，中国约有 26% 的上市公司发布了企业社会责任报告，从 2009 年的 371 份增加到 2021 年的 1 125 份，且增幅持续稳定。其中，市值最大的 300 家公司（沪深 300）有 250 家发布报告，占比超过 83%（如图 1-6 所示）。

　　3）企业社会责任新内涵

　　数字化时代下，企业社会责任的外部环境发生了纷繁复杂的变化，既为企业开展承担社会责任的活动提供了有力的数字工具，又能在一定程度上帮助解决企业利益最大化与服务社会的二元悖论。企业社会责任的新内涵有如下三点体现：

　　①企业通过大数据分析为价值链伙伴创造价值。如今的市场环境下，数据都有较为明晰的产权属性，通常只有少数掌控核心资源的组织可以获得数据。这些数据若能被充分运用和分享，就可以为各类价值链伙伴创造价值。

①　何伟强，王静. 社会转型期企业社会责任运行机制研究［M］. 广州：广东人民出版社，2011.

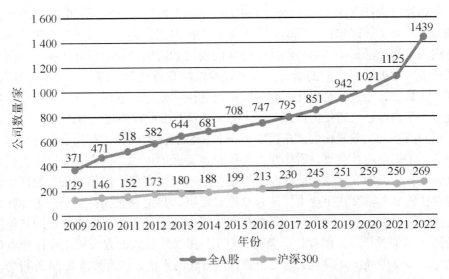

图 1-6　A 股上市公司企业社会责任报告发布统计（2009—2022 年）

（数据来源：商道融绿，A 股上市公司 ESG 评级分析报告（2022）)

②企业需要承担保护利益相关者的数据信息与隐私不受侵犯的信息安全责任。企业以盈利为目的收集各类信息，在此过程中必须遵守规则与秩序，不能对消费者构成信息侵权，更不能随意窃取个人隐私与机密。要主动与网络安全部门对接，在企业内部网络与外部网络之间、网络与存储介质之间采用物理隔离等安全手段，防止通过网络的早期入侵，窃取和传播海量信息。

③作为数字化时代的重要参与者，平台企业社会责任实践的内容对象、实践议题以及主体边界具有了新的内涵。在数字化时代，平台企业往往属于少数掌控核心资源的组织，因此其在履行社会责任方面起着先锋带头作用。对于平台企业而言，社会责任不仅涵盖了与传统企业一致的基于独立经营实体所面对的员工、股东、政府、社区以及社会环境等多元利益相关方主体的责任内容，还涵盖了平台组件供应商、技术服务商等多元组织的责任内容。尤其是，平台企业需要承担其所连接的市场双边用户的社会治理责任。平台需要注重平台市场的社会责任治理基础设施建构，实施社会责任治理机制社会行为符合法律底线与社会期望。

综上，本书认为在数字化时代，企业社会责任是指企业利用大数据分析、云计算等数字技术为利益相关者创造价值，并保护其信息与隐私不被侵犯。尤其是平台企业，需要注重其对平台市场的治理责任，保证多边用户的利益不受损害（如图 1-7 所示）。

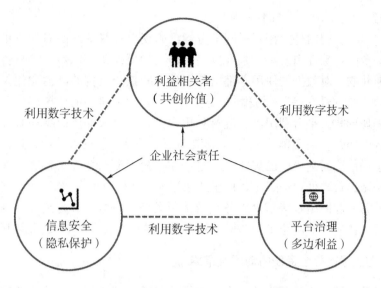

图 1-7 数字化时代企业社会责任新内涵

（资料来源：作者绘制）

1.3.2 平台企业伦理问题的新表现形式

当前，数字经济迅速发展，成为中国经济增长的新动力。数字平台通过将供需信息数字化，催生平台经济迅猛发展，成为数字经济的核心组成部分。但平台经济发展过程中催生出的新问题成为数字经济治理难题，不仅损害消费者与从业者的权益，还可能进一步影响产业创新与国家安全等领域。数字化时代的企业，尤其是平台企业的伦理问题有了一些新的表现形式。

1）数字经济关联的资本市场健康发展存在隐患

有些平台资本以短期利益为目标的无序扩张给资本市场稳定格局带来隐患。平台化以其巨大潜力吸引众多投资群体布局。但商业竞争有成功也有失败。资本方错估了市场发展潜力，以"烧钱"式竞争、掠夺性定价等手段培养出的资本"吞金兽"，将因后续自我造血能力不足、变现周期长而造成巨大损失。近年来，诸多行业内平台因前期投入过大出现经营问题，留下巨大资金缺口，扰乱了资本市场正常秩序。

2）数字经济参与各方合法权益受到不利影响

平台行为影响涉及行业各个角色，但平台经济参与者合法权益并没有得到平台自发维护。例如，在供给端，外卖派送员被算法配置过短工作时效，网约车主和外卖店主被抽成过多；在需求端，消费者面临被非中立"竞价排名"推送非匹配商品、隐私信息被泄露等不良体验。上述情形的成因在于平台化趋稳时巨头平台对行业数据信息形成了有效积累，平台从逐利角度出发便会攫取行业剩余，加剧利润分配不均。最终，平台经济多方权益受损，收入分配差距被拉大，不利于实现共同富裕。

3）平台经济的垄断行为与不正当竞争

从实践层面看，国内外大型互联网平台均已表现出一些垄断倾向和不正当竞争行为。数字平台的特殊性引发了一系列反垄断监管的新议题，包括数字平台的非中立行为、早期并购、对数据的使用等都引起了反垄断执法机构的高度关注。中国平台经济领域的"排他性交易"（俗称"二选一"）是一种典型的要挟客户手段，是垄断的重要表现形式。平台利用巨大流量和用户优势，要求提供商品和服务的卖方只能在本平台上经营，而不能去其他同类型竞争对手平台。2020 年 12 月，国家市场监督管理总局依法对阿里巴巴集团"二选一"涉嫌垄断行为立案调查。2021 年 4 月，对其依法做出行政处罚，责令其停止违法行为，并处以 182.28 亿元的罚款。该案作为国内外第一起网络零售平台服务领域垄断案件，在全行业起到了立规矩、儆效尤的震撼警示作用，对防止平台垄断、规范竞争秩序具有重要意义和示范作用。

1.3.3 企业履行社会责任的动因及措施

企业的经营发展并不是孤立的，企业在承认并考虑其他利益相关者的同时，也就默认了企业社会责任的存在。企业在为其他利益相关者负责的前提下，才能保证企业自身得到更好的经营与发展。

首先，从企业层面的经营诉求考虑，企业有履行社会责任的必要性。企业要想获得可持续的经营，关键在于能够获得财富。创造企业财富的过程并非仅是利润的增加，还要注重自然资源、员工权益及其他相关者的利益。企业社会责任是企业道德建设的逻辑起点，更是企业创造财富的来源。

其次，大众层面的呼唤，倒逼企业承担其社会责任。例如消费者抵制购买因产品质量问题造成消费者权益受到伤害的产品，倾向于购买那些承诺环境友好的产品，如购买使用环保材料或可降解材料的产品等。这无疑使企业将其自身的发展与其他利益相关者紧密关联起来，使企业承担相应的社会责任成为实现其长久经营的"良药"。新时代大众呼唤责权利一致的公平正义，也呼唤着来自企业更多的发于道义的关怀。

最后，国家层面的经济发展，要求企业积极履行社会责任。新时代中国经济已由高速增长阶段转向高质量发展阶段，国家层面的经济发展战略和导向，要求企业将自身作为一个分子融入未来中国经济的发展战略之中，承担企业应有的社会责任。

具体来说，企业可以从以下四个方面，加强履行社会责任。

1）从企业战略层面认识社会责任

对企业来说，应该将社会责任放到战略层面来理解，以实现自身价值与社会价值的双赢。企业慈善是社会责任的重要内容。从战略角度看，企业应该思考如何实施"更具战略性的慈善"和"更聪明的慈善"。此类慈善战略的核心特征是企业发挥自身核心能力解决社会问题。

2）培育数字化时代的企业家精神

党的二十大报告强调，要激发和保护企业家精神。一些企业没有确立规则意识和按规则办事的准则，究其原因在于企业家缺乏法治意识、法治能力、法治素养，而这直接决定着数字化时代企业承担的社会责任。要培育数字化时代企业家的创新创业活力。企业家要瞄准世界科技前沿，突破核心技术，建设新一代信息基础设施，培育大数据领军企业、企业家和管理精英等队伍，支持和鼓励企业家积极投身到创新创业的洪流中。

3）建立企业做慈善的专业机制

要把企业社会责任和慈善工作做好，企业需要在内部做好建章立制、科学管理的工作。首先，要设立专职部门，或至少有专人专岗负责企业社会责任和慈善工作。其次，要引入科学管理的方法，从企业慈善项目设计到实施再到评估，都应有科学的流程，譬如项目社会效益评价。此外，考虑到极端天气事件的影响，企业也应建立救灾备灾机制。

4）营造促进企业履责的外部环境

首先，监管部门可以鼓励和引导企业履行社会责任，如进行税收减免、支持股权捐赠和慈善信托等创新实践。其次，非政府组织也要提升自身能力，特别是增进对企业的了解，以便更好地对接企业合作。最后，全社会可以加大宣传正确的商业义利观，形成好的企业得到好的社会评价的正向反馈。此外，尽管中小企业的能力和资源都相对不足，但也不能被排除在外。对此，一方面，要引导中小企业形成"不以善小而不为"的认知，从力所能及的小事做起；另一方面，可以调动公共资源搭建平台，让中小企业不必太费周章就可以参与慈善。

1.4　本书章节安排

本书基于渠道管理的经典知识体系，力求融入新零售时代渠道相关的新理论与新实践，以扩充渠道管理的内涵与外延。本书自上而下形成三级内容体系，包括新零售、全渠道和智慧物流。其中，"新零售"是大背景，数字化技术的普及和发展颠覆了传统零售，渠道所处的环境发生了变化，渠道本身也随着环境的变化而演变；"全渠道"是渠道演变之后形成的适应新零售环境的模式，全渠道战略也是如今企业渠道变革的目标；"智慧物流"既是企业实施全渠道战略的支撑，也是企业渠道变革过程中的瓶颈，只有实施了智慧物流，企业的全渠道战略才能成功，才能适应如今的新零售时代。

具体而言，"新零售"模块分别从宏观和微观视角出发，介绍了数字化时代的零售世界，引出新零售的概念及其影响，并进一步探讨了消费者行为和企业营销战略，构成了新零售时代渠道管理的市场环境，涉及本书第1章至第3章的内容；"全渠道"模块涵盖了营销渠道和营销渠道管理的概念、营销渠道的结构设计和行为管理、全渠道的基本概念以及战略的制定和实施，是企业渠道管理的核心内容，涉及本书第4章至第8章的内容；"智慧物流"模块在介绍智慧物流相关概念的基础上，从企业实践的角度出发，以电商物流、制造物流和跨境物流为例，介绍了智慧物流相关的优化思路，是全渠道战略"幕后"的工作，涉及本书第9章的内容。下面具体阐述本书每一章所涉及的主要内容：

第1章从新零售产生的背景出发，引出数字化时代带来的颠覆性变化，这些变化催生了"新"的零售，促使企业的渠道发生变革。新零售时代给企业和消费者带来便利的同时，也引发了一系列伦理问题，因此要明确企业需遵守的商业伦理及承担的社会责任。

第2章介绍了消费者行为的相关内容，包括新一代消费者的内涵、行为特征及其对市场的影响，并引入新零售时代渠道商的定义，以及其与消费者之间关系的变化。新零售尤其强调消费者体验，因此场景营销成为常用的营销手段。

第3章从企业的角度分析了新零售时代的机遇与挑战，以及传统渠道遭遇的困境。基于此，探讨了新零售时代企业的营销战略、战术与实施，此处第一次引出了全渠道的概念，并且介绍了常见的企业营销创新策略。

第4章开始进入渠道管理经典知识体系的介绍，首先是认识营销渠道和营销渠道管理的基本概念，了解营销渠道的功能和流程，以及其在商品流通中发挥的作用；接着介绍了营销渠道成员与参与者的概念及其在渠道中各自发挥的作用。

第5章开始站在渠道领导者的角度进行营销渠道结构的设计，这属于营销渠道的"硬件"部分，包括营销渠道结构设计的定义和要点、营销渠道结构设计的六个步骤以及渠道成员的选择。其中有一种特殊的渠道结构，即渠道纵向一体化，可以用交易成本理论来解释和分析。

第6章站在渠道领导者的角度，探讨了营销渠道行为的管理，这属于营销渠道的"软件"部分，包括渠道冲突、渠道权力、依赖与合作和渠道投机行为的概念。进一步分析了渠道治理机制和激励措施，尤其是介绍了中国文化中的关系治理这种特殊的形式。

第7章从介绍渠道的演进历程切入，引出了全渠道模式，进一步介绍了全渠道的概念和特点，分析了全渠道模式与其他渠道模式的差异，并展示了实施全渠道战略的挑战。

第8章进入全渠道战略的介绍，首先提出了全渠道战略的实施目标，其次分析了各个渠道的优势和限制，并且探讨了渠道整合策略的具体内容，最后介绍了全渠道战略的实施难点及其中大数据的应用。

第9章开始深入全渠道战略去挖掘智慧物流相关的内容，包括智慧物流产生的背景、相关概念及其三个层次；接着探讨了智慧物流发展的现状、历程与趋势；最后，以电商物流、制造物流和跨境物流的实践为例介绍了智慧物流的优化思路。

本章小结

1. 理解数字化时代的内涵和特征，给出新零售的定义，并了解其出现的背景，进而分析新零售与传统零售的本质区别。数字化时代是指以数字技术为核心的信息时代。数字化技术的普及和发展，深刻影响着社会、经济和文化的各个方面。数字化时代具有数据化、跨界融合、个性化需求和数字化治理显现等特点。数字经济的兴起，极大地推动了全球经济的发展，也成为国家和地区经济转型升级的重要手段和支撑。

数字化时代，零售业受到了数字技术带来的颠覆性影响和改变。网络零售快速发展，在技术升级与消费升级驱动下，"新零售"应运而生。业界和学界均对"新零售"给出了自己的理解。本书综合以上观点，提出"新零售"是指通过网络技术使消费者从多维度获取无差异体验，实现需求定制化；通过先进的数据与 AI 技术以及多渠道与物流的融合，提升企业的资源使用与运营效率、降低运营成本，最终达到更好地服务消费者、以消费者为中心的目的。新零售与传统零售之间区别的本质特征主要表现在三个方面：线上线下深度融合、实现供应网络去中心化以及提升效率回归零售本质。

新零售出现的契机和背景主要缘于三个方面：技术发展与网络基础设施的完善、Z 世代消费者和中产阶级的崛起以及零售业的自我发展与革新。这种数字化零售的重要特征有：用户为王，人的数字化备受关注；线上线下无边界，随时随地能交易；新兴技术层出不穷，赋能传统消费场景；高效物流是关键，实现分钟达。

2. 介绍营销渠道的定义和渠道演变的过程，剖析渠道变革的动因及其意义。信息和通信技术的进步，使新的商业模式、通信工具、技术和供应链活动得以呈现，营销渠道也发生了深刻变革。营销渠道也被称为"分销渠道""营销通路""流通渠道"，指的是产品或服务从生产领域向消费领域转移所经过的路径，该路径由一系列在功能上相互依赖的组织构成。具体来说，渠道模式经历了"单渠道—多渠道—跨渠道—全渠道"的演变。渠道关系从过去的"制造商主导"向"零售商主导"转变。尤其是线上零售商在整合供应链资源、提供增值服务等方面的优势，使得其在渠道关系中的作用变得越来越重要。例如阿里巴巴、亚马逊、京东等大型电商，通过提供线上交易、物流配送、支付结算等服务，使买卖交易更加快速便捷。

引起以上渠道变革的动因主要可以归类为以下五点：消费者行为的变化、平台经济的发展、渠道成本的变化、跨界竞争的出现及技术的进步。渠道变革不仅给企业带来新的销路，还能对企业的资源进行优化，使消费者享受到更有效率的销售模式，满足消费者个性化的需求。渠道变革对企业与消费者的意义主要体现在以下五点：催生数据成为可用生产要素、实现线上线下资源整合、提高企业的工作和销售效率、重塑线下门店价值、提升客户体验感。

3. 说明在数字化时代，企业伦理问题的新表现形式和企业社会责任的新内涵。尽管"新零售"和"全渠道"等新型商业模式给企业和消费者都带来了诸多便利，但也催生了企业伦理问题的新表现形式。尤其是平台经济在快速发展的过程中，显现出一些新的治理问题，不仅损害消费者与从业者的权益，还可能进一步影响产业创新与国家安全等领域。例如：数字经济关联的资本市场健康发展存在隐患；数字经济参与各方合法权益难以受到有效保护；平台经济的垄断行为与不正当竞争。数字化时代，各企业均需积极履行社会责任。本书认为在数字化时代，企业社会责任是指企业利用大数据分析、云计算等数字技术为利益相关者创造价值，并保护其信息与隐私不被侵犯。尤其平台企业需要注重其对平台市场的治理责任，保证多边用户的利益不受损害。

4. 说明本书的重点与结构。本书以数字化时代为背景，在渠道管理的经典体系的基础上，引入新零售、全渠道和智慧物流的概念和内容，丰富了现有的渠道管理知识体系。其中，新零售作为市场大环境，为分析营销渠道提供了背景基础，主要包括新零售相关的概念、消费者行为和企业的营销战略，涉及第 1 章至第 3 章的内容。在此大背景下，全渠道成了最佳渠道选择。基于营销渠道和营销渠道管理相关的基础概念和理论，探讨了全渠道的概念和战略的制定与实施，涉及第 4 章至第 8 章的内容，为本书的核心章节。全渠道的实施离不开智慧物流的支撑，智慧物流的水平决定了全渠道实施的程度，进一步引入智慧物流的理论和实践的探讨，涉及第 9 章的内容。

思考题

1. 数字化时代，零售业发生了怎样的变革？为何会发生这样的变革？

2. 新零售的"新"体现在哪些方面？企业界和学术界的定义存在哪些联系和区别？

3. 你所观察到的渠道变革有哪些？请举例说明这些变革的动因和意义。

4. 你认为在数字化时代，企业履行社会责任的原因是什么？请举例说明企业履行社会责任的意义。

案例阅读

便利蜂：基于"人、货、场"三维逻辑的数字化运营

现代信息技术的发展与应用为零售企业技术创新提供了巨大的空间与机遇。近年来，零售行业进入新零售阶段，出现了众多便利店品牌，便利店行业成为各大巨头投资的风口，竞争十分激烈。

面对 7-ELEVEN、全家、LAWSON 等强大对手，便利蜂创始人凭借其创业警惕性和科技专长，使用现代信息技术和科学管理模式为企业进行数字化赋能，分析消费者需求差异，实现"千店千面"的打造。便利蜂通过数字化赋能在生产、运输、销售、废弃等环节进行严格控制，确保生鲜食品的安全卫生，针对临期产品、过期产品，采用动态价格管理、自动修改价格、自动下架等策略。同时，便利蜂关注消费者需求差异，以提升消费者购物体验为目标，通过大数据分析客户个性化需求，及时推出网红新品。至今，便利蜂在全国已突破 2 500 家门店，名列独角兽企业排行榜前列。

（1）人：专属的便捷服务

便利蜂的愿景是"使用大数据和智能软硬件，突破固有的便利店购物体验，以用户为中心，围绕每个用户个体进行专属服务，使用户获得切实的便利"。便利蜂

主要通过 APP 来实现对用户精致与便利的服务。目前，便利蜂 APP 承载的功能主要有四个：线上支付、线下自助购物、线上购买后自提、送货上门。用户可以选择在购物后用便利蜂 APP 或第三方支付。

（2）货：高效的供应链

便利蜂的产品设置与传统超市一致，为消费者提供丰富的商品种类，满足消费者的日常需求。但在货物配送上，便利蜂通过与同城速递公司合作，将 To B（to business，面向企业）的配送需求交由闪送负责，极大地提高了配送效率。便利蜂的货物以数字化管理模式，实现采购、销售、支付、服务等环节的运营智能化，借助大数据改善供应链模式、提高供应链效率。

（3）场：千店千面

千店千面，即个性化的需求，也就是通过个性化的服务以满足客户的需求，提高市场占有率。以门店陈列和选品为例，便利蜂针对不同区域的布局和运营策略也不尽相同。便利蜂利用零售终端系统和云端系统两种方式，实时采集、整合数据，进而分析不同地区或区域客户群体的差异需求；再通过智能操作系统，选出适合不同地区客户群体的商品，并采用"快速测试，快速调整"的策略，实现差异化经营。如在高级住宅区附近，消费人群往往更注重生活品质，附近门店售卖的产品主要为高端零食、进口果蔬和大牌日化产品；在经济酒店附近以烟酒、平价零食为主要销售产品；商业区则充分考虑了附近白领的需求，一般以品类丰富的熟食便当为卖点；住宅区域和老年区域以平价果蔬、米面粮油和一些家居用品为主；学校区域主要是办公文具、小零食和即食性产品，并增设了堂食座位，供周边学生或家长临时休息。

作为一家本土连锁便利店，便利蜂从创立之初就深耕于算法创新之路，打造了具有本土特色的便利店商业模式，给本土便利店乃至其他行业提供了新方法、新思路、新路径。目前，便利蜂已初步形成自有智能化零售体系，在大数据赋能时代，便利蜂已走在了前列。当进一步注入资本后，便利蜂能否实现新的发展与创新，值得期待。

（资料来源：改编自①李晨，李小红. 便利蜂：一家科技驱动的便利店 ［EB/OL］. 中国管理案例共享中心微案例，2023；②王锐，冯羽. 盒马鲜生："中国式"的新零售范本 ［J］. 营销科学学报，2019，15（1）：106-121.）

27

参考文献

［1］胡祥培，王明征，王子卓，等. 线上线下融合的新零售模式运营管理研究现状与展望 ［J］. 系统工程理论与实践，2020，40（8）：2023-2036.

［2］胡玉真，王思睿，左傲宇. 社区新零售背景下网格仓需求预测：配送决策迭代优化研究 ［J/OL］. 中国管理科学，https://doi.org/10.16381/j.cnki.issn/003-207x.2021.1251.

［3］李玲，陶厚永.数字化导向与企业数字化创新的关系研究［J］.科学学研究，2023：1-16.

［4］刘强东.零售的未来：第四次零售革命［J］.中国企业家，2017（14）：77-84.

［5］王淑翠，俞金君，宣峥楠.我国"新零售"的研究综述与展望［J］.科学学与科学技术管理，2020，41（6）：91-107.

［6］杨坚争，齐鹏程，王婷婷."新零售"背景下我国传统零售企业转型升级研究［J］.当代经济管理，2018，40（9）：24-31.

［7］张晓青，杨靖，多英学."新零售之轮"驱动下新零售业态创新路径［J］.商业经济研究，2018（19）：52-55.

［8］周勇，池丽华，袁美琴.新零售的商业逻辑与展望［J］.上海商学院学报，2021，22（1）：17-26.

渠/道/管/理 —— 新/零/售/时/代

2 新零售时代的消费者行为

学习目标

通过本章的学习，学生能够：
· 掌握新一代消费者的内涵、行为特征及影响。
· 理解新零售时代渠道商的内涵及其与消费者关系的变化。
· 了解消费者体验和场景营销的内涵，以及新零售时代场景营销的特点与方式。

开篇案例：新零售时代的消费者

新零售时代，互联网、大数据、云计算、AI 等为代表的新技术在消费领域加速应用，不仅带来更多产品和服务的新供给，也深刻改变着人们的消费理念和消费方式，培养起了全新一代消费者，也就是通常被提起的千禧一代（1981—1996 年出生的人群）和 Z 世代（1997—2010 年出生的人群）。35 岁的张女士和 22 岁的王同学作为新一代消费者的一员，他们的消费理念和方式与前代消费者出现了较为明显的差距。"父母那辈购物大多追求性价比，购物以实用为主，基本都去实体店铺购买。而我更偏好带有文化气质的产品，愿意为情怀和精神买单，不迷恋 Logo 但崇尚品牌态度，注重消费体验，淘宝等网购平台已经成为我常用的购买渠道。此外，我喜欢能够展现自身人生观、价值观的消费品牌，青睐能让自己产生愉悦感的消费，并愿意为此花费更多"。1988 年出生的张女士代表了千禧一代普遍的一些消费观念。还在读大学的王同学作为 Z 世代的一员，在谈到自身消费意识时说道："我不仅追求消费体验和个性化，商品质量才是我最为看重的关键因素，不能空有颜值没有质量嘛对不对。我觉得我们 Z 世代对社交购物和圈子文化更加崇尚，大家购物都会通过微信、小红书这些社交媒体平台互相分享，我还挺容易被种草（被分享或推荐某种商品）的。虽然我自身的经济实力可能不够，但一些需求的即时满足对我来说很重要，据我所知，使用花呗等喜欢超前消费的同学也不在少数"。

在消费主体及其消费行为开始出现变化的同时，企业与消费者的关系也已经发生根本性改变。正如阿里巴巴集团董事会主席张勇所言："数字化时代的新商业文明，本质是要回到人本身，立足开放共享，从关注流量、关注交易量，到关注客户、关注消费者，关注一个个具体的人，关注全社会的效益，关注共赢"①。中国消费者协会副秘书长王振宇表示，新业态新模式更加凸显以消费者为中心的理念，更加关注消费者的新需求及个性化需求，给消费者提供更加精准、更加便利的服务②。对于企业来说，进入以新产品、新服务、新技术为突破口的"新消费"时代，深耕甚至预测新一代消费者的消费需求，不断挖掘细分市场和新兴需求机会，结合新零售的时代背景，利用互联网创造新的价值点，从而生产和销售符合他们需求的商品、顺势营销，方能把握新的时代红利。

（资料来源：作者编写）

2.1　新零售时代消费者行为特征

2.1.1　消费者行为内涵及影响因素

1）消费者行为的定义

消费者行为是市场营销学的重要研究领域，始于 20 世纪 60 年代，学术界对于消费者行为给出了不同版本的定义，并且随着研究的深入不断丰富。詹姆斯·恩格尔（James F. Engel）等人（1968）将消费者行为定义为人们为了获取自己需要的消费品并且对该种消费品进行使用与处置，所采取的各种行动及决定这些行动的过程③。沃尔特·伍德（Walter A. Wood）（1981）将消费者行为定义为人们为了得到需要的东西所采取的一系列行动，包括商品的比较、购买以及使用和评价等活动④。利欧·希尔曼（Leo G. Schiffman）和莱斯利·卡努卡（Leslie L. Kanuk）（1987）对消费者行为的定义是消费者在寻找、购买、使用以及评价与处理希望能够满足自身需求的商品或服务时，所表现出来的全部行为⑤。

综上，本书认同消费者行为就是指人们在获取、消费以及处置产品和服务时所采取的活动这一定义。获取是指导致购买或接收产品的活动，其中涉及搜寻有关产品的特色和选择的信息、评估可供选择的产品或品牌以及购买等活动。消费是指消费者在什么时间、在什么地点、用什么方法和在什么情况下使用产品。处置是指消费者如何处理产品和包装。

2）消费者行为的影响因素

消费者行为的影响因素可以分为三大类，包括个人特征、内在心理因素和外部环境因素。消费者购买行为首先受其自身因素的影响，即个人特征，主要包括个人的年龄、性别、受教育程度和价值观等。由于客观的个体差异，不同消费者在其决

①　新商业学堂，2021 新商业蓝皮书，2021 年，http://www. 199it. com/archives/1251248. html.
②　人民网，2021 两会时刻-专家热议：新业态新模式引领"新消费"，http://finance. people. com. cn/GB/8215/435221/436907/437087/index. html.
③　ENGEL J F, KOLLAT D T, BLACKWELL R D. Consumer Behavior［M］. New York：Holt, Rinehart and Winston, Inc., 1968.
④　WOODS W A. Consumer Behavior［M］. Amsterdam：North-Holland, 1981（34）：66.
⑤　SCHIFFMAN L G, KANUK L L. Consumer Behavior［M］. Englewood Cliffs：Prentice Hall, 1987.

策和购买行为中通常有不同的偏好和表现。

内在心理因素主要指消费者在购买过程中的思想意识，能够支配其购买行为，包括消费者购买过程中的动机、感受、态度、学习等。其中，动机是由购买需要引起的，表现为消费者获取各类物质或精神产品的需要使其产生的购买动力；感受指消费者通过感官对外界刺激或情境等的反应或印象；态度往往是消费者通过与商品直接接触或受他人影响以及自身因素形成的对某事物的喜欢程度和购买倾向；学习指消费者在购买和使用商品的实践过程中，因经验积累引起的消费行为改变。

外部环境因素可分为社会环境因素和自然环境因素。社会环境因素主要指文化、参照群体和家庭等方面的影响。其中，文化是人类社会或某一个社会世代相传和创造的社会"个性"，不同社会或国家有着它本身的特色和个性，对社会或国家文化中的个人消费者会产生广泛而深远的影响。参照群体是通过一定的社会关系结合起来进行共同生活而产生相互作用的集体，成员在接触和互动的过程中，会受到心理和行为的相互影响，产生一些共同信念、态度和行为规范，从而影响消费者行为。家庭是以婚姻、血缘等为基础组成的一种社会生活组织，家庭购买决策是家庭成员决定购买或拒绝购买某一商品的选择活动，对内部成员的消费方式和消费价值观具有重要影响。自然环境因素主要包括地理区域、气候条件等因素，直接构成了消费者的生存空间，在很大程度上促进或抑制了一些消费活动的开展，使得人们在消费需求和生活习惯上存在多种差异。例如多雨的热带地区和干燥的寒带地区，消费者的衣食等偏好就会截然不同。

以上这些因素相互交织，不同的消费者对它们的重视程度也不同，所以消费者行为的影响因素是复杂和多样的。

3）消费世代划分

20 世纪 50 年代，美国学者最先开始研究消费世代，认为拥有共同的社会生活背景的人，往往拥有相似的价值观。迈克尔·克内梅耶（Michael A. Knemeyer）等（2002）认为，世代是指在社会与历史前进的过程中，具有"共同位置"（common location）的一群人由于其处在共同的世代位置，会受到特定的生活经历、知识水平、思潮等方面的影响[1]。理查德·乔奇（Richard Ciocci）和迈克尔·佩希特（Michael Pecht）（2006）认为，世代划分主要以年龄为标准，是指一群拥有共同生活经历的年龄相近者，随着时代不断向前推进，会受到各种关键社会因素和重大历史事件的影响[2]。

各种世代名称，是由美国社会学家马克·麦克林德尔（Mark McCrindle）和艾米莉·沃芬格（Emily Wolfinger）（2010）在不同时期给不同年代出生的人群"取"的名称（见图 2-1）[3]。其主要分为：婴儿潮一代（Baby Boomers）（1946—1964

---

① KNEMEYER A M, PONZURICK T G, LOGAR C M. A qualitative examination of factors affecting reverse logistics systems for end-of-life computers [J]. International Journal of Physical Distribution & Logistics Management, 2002, 32 (6): 455-479.

② CIOCCI R, PECHT M. Impact of environmental regulations on green electronics manufacture [M]. Microelectronics International, 2006, 23 (2): 45-50.

③ Mccrindle M, Wolfinger E. Generations defined [J]. Ethos, 2010, 18 (1): 8-13.

年）；X 世代（Generation X）（1965—1980 年），千禧一代（Millennials）（1981—1996 年），Z 世代（Generation Z）（1997—2010 年）①。中国学者对世代的划分通常以年代为标准，可分为 50 后/60 后/70 后/80～90 后/95～00 后。在新零售时代，多数学者和研究报告普遍将千禧一代和 Z 世代称为"新一代消费者"，他们已经成为社会和企业主要的关注对象，是目前的消费主力军。

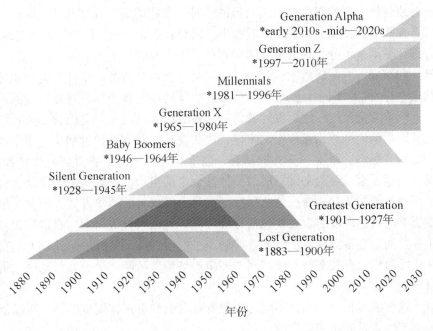

图 2-1　代际划分示意图

（资料来源：Mccrindle and Wolfinger，2010）

2.1.2　千禧一代内涵及消费行为特征

1）千禧一代内涵

千禧一代一般是指生于 1981 年至 1996 年的人群。他们的成长伴随着互联网的诞生和快速发展，网络已融入他们的生活。千禧一代的人口基数大，约占 2021 年全球人口的 23%②。中国的千禧一代总计约 3.15 亿，年消费规模达到 6.68 万亿元，是中国工薪阶层以及消费阶层的中坚力量③。

2）千禧一代消费行为特征

千禧一代消费者的行为特征相较前几代消费者发生了重大转变，主要表现在四个方面：

①　Z 世代最开始定义为 1997—2012 年出生的人群，但随着更新一代人群的成长，将 2010 年以后出生的人群定义为 α 世代，所以现在 Z 世代普遍是指 90 年代中后期至 2010 年左右出生的人群，即 1997—2010 年。

②　美国指数编制公司（MSCI），A Regional Breakdown of Millennials Around the World，https://www.visualcapitalist.com/sp/a-regional-breakdown-of-millennials-around-the-world/.

③　TalkingData 官方数据报告，Y/Z 世代新消费人群报告，2022 年 4 月，https://mi.talkingdata.com/report-detail.html？id=1105.

（1）注重品质消费

千禧一代消费者对于优质生活有更为强烈的期待，对衣食住行的方方面面有更高的品质要求。因此，保健、教育、旅游、高端餐饮、奢侈品等高价值商品与服务的需求在不断攀升，他们亦是中国消费升级大潮的引领者。以奢侈品为例，中国千禧一代大幅推动了奢侈品市场的发展，购买频次相比上一代显著提升[1]。

（2）偏爱个性化和小众消费

20 世纪 90 年代，互联网在中国兴起，成为多数千禧一代自幼共同成长的工具与生活娱乐方式。在信息高速流转、不断推陈出新的互联网影响下，千禧一代对各种形式的触网行为接受度极高，同时具备了前卫、新潮、追求新鲜感的消费意识，偏爱个性化和小众消费。他们追求可以带来优越感的独特商品，包括小众品牌、限购产品及定制化产品。同时，千禧一代更愿意向品牌商表达其喜好与观点，愿意深入参与产品及服务的设计过程，提高个人幸福感的需求正不断上升。

（3）注重体验消费

千禧一代期待探寻新体验，这一点贯穿他们生活的始终，包括购物、美食和旅行等方面。例如他们注重旅游体验，并习惯在一些 UGC（User Generated Content）平台如马蜂窝等网上分享游记、行程、攻略等（如图 2-2 所示），同时会在旅行前利用平台获取相关信息。除了参观城市的热门景点，他们也会在酒吧和餐厅里融入当地人的生活，获得真实的体验。可见，他们对商品的诉求不只是功能诉求，更有体验需求。

图 2-2　旅游社交分享网站——马蜂窝

（资料来源：马蜂窝官网 https://www.mafengwo.cn/）

（4）熟悉网络购物

网络购物是伴随千禧一代成长的主流购物方式，他们擅长使用手机等移动设备购物，享受足不出户的便捷性、安全性。他们随时、随地、随心地购物，大多消费者选择"微时刻"（micro-moments）购物模式，即习惯利用工作间隙等碎片化时

33

---

① 波士顿咨询公司（BCG）和腾讯公司，中国奢侈品市场消费者数字行为报告，2018 年 9 月，https://www.chinanews.com.cn/cj/2018/09-26/8636897.shtml.

间，借助智能设备在开展日常工作的同时完成购物。

千禧一代人数众多，但他们并不是各品牌和零售商唯一关注的人群，随着这群人逐渐步入不惑之年，品牌的注意力开始转移到他们的后继者——Z世代身上。

2.1.3　Z世代的内涵及消费行为特征

1）Z世代的内涵

Z世代一般是指1997年至2010年出生的一代人，也被称为"后千禧一代""数字原住民"等，约占2021年全球人口的24%，是目前消费市场中最为年轻和最具活力的一群消费者。他们正在以惊人的成长速度和庞大的人群规模，逐渐成为贡献消费的主力人群之一。中国Z世代总计约2.33亿人，年消费规模达4.94万亿人民币，消费增速远超其他年龄层[①]，在消费能力上展现了作为年轻群体的活力，其消费行为也与前代消费者呈现出明显的代际差异。

2）Z世代消费行为特征

Z世代作为技术迭代的早期消费者，其一出生就与网络信息时代无缝衔接，熟悉数字技术，具有更强的消费意识。他们身上展现出了许多和千禧一代相同的特点，例如对消费体验和个性化的追求、购物方式多样化。同时Z世代还具备独特的消费偏好，主要表现在：悦己需求增加、青睐社交购物/圈子文化、追求"质价比"、注重需求的即时满足、超前消费意愿提升。

（1）强调消费乐趣，"悦己需求"特征明显

消费对于常处在焦虑与奋斗矛盾间的Z世代来说是一种自我调节的常用手段。获得乐趣是大多数Z世代消费时考虑的首要因素。"悦己需求"成为Z世代消费的第一动力，以消遣娱乐为内容的体验式消费迅速成为其消费的重要部分。例如潮玩、密室逃脱、剧本杀等是Z世代消费新宠。同样，选择实体产品时，Z世代不单一局限于对商品的功能性的需求，消费乐趣是Z世代做出购买决策的重要因素。他们对新事物的接受度很高，更多关注商品的价值增值，即商品传递的情感，追求整体购物流程中的参与感和体验感，习惯为生活乐趣和个人体验买单。消费收获的快乐等情感价值高于消费品的功能价值。

（2）社交购物备受青睐

Z世代与聚集在微信、微博和QQ空间的千禧一代不同，他们青睐丰富的社交平台，比如直播类、视频类等新潮平台（抖音、哔哩哔哩等）（如图2-3所示）。Z世代更加偏好短视频和社交网络的碎片化信息。Z世代强烈的分享意愿，加上多平台的社交渠道，使其消费与社交捆绑。一方面，其所购买的商品或服务能够满足自身价值的需要，再经过分享得到他人的肯定、效仿，能够满足人类内在的天然社交需求；另一方面，他们也容易受到他人分享的影响，跟风不仅可以减少购物时的试错成本，而且符合每个人潜在的从众心理。因此社交购物获得了Z世代青睐。

---

① TalkingData官方数据报告，Y/Z世代新消费人群报告，2022年4月，https://mi.talkingdata.com/report -detail.html? id=1105.

图 2-3　哔哩哔哩视频网站

（资料来源：哔哩哔哩官网 https://www.bilibili.com/）

（3）圈子文化盛行

Z 世代善于在人群中迅速发现并结交有共同兴趣、态度和价值观的人，划分出属于自己的圈层。圈层，"是以情感、兴趣和利益等维系的具有特定关系模式的人群聚合"。这些群体在生活和消费方面具有相似的特征，从而形成一种消费文化，并在圈层中展现出旺盛的购买力。圈层消费能够迅速收获 Z 世代的信任，实现产品与人设的变现。Z 世代圈层文化的消费潜力也在不断展现。在以二次元、模玩手办、国风为代表的圈层文化消费市场中（如图 2-4 所示），Z 世代占据主力，贡献了 Cosplay（角色扮演）品类近四成销售额，古风服饰销售额增长更是连续两年超 300%[①]。

图 2-4　国风手办示意图

（资料来源：来源于网络）

---

① 第一财经商业数据中心（CBNData），2020Z 世代消费态度洞察报告，2020 年 8 月，https://www.cbndata.com/report/2381/detail？isReading＝report&page＝6.

（4）追求"质价比"，消费决策受创意与质量的双重影响

在商品选择上，Z世代重视创意和美感，同时也强调功能和质量，是个性鲜明又聪明理智的消费者。例如当下流行的国潮商品在设计上融合了潮流的时尚与传统的精致，因此很受Z世代青睐。但美观并不是Z世代衡量商品的唯一准则，商品本身的功能性和高质量仍是留住Z世代的根本保证。作为伴随互联网成长的一代，Z世代尤其擅长使用互联网工具多方面考察商品的质量和性价比，保证每笔消费质量。以大众熟知的国货彩妆花西子为例，其在积极融入独特东方美学元素，打造高级感十足的中国风营销的同时，注重品牌品质，逐渐成为行业佼佼者（如图2-5所示）。

图2-5　花西子品牌介绍及部分产品外观示意图

（资料来源：花西子官网 https://www.huaxizi.cn/）

（5）即时满足需求增加

随着生活节奏普遍加快，Z世代花在工作、通勤和社交生活上的时间越来越多，即时满足的需求高于前代消费者。加上互联网购物以及线下即时配送的出现培养了Z世代崇尚简单、快捷的生活理念（如图2-6所示），他们不愿意花时间自己动手，而是高度依赖诸多在线服务平台（例如美团、饿了么）满足其生活需求，也为该类平台的持续成长注入动力。

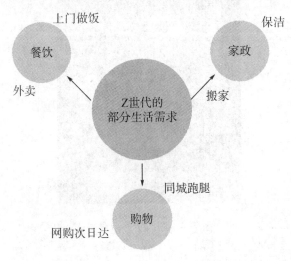

图2-6　Z世代生活需求示意图

（6）超前消费观念逐渐加深

伴随互联网技术改革及共享经济的发展，电子支付等新型消费方式逐渐成熟，诸如蚂蚁花呗、京东白条等网络借贷方式不断发展，网络借贷使用方便且门槛较低，可分期的预支消费模式给 Z 世代的消费带来便利。如果想买的东西超出了自己的支付能力，他们会考虑通过网络借贷平台或选择分期付款。尼尔森发布的研究数据表明，60.9%的中国年轻人使用借贷 APP，使用信用卡的比例为 45.5%。同时，Z 世代的理财意识不断增强，在消费意愿攀升的同时，愿意更开放、更理智地尝试多元化理财方式。

2.1.4　新一代消费者行为的驱动因素及影响

1）新一代消费者行为的驱动因素

（1）技术的发展

新一代消费者成长于数字化革命的时代，他们比以往任何一代人都更熟练地使用数字技术，善于使用互联网和移动设备来寻找信息和购买产品，更倾向于在网上购物和使用数字支付方式。互联网的发展让信息的获取更加便捷和透明，消费者可以通过各种渠道了解到产品和服务的各种信息，比如品质、价格、口碑等。此外，随着移动设备、智能家居等科技产品的普及，人们可以更加便捷地购物和生活，消费习惯开始发生变化，改变了传统的消费模式。

（2）社交媒体的兴起

社交媒体注重用户之间的互动、分享和传播，该类平台的普及让新一代消费者能够更方便地分享消费体验和购物心得，通过对品牌和商家的评价，形成口碑效应。同时，他们更倾向于相信社交平台上有影响力的用户推荐和反馈，也容易从社交互动中获取有用信息，出现跟风种草的现象，进而影响消费决策。

（3）经济发展和消费结构的变化

自新一代消费者诞生以来，以信息技术为主导的科技革命带动世界经济步入信息化时代，经济全球化进程进一步加快，人均收入日益提升，消费需求开始朝着更加个性化、定制化等方向发展。新一代消费者不仅具有现代化的消费理念和消费方式，也具有较强的消费能力和较高的消费倾向，能够追求符合自己兴趣的商品和服务，对品牌和商家的要求变高。此外，随着消费结构的优化升级，他们追求高品质生活的同时，也具备环保、健康等消费意识，消费理念不断优化。

2）新一代消费者行为的影响

（1）推动数字经济发展

新一代消费者是数字"原住民"，他们在数字技术的环境中成长，对数字技术的应用和发展具有天然的亲和力和需求，拥有更加深入的数字化认知和技能，促进了互联网和移动科技的发展，推动了数字经济的发展和创新。当下，互联网、大数据、AI 等新技术和新产品以超过历史任何一个时期的拓展速度，更新换代人们的生活方式。

（2）催生新消费品牌

新一代消费者是一股新兴消费力量，消费行为和需求呈现出新的特征和趋势，为一些新的消费品类提供了机遇。例如消费者对"国潮""颜值"等消费趋势的追求，使得国潮成为当下的消费热点，催生了一系列新的国潮品牌。如成立于2016年的汉服品牌"十三余"，将传统文化与现代设计相融合，并与王者荣耀等游戏IP联动推出联名款服饰，精确契合了年轻消费者的喜好。目前"十三余"已完成过亿元A轮融资，助推汉服走向更大的市场。

（3）促进渠道转型

新一代消费者的多元化、即时性等消费需求，都要求企业在设计渠道时，充分考虑用最高效的方式提供最匹配和便捷的服务，推动了零售业的渠道转型。不断缩短与消费者的距离成为零售渠道转型的关键。企业需要转变渠道布局，对渠道结构进行调整和升级，打造以消费者为中心的全渠道综合购物体验，以更好地满足新一代消费者的需求和期待。例如为了应对消费者线上线下一体化的需求，物美集团①快速拓展数字化组织建设转型，成立三大数字化中心——数字化履约中心、数字化商品中心、数字化会员中心，通过商品的不断优化和消费者新渠道的不断触达，实现会员、员工、营销、商品、服务等全渠道全流程数字化和更高效的到店到家一体化。

（4）赋能传统企业

新一代消费者的出现，推动了对品质、个性化、体验等方面的消费追求，促使一些传统企业增加在品质、服务等方面的重视和投入，进一步挖掘品牌价值，加快其创新发展。例如百雀羚、蜂花等老字号在内的众多国产品牌通过利用拼多多的海量销售数据，获得销售终端反馈的产品功能、包装、规格、售价等相关信息，研发、生产出一系列定制化产品，契合了新一代消费者的购物需求，使得这些传统企业的产品销量迎来爆发式增长，焕发新活力②。

2.2 渠道商与消费者关系的重构

党的二十大报告指出，我们坚持把实现人民对美好生活的向往作为现代化建设的出发点和落脚点。我国进入新零售时代，意味着企业更要以消费者为中心重新定义品牌和产品，要以数字化思维重构生产、销售与服务的逻辑和链条。新零售时代的商业模式是以消费者为核心，以大数据驱动为支撑，以线上和线下全渠道融合为基础，能够实现全链路高效精准匹配的新商业。数据化与技术创新将变革消费形态、优化供应链、拓展消费地域，进一步重构渠道商和消费者之间的关系，实现消费需

① 物美集团：中国最大、发展最早的现代流通企业之一，旗下拥有"物美""麦德龙""新华百货"等知名品牌，拥有超过1 800家多业态门店，引领中国零售产业快速发展和技术创新。

② 新京报，拼多多打通全链路，"老国货"成"新国潮"，2022年3月，https://www.bjnews.com.cn/detail/1646359043169370.html.

求的逆向驱动与供应链逆向整合，促进企业数字化转型与整个社会的经济增长，助力现代化经济体系建设[①]。请看名创优品的新零售探索之路：

新零售战略："以消费者为核心"的名创优品

零售的核心在于合适的时机将合适的货物交付给合适的人，而其中的"人"正是整个零售活动中最关键的需求来源。当客户在名创优品店内边逛边浏览商品时，店内的摄像机开始识别可能的热门商品，并判断其选购商品的偏好信息。根据这些信息初步构建"客户画像"，同步的数据库中，结合"画像"针对性地从线上和线下进行运营互动，促成最终的交易。当客户下单时，还会判断此次交易的时长、额度等信息，评估交易状态，进一步完善"客户画像"，形成良性循环。名创优品副总裁David说道："过去我们讲啤酒+尿布，是基于大量已完成交易的数据，是晚于用户行为的。用户进店之后喜欢逛什么，真正付钱之前做了哪些事，以前这个过程我们是不清楚的。但现在我们能够借助AI技术按照'识别、互动、变现'的路径全方位实现与客户亲近，真正去了解客户群体，实现了以消费者为核心。"

（资料来源：改编自《实体零售的数字化转型——名创优品的新零售探索之路》，蔡淑琴等，中国管理案例共享中心，2020.）

2.2.1　渠道商内涵及再定义

1）传统渠道商的内涵

渠道商指的是将产品从生产者传递到最终消费者的中间商。其主要职责包括产品流通、营销推广、售后服务、信息流通等方面。

（1）产品流通

产品流通是指通过建立供应链和物流网络，实现产品从生产到销售的流通和分销，包括采购、储存、运输、销售等环节。

（2）营销推广

营销推广是指通过管理渠道和进行广告宣传等，促进产品销售和市场推广，包括促销、展示、广告等。

（3）售后服务

售后服务是指处理消费者的售后服务问题，包括维修、退换货、投诉处理等。

（4）信息流通

信息流通是指渠道商扮演信息中介的角色，将产品、市场和消费者需求的信息传递给生产商，以便更好地服务和满足市场需求。

在传统零售时代，企业按照"生产制造—品牌商—批发商/经销商—消费者"这一链条运作。企业生产商品，再通过品牌商、批发商、经销商等各种渠道触达消费者。卖方和买方之间存在着天然的鸿沟。渠道商通常指代理商、批发商和零售商等，其主要作用是连接产品生产商和消费者，以便产品能够更好地流通和销售。

---

① 新商业学堂，《2021新商业蓝皮书》，http://www.199it.com/archives/1251248.html.

2）渠道商内涵的再定义

伴随着新零售时代的到来，渠道商的内涵也随之发生了变化。以往的分级批发和经销商逐渐减少，越来越多的企业通过搭建电商渠道、经营门店等举措直接面对消费者。宣传推广、搜索推荐等各类服务更便捷，更容易抢占年轻消费者市场，买卖双方信息不对称的局面被打破。渠道商的内涵已经不再局限于传统意义上的中间商，角色更加多元化。渠道商可以是产品生产商、产品定制商、物流服务商、零售商、社交媒体平台等。因此，本书认为新零售时代，不论是单独完成从产品生产至销售整个流程的企业，还是参与或者助力了其中任何一环的企业都可以被称为渠道商，即除了最终用户以外的所有履行或者帮助履行分销职能的企业都可以被称为渠道商。

值得关注的是，消费者的角色也发生了变化，他们不再被动接受渠道商提供的产品和服务，而是自主和主动的参与者。从原本单纯的被动消费者角色，向"消费者和合作生产者"的双重角色转变。渠道商与消费者形成互动式关系、定制化关系和共享式关系，成为联系更加紧密的合作伙伴，实现供应链和消费者的完美衔接。以下为京东是如何扮演渠道商多角色的案例。

新零售时代的渠道商："身兼数职"的京东企业

1998年刘强东创立的京东多媒体公司，从一个只卖光磁产品等耗材的小柜台，发展成为如今综合类B2C（business to customer）电商平台，京东不仅仅局限于销售商品的中间商角色，已经拥有多个业务板块，同时注重消费者参与，可谓是新零售时代渠道商角色多元化的典型代表。

角色1：产品生产商。京东拥有自产自销的生产工厂和品牌体系。例如京东的自有品牌惠寻通过深度挖掘国内外优质供应链潜能，去除中间环节，直连工厂极致压缩成本，为用户提供了低价不低质的购物体验。同时，通过搜集消费者数据，京东惠寻能够基于消费者的多元化需求，设计并生产符合当下消费者偏好的产品，因此备受消费者青睐，短短四年粉丝数量已经超过600万。

角色2：产品销售中间商。京东商城为第三方商家提供了便捷的销售渠道，2022年京东入驻的第三方商家数量同比增长34%。从最开始仅销售3C电子产品到通过组建快消、电子文娱、时尚生活三大商家业务板块，京东完成了全品类覆盖，能够满足如今用户普遍青睐的一站式购物需求。

角色3：物流服务商。新零售时代的消费者不仅需要商品，还需要速度，配送时效显得尤为重要。基于消费者对时效的需求，京东开始自建物流体系，致力于为消费者提供即时和便捷的物流服务。目前，京东是全球唯一拥有中小件、大件、冷链、B2B、跨境和众包六大物流网络的企业。

可见，京东集团始终坚持以消费者为核心，通过挖掘和满足消费者需求，身兼数职，胜任了渠道商的多个角色，并在不断突破和发展中。

（资料来源：改编自《最强大脑进化之——京东的组织变革》，谭乐等，中国管理案例共享中心，2018.）

2.2.2 关系重构及关系类型

1）关系重构

（1）渠道导向型的关系模式

在传统情境下，渠道商和消费者之间的关系模式通常是单向的，即供应商提供什么产品，渠道商就销售什么。这种单向的关系模式下，渠道商通常是产品的中间商，他们从生产商那里购买产品，再通过各种渠道销售给消费者。渠道商掌握产品的销售渠道和市场信息，主要依托上游供应商促进商品流通，实现上游价值最大化，但缺少对下游消费者的关注，消费者相对被动地接受渠道商提供的产品和服务。

（2）消费者导向型的关系模式

在新零售时代，随着信息技术和互联网的发展，消费者的购物行为和需求发生了重大变化。消费者不再被动接受渠道商提供的产品和服务，而是成了更加自主和主动的参与者。所以如何聚焦消费者，为消费者提供物美价廉的商品，同时关注其购物体验是新零售时代渠道商的核心工作。渠道商与消费者的关系模式由渠道导向型转向消费者导向型。渠道商不再把消费者视为简单的营销对象，而将其视为可以对企业生产、销售过程产生重要作用的主控资源。例如，企业可以依照"人群洞察—市场全景—机会识别—创意开发—产品打造"的链路，真正找到用户的痛点，以用户思维为导向进行产品设计、研发和生产，注重与消费者协同创新（如图2-7所示）。企业通过聚焦消费者需求，以消费者为中心进行价值链重构。

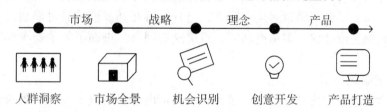

图2-7 产品打造全链路示意图

（资料来源：作者绘制）

具体来说，关系重构后的"人、货、场"三者的定位发生了根本变化。人，从原本单纯的被动消费者角色，向消费者和合作生产者的双重角色转变；货，从原有的售卖商品，向全方位消费过程和体验转变；场，从原先的线上、线下彼此孤立的零售终端，向多种商业形态的复合体即泛零售、场景多元化转变。以消费者需求为中心（人），商品生产与组合个性化（货），消费行为可以发生在任何想象能够触达、超越时间和空间限制的场景下（场）（如图2-8所示）。企业相较于传统模式在"人、货、场"三方面均有更好的表现，最终和消费者实现价值共创。

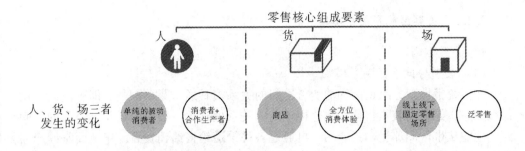

（注释：●表示渠道导向型，○表示消费者导向型）

图2-8 以消费者为中心的关系重构

（资料来源：作者绘制）

2）关系类型

新零售时代，渠道商和消费者的关系类型主要有互动式关系、定制化关系和共享式关系三种。

（1）互动式关系

消费者不再是渠道商的被动接受者，而成了渠道商的合作伙伴和参与者。渠道商通过社交媒体、在线客服等方式和消费者进行互动，了解他们的需求和反馈，并根据消费者的评价进行产品改进和优化。例如，一些品牌会在线上店铺内设置虚拟试衣间，让消费者在虚拟场景中试穿商品，提供更加真实的购物体验。又如，渠道商通过社交媒体平台与消费者建立联系，与其进行互动。消费者可以通过社交媒体提出问题、意见或建议，渠道商回应和解决这些问题，进而了解消费者的需求和兴趣偏好。

（2）定制化关系

消费者需求变得更加个性化和多元化，渠道商需要通过定制化服务来满足消费者的特定需求，比如可以通过产品定制、个性化推荐等方式来提供更加贴近用户实际需求的产品和服务。而消费者作为产品或服务的使用者，在定制化关系中发挥主导作用。例如，电商平台是新零售时代的典型渠道商，通过线上销售商品和服务，与消费者建立联系。消费者在电商平台上可以随时随地购买商品，而电商平台则通过分析消费者的行为数据和兴趣偏好，提供个性化的推荐和服务，提升用户的购物体验和满意度。

（3）共享式关系

共享式关系是指在消费者和渠道商之间建立起一种合作、互惠、共赢的关系。在这种关系中，消费者不仅是渠道商的客户，同时也是产品或服务的创造者、推广者和使用者；渠道商则不仅是消费者的供应商，同时也是他们的合作伙伴和服务提供者。企业和消费者通过共享式关系进行交流，一方面，能够使企业更好地整合资源，提高产品或服务的质量，创造企业价值；另一方面，消费者也能获得服务体验的提升，从而推动零售商和消费者实现双赢①。例如，小米公司在新的 MIUI 操作系统发布后，会邀请用户在线上社区中分享使用 MIUI 的问题和解决方法，并通过投票决定某些功能的取舍。MIUI 系统的很多功能改进都是由用户提出的。小米通过在线论坛收集产品需求，根据用户意见迭代升级，减少了开发成本，收获了口碑和粉丝；用户对产品和功能的需求也得到了满足，实现了互利共赢。

2.2.3　关系重构的方式

在新零售时代，渠道商为了构建与消费者的关系，可采用以下几种方式：

（1）线上线下融合，提供多元化、无缝式的购物体验

渠道商通过完善渠道布局，逐步加强全渠道运营能力，满足消费者在任何时间、任何地点和以任何方式付款的消费全场景，提供商品或服务多元化、无缝式的购物体验。例如，消费者通过线上渠道便捷地查看商品信息，选择广泛且不受时间和空间的限制，可以随时随地享受购物；消费者通过线下实体店体验面对面的服务、真实而直观的产品展示、试穿试用等，拉近与品牌之间的距离。渠道商将线上线下渠道进行融合，实现了渠道间各个环节的信息和资源共享，从而满足新零售时代消费者多样化和差异化的需求。

（2）加强社交化营销，建立个性化的互动关系

首先，渠道商通过在社交媒体上设置明显的购买入口，吸引客户从浏览社交媒体转到直接购买页面，提升流量的转化率。其次，渠道商借助微博、微信公众号等社交媒体，实时与消费者进行交流与互动，监测消费者诉求与问题并快速解决，从而与消费者建立较为紧密的互动关系，增加产品复购率和消费者忠诚度。例如，品牌通过社交媒体发布优惠信息、促销活动等，持续吸引消费者的关注和参与，并且与消费者建立在线咨询和售后服务等联系，提高消费者满意度。

（3）注重大数据等信息技术的体系建设，提供个性化的产品和服务

新零售时代的消费者个性化特征明显，希望能够根据自己的需求和喜好进行个性化定制。这就要求零售企业以消费者为中心，应用大数据、云计算等技术进行数据的收集和分析，了解不同消费者的购物偏好和需求，知道消费者"真正需要什么"，并为其提供个性化的产品和服务。例如，品牌通过收集消费者的在线浏览和购买等数据，为每位消费者进行个性化推荐，展示符合其兴趣和需求的产品，从而优化消费者的购买体验。

2.2.4　重构后渠道商与消费者关系的特点

在传统时代，渠道商和消费者之间的关系模式通常是单向的，渠道商通过广告、促销等方式吸引消费者购买他们提供的产品和服务，消费者则是渠道商的顾客和购买者。这种模式下，渠道商掌握了产品的销售渠道和市场信息，而消费者相对被动地接受渠道商提供的产品和服务。

---

① 周文辉，陈凌子，邓伟，等. 创业平台、创业者与消费者价值共创过程模型：以小米为例 [J]. 管理评论，2019，31（4）：283-294.

新零售时代，消费者则成为渠道商的重点关注对象。消费者不仅是渠道商的客户，也是渠道商的合作伙伴和参与者。和传统渠道商相比，新零售时代的渠道商主要有以下四个特点：

（1）渠道商的角色不再单一

传统渠道商的角色仅仅是连接产品生产商和消费者的"桥梁"。而在新零售时代，渠道商的角色更加多元化，他们需要扮演更多的角色，例如产品生产商、产品定制商、物流服务商、零售商、社交媒体平台等。渠道商通过互动式关系、定制化关系、共享式关系等方式与消费者建立更加紧密的合作伙伴关系，以更好地衔接供应链和消费者。

（2）消费者不再是被动接受产品和服务的对象

在新零售时代，消费者不再只是零售链条的终端购买者，而是更加自主和主动的参与者。消费者能够通过社交媒体、在线客服等方式与渠道商互动，提出需求和反馈，甚至参与到产品设计、定制和加工生产中。渠道商和消费者之间的关系变得更加复杂和多元化，从单纯的买卖关系转变为互利共赢的合作伙伴关系。

（3）数据驱动尤为重要

在新零售时代，数据已经成为渠道商的核心竞争力之一。渠道商需要通过数据分析和智能化技术，最大限度地挖掘消费者需求、预测市场趋势、提高供应链效率等，进而具备产品持续快速迭代的能力，以提高销售业绩和市场竞争力。

（4）消费者体验备受关注

消费者购物体验成为渠道商的重要指标之一。渠道商需要以顾客为中心提供无缝式的全渠道购物体验，持续满足跨越所有实体和数字触点的不断变化的顾客需求，提供个性化服务并提高物流效率，带给消费者优质的购物体验。请看盒马鲜生如何成功构建与消费者之间更具黏性的新关系。

新零售战略：盒马鲜生的商业逻辑

传统超市只是一个以销售产品为主要目的物品集中销售场所，消费者关注的是商品的价格，这也造成其覆盖半径小、专业服务能力弱、盈利模式单一及会员黏性不足等问题。而盒马鲜生等智慧零售为传统行业带来的最核心改变是重构企业与消费者关系，通过数字化、智能化技术对会员购买行为进行统计分析，不断进行更契合其消费需求的新品开发和促销活动。同时融合线下线上全渠道策略，以一个门店为核心，构建了三公里社区会员网络。消费者既可以到店享受工作人员的专业服务，也可以选择半小时配送到家足不出户的网上购买方式。以盒马鲜生为代表的智慧零售实施以用户为中心的精细化管理，为消费者提供便捷、全面、专业的服务，解决顾客的个性化、多样化的消费需求，打破了企业和用户之间原本"销售场所和产品购买者"的浅层关系，成功构建起两者更具黏性的新关系。

（资料来源：作者根据盒马官网信息编写 https://www.freshippo.com/.）

2.3　消费者体验与场景营销

2.3.1　消费者体验与场景营销的内涵

1）消费者体验的定义及影响因素

（1）消费者体验

消费者体验是一个主观变量，是指消费者在购买和使用产品或服务过程中的整体感受和印象，主要包括感官类体验、浸入式体验、交互式体验、功能性体验和情感类体验。

①感官类体验。这是最首要且直接刺激和影响消费者的因素。企业可以从消费者感官的角度出发，设计并制订一系列的方案，利用智能软件与硬件，从视觉、听觉、触觉等方面打造具有吸引力的消费场景和零售空间，营造"驻足"气氛，追求为消费者提供极致的感官感受。

②浸入式体验。这是让消费者能够全身心投入体验的过程中，成为其中的一部分。企业可以通过营造主题氛围、开展相关活动等形式吸引消费者亲身体验并"浸入"其中，从而给消费者留下深刻的、值得回忆的感受。

③交互式体验。这是让消费者拥有交流和互动的体验感。一方面，企业可以运行会员机制，让消费者及时关注企业的新品发布、优惠活动、即时动态等信息，使企业和品牌之间的直接交流更为密切；另一方面，企业可以为客户群建立一个交流平台，彼此之间针对产品进行交流与沟通，顾客可以在"圈子"里分享自己的使用感受、经验甚至经历。这样的交互式体验，使企业与消费者以及消费者与消费者之间紧密联系起来。

④功能性体验。这是指在消费过程中获得教育、社交等功能的体验感。企业可以搭建以品牌商品为核心的平台学习空间，供消费者学习和交流，既满足其结交拥有共同兴趣爱好的朋友的社交需求，又满足其在交流碰撞中学习新知识的教育需求。

⑤情感类体验。这通常是指消费者在消费过程中感同身受并触发其相关思考的体验。企业从消费者的情感需要出发，搭建起与消费者情感关联的零售场景，诱导其产生心灵上的共鸣，对品牌产生认同感和信任感，这有利于培养消费者对品牌的忠诚度。

（2）影响消费者体验的因素

从营销学的角度来讲，影响消费者体验的因素主要包括购物氛围、服务质量和交易安全性。

①购物氛围。首先，良好的场景氛围能刺激消费者的购买意愿，购物氛围对消费者的影响，来源于颜色、图像等要素对顾客情感的影响。有研究表明，颜色能够直接影响到消费者的情感，其中红色能够唤醒和刺激到人的食欲，激发快餐食品的消费意愿，而蓝色能够营造出一种轻松的氛围，促进生活服务的消费行为。其次，图像能够起到感染情绪和创造情感的作用。企业通过充分利用图像元素，布局设计良好的消费场景，能够使消费者的购物体验更佳，增加消费者在店铺内的停留时间，从而促进购买。

②服务质量。服务质量主要由消费者在体验服务后产生的感知来衡量。从顾客的角度来看，对品牌服务的感知体现在与品牌接触的每一个"触点"，这些"触点"不一定是由品牌的直接参与来触发的，但是会影响到消费者对品牌服务质量的感知。例如，消费者看到了品牌的新品广告，触发了购买意愿，却发现找不到购买渠道，在这种情形下，虽然品牌并没有与消费者之间互动，但是让消费者对品牌的服务产生了不好的体验。

③交易安全性。新零售环境下消费者的消费过程更加便利，但同时也带来了更多的风险性因素。其中，支付及产品的安全性直接关系到消费者的消费决策。一旦消费者察觉到某一商家的交易环境较差（如网络购物时电商卖家的差评数量多），或存在不规范的经营情况等可能会危及购物安全的因素，消费者就会放弃购买。因此，对于消费者体验来说，交易安全性至关重要。下面的案例介绍了安踏线下体验店给消费者带来安全的数字零售新体验。

消费者体验：安踏线下体验店

安踏线下体验店设计了展现不同产品科技的装置互动道具，强化不同场景中运动与科技的关联感知，帮助消费者了解产品科技特性以及运动使用场景，从而更直观地进行消费决策。消费者只要带着手机，就可以体验融入产品、社交体验、视频介绍、购物等多种内容的数字零售。"比如说压杆互动屏（如图2-9所示），当消费者从鞋墙上拿起一款产品时，该产品的信息就会投射到显示屏上，一方面消费者能更清晰地了解产品功能，另一方面我们能在后台采集到这款鞋的'拿及率'，再结合实际售出的数据做分析，给未来优化商品设计和研发提供信息支撑。"安踏零售数据负责人郭琰如是说。数字零售新体验不仅为消费者提供了个性化的购物感受，也拉近了数字世界和现实世界的距离。同时，消费者可以选择通过自助机器无接触式自主结算，也可以通过人工收银台使用现金、微信或支付宝等多种支付方式进行付款，保障交易安全。

图 2-9　安踏门店的压杆互动屏及产品展示

（资料来源：作者根据安踏官网信息编写 https://www.anta.com/cms/advert.）

在新零售时代，消费者想要的不只是产品，还包括更好的消费体验。随着技术的革新，消费习惯的变化，零售业正在以满足消费需求为核心，通过技术连接，品牌与用户之间的沟通互动越来越多元化，购物体验备受消费者重视，场景营销开始成为营销关注的焦点。围绕消费新场景，场景营销能够基于消费者的心理需求，融合好玩的创意和技术，打造触动用户的沉浸式体验，增强消费者的满意度和忠诚度，有助于企业最终形成以"消费者"为核心的零售新生态。

2）场景营销的内涵及特点

（1）场景营销的内涵

场景营销作为一种营销策略，通常指企业基于消费者所处的具体情景和时间，了解和解读用户需求，并在特定场景下与消费者进行互动而展开的营销活动。其产生和发展与时代背景、社交媒体的发展等息息相关。其通过塑造较好的服务体验，实现产品或服务的推广，带动消费者的购买欲望。时空元素、互动性、个性化、情感需求等是场景营销必不可少的关键要素。相较于广告等营销手段，场景营销更加了解消费者的动态行为特征和消费习惯，能够通过对场景元素的分析，打造符合现代消费者特点的消费场景，提供实时、互动和沉浸式的购物体验。

（2）新零售时代的场景营销

以消费者为中心的新零售时代，消费场景逐渐多元化，消费选择也变得更加多样化，人们越来越重视消费体验，更加追求新鲜感和互动性，场景化购物日益流行。此外，随着技术的发展，企业更能利用多种先进的技术手段实现精准营销，这不仅赋予了场景化营销新的内涵，也重构了传统的场景特质。大数据、移动设备、社交媒体、传感器和定位系统是构成场景的五种技术力量[1]，企业依据"场景五力"可以更精确地了解消费者所处的具体情境，从而提供个性化服务解决消费者痛点，营销将变得精准化。

综上，本书认为新零售时代的场景营销通常包括以下几点：首先，企业基于移动智能设备和技术，随时对消费者不断变化的碎片化场景进行追踪定位；其次，利用大数据、云计算等先进技术，精准计算和把握消费者的偏好，以及在不同场景下的价值诉求；最后，通过移动智能入口、APP 应用等，实现即时性的场景连接，感知用户的具体情景，从而为用户推送相宜的产品和服务，满足场景化价值诉求，激发用户购买欲望，实现营销推广的目标。

（3）新零售时代场景营销的特点

新零售时代的场景营销具有精准化、个性化、互动化和情感化的特点。

①精准化。随着大数据等技术手段的日益普及，企业能够利用各类智能设备，通过筛选消费者线上线下行为数据，清洗、细化、丰富消费者标签，勾勒出清晰的人物画像，并投其所好实现精准营销。

②个性化。场景营销为用户在消费过程中追求个人化体验带来新的契机。结合移动设备、大数据、社交媒体等多种技术，企业能够考虑个人的独特性，满足不同

47

---

① 斯考伯，伊斯雷尔，等. 即将到来的场景时代 [M]. 赵乾坤，周宝曜，译. 北京：北京联合出版公司，2014.

层次、不同群体的消费者需求，制定个性化的营销策略，实现品牌和消费者的最佳契合。

③互动化。场景营销依靠独具特色的互动环节，主动为消费者设计场景，能够让消费者参与其中，形成与消费者双向交流的互动关系；并且通过让用户获得深度沉浸式的场景体验，更深切地感受商品和企业特质，提升用户体验。

④情感化。新零售时代的场景营销更加关注消费者的情绪价值，通过挖掘消费者在不同场景下的情感诉求，设计具有情感性的场景，让消费者产生愉悦的情感体验，有助于激发其情感共鸣，形成对产品的积极联想。

2.3.2 场景营销的方式

1）利用实体店铺打造线下场景体验

虽然线上渠道发展势头正盛，但并不能替代实体渠道的传统优势，线下实体店依然是消费者购买商品的重要场所。消费者存在的地方意味着流量的聚集，实体店铺被赋予了更多的消费体验功能，从而实现营销价值，促进流量变现。对于用户而言，线下远比线上更加真实和生动。"产品+服务+场景+体验"四位一体的线下平台会为消费者呈现出一幅"产品个性化、服务精细化、场景多样化、体验内容化"的全新购物图景。因此，渠道商可以通过打造线下场景体验，创造出与产品或服务相关的有趣场景，吸引消费者的目光。商家也希望消费者可以在场景体验中感受产品价值，无论是大型商超，还是地摊百货，都开始注重场景设置。相对来说，线下场景的创新空间更大，不仅覆盖人们衣食住行的多个场景，还可以有效量化消费者行为，有助于商家更好地展示产品，并能够通过与消费者的实时互动，更加精确地判断消费者行为，提供极致的购物体验，最终获得消费者青睐，触发线下消费，促进企业良性发展。请参阅下面西安人的文化地标曲江书城的案例：

场景营销：曲江书城的服务场景设计

被誉为西安人的文化地标的曲江书城，塑造兼具城市个性气质的主题生活场景和体验内容。不但书城内部的色彩用调、陈设布置等场景设计符合消费者的阅读需求，而且设置了生活美学区、重磅阅读区、乐活体验区等，给人们带来一站式复合型服务体验。曲江书城成功营造出多维度复合式文化生活空间和情景式阅读氛围，从触觉、视觉、听觉、嗅觉等多角度抓住顾客，为提升读者的阅读体验而不断努力，越来越多的人慕名而来（如图2-10所示）。

图 2-10　曲江书城：构建线下场景体验

（资料来源：改编自《书与书店皆美景：曲江书城的服务场景设计》，高娜
等，中国管理案例共享中心，2019.）

2）利用虚拟现实技术创造虚拟场景体验

这是新零售时代大数据应用的典型方式，能够最大化虚拟场景效应。虚拟现实技术有三个主要特点：沉浸感、交互性及构想。用户在应用虚拟现实技术时，会感觉自己身处一个与现实生活很接近的时空里，这就是沉浸感；用户可以与虚拟空间中的事物进行互动，这就是交互性；用户在应用虚拟技术时，可以得到自己需要的信息，并对信息进行深入理解，在掌握知识的同时得到思维上的启发，这就是构想。所以，虚拟现实技术极强的临场感，创造出与产品或服务相关的有趣场景，使得消费者感受到的虚拟情境与真实的情境高度相似，能够对人们发挥创造力起到积极作用，让消费者沉浸于虚拟场景中，吸引消费者的关注和参与。下面是海尔智家带给用户"未来之家"沉浸式体验的案例。

场景营销：海尔智家的智慧场景

在海尔智家虚拟展厅中，用户可以通过智能手机和平板电脑，体验市场上最前沿的旗舰产品。展厅里的旁白语音、内容设计都是根据实际情况量身定制的。在旁白的指引下，参观者将进入"未来之家"场景，冰箱、洗衣机等细节一览无余。另外，在产品色彩和尺寸比例不变的情况下，虚拟展厅还可以将产品原样投射在用户的家庭环境中，用户可以体验家电放置在不同空间的感受，还可以替换成目录中的其他产品，让它们呈现在虚拟展厅中。海尔智家坚持布局智慧住居，通过 AR 技术，打破传统平面展示的局限，为用户带来互联的、量身定制的"未来之家"沉浸式体验的同时，进一步加速智慧家庭在全球落地，也为市场可持续增长提供助力（如图2-11 所示）。

49

图 2-11　海尔智家：打造虚拟场景体验

（资料来源：作者根据海尔智家官网信息编写 https://www.haier.com/cn/？from=baidu.）

3）融合线下线上打造无缝式场景体验

新零售时代围绕消费新场景，线上线下融合趋势愈发明显。线下场景为消费者提供良好体验，是注重视觉、听觉、感官体验的现实场景，线上场景以移动终端、AI 等技术为支撑，注重虚拟场景体验。互联网时代为场景营销搭建了线下与线上相融合的桥梁，线上场景和线下场景可以互相引导，进一步放大营销效果，实现"1+1>2"。请参阅国美的双平台战略。

场景营销：国美的双平台战略

零售老将国美自 2021 年以来主推线上线下双平台战略，重构"人、货、场"。国美推出"真快乐"APP，将其作为线上引擎，主导交易业务，线下平台聚焦产品展示和体验。双平台相互引流，彻底打破线上线下的界限，实现消费场景无缝衔接，打造立体化、全方位沉浸式场景。例如 2021 年国美主办的"快乐 ZAO 城"市集活动，用户可以在线下多个城市观看精彩的国风表演、Cosplay，享受美食，还可以参与线上线下无障碍打卡"积虎爪"的趣味互动，以虎爪兑换购物优惠券、限量手办等礼物。线上线下联动，使得国美"真快乐"全网日活跃数量同比 2020 年增长181.11%，取得了良好的营销效果。

（资料来源：作者根据国美官网信息编写 https://www.gome.com.cn/.）

2.3.3　场景营销对消费者体验的作用

1）打破传统营销的局限性

传统营销往往局限于广告投放、价格促销等营销方式，而场景营销可以创新营销策略，利用多种高科技手段，打破了场景、传播媒介、时间空间等方面的限制，让消费者能够随时随地在更加自然、真实的场景中了解产品或服务。例如 OPPO 手机瞄准年轻消费者聚集于社交媒体的生活习惯，借助小红书、微博等平台举办线上活动，积极参与一些热点话题加强与用户间的互动，并创造"专治各种抖"等趣味十足的短视频吸引用户关注，借由网友自发产生的口碑效应进一步放大品牌影响力，突破了电视广告这类无法聚焦目标用户且只能单向传达品牌信息等营销方式的局限。

2）实现用户行为的精准预测

技术革新推动场景营销的发展以及各种硬件设备的完善，使得对用户行为的量化成为可能。移动设备、定位系统、社交媒体、传感器等技术让用户行为轨迹得到完整的记录。无论是虚拟的数字场景，还是线下的真实生活所产生的数据都能得到充分的挖掘、记录、分析、使用，完成对用户立体而多维的用户画像，为精准预测用户行为提供基础。例如天猫等网络购物 APP 能够获取用户购物车中的商品组合和数量等信息，通过大数据技术分析消费者的浏览、购物行为，了解消费者的兴趣爱好和偏好，形成用户画像，从而推荐符合其需求的商品和服务，提高消费者购买意愿和满意度。

3）加强品牌与消费者之间的情感联系

企业在塑造品牌时可以将品牌文化、品牌故事等融入场景营销，可以让消费者更好地了解品牌的文化和价值观，最大限度地激发人们的兴趣，引起人们沉浸式的参与和互动，使人们能够愉快地理解和识别品牌。例如，小米公司为了推广扫地机器人等智能家居，打出"彻底解放双手，懒癌患者的家务神器"这类宣传口号，制作生活场景感十足的情绪短片，将智能家居与归家、恋爱、打拼等都市生活场景联系在一起，不仅突出了产品卖点，而且类似的生活体验还能够进一步引发消费者的情感共鸣，使他们喜欢上品牌，与品牌形成密切的互信关系，从而提高品牌传播质量。

4）增强消费体验和提高用户满意度

场景营销强调创造真实和有意义的消费体验，借助适当的场景，将产品和消费者的具体时间、地点和行为联系起来，可以使消费者更加深入地了解产品或服务，有效提升消费者的购买欲望，形成良好的品牌体验，提高消费者的满意度和忠诚度。例如，华为作为全球领先的 ICT（信息与通信）基础设施和智能终端提供商，在其品牌体验中心，人与技术之间的障碍被打破，消费者可以体验华为品牌生态，以及感受华为如何运用科技的力量改变和影响每一个人的生活，构建万物互联的智能世界。通过沉浸式的空间和互动体验设计，华为传达了具有洞察力和影响力的品牌信息，助力品牌提升用户忠诚度。

本章小结

1. 给出消费者行为及新一代消费者的定义，说明新零售时代消费者行为的特征及带来的影响。消费者行为（consumer behavior）就是指人们在获取、消费以及处置产品和服务时所采取的活动。新零售时代的"新一代消费者"通常指千禧一代和 Z 世代，即 1981—1996 年以及 1997—2010 年出生的人们，这类消费者已经成为零售业主要关注的对象。他们的消费行为也相较前几代消费者发生了较大转变，呈现出对消费体验和个性化的追求、购物方式多样化、青睐社交购物等特点。新一代消费者成为目前消费的主力军，其也对社会和经济等方面产生了影响，例如推动了数字经济发展、催生新消费品牌、促进了渠道转型和引发消费文化的变革等。

2. 介绍新零售时代渠道商的内涵及与消费者关系的转变，重点阐述渠道商和消费者的关系重构及关系类型，并说明关系重构的方式及特点。新零售时代，不仅消费者的行为特征发生了变化，渠道商的内涵也进一步拓展。传统渠道商通常指代理商、批发商和零售商等，其主要作用是连接产品生产商和消费者，以便产品能够更好地流通和销售。然而，新零售时代的分级批发和经销商逐渐减少，企业可以通过搭建电商渠道、直接经营门店等举措直接面对消费者，渠道商不再局限于传统意义上的中间商，角色更加多元化，例如产品生产商、产品定制商、物流服务商、零售商和社交媒体平台等。

新零售时代，企业更要以消费者为中心重新定义品牌和产品，要以数字化思维重构生产、销售与服务的逻辑和链条。消费者成为渠道商关注的重要角色，不再被动接受传统渠道商提供的产品和服务，而是成为自主和主动的参与者，从原本单纯的被动消费者角色，向"消费者和合作生产者"的双重角色转变。因此，渠道商与消费者成为联系更加紧密的合作伙伴，形成了互动式关系、定制化关系和共享式关系，实现了供应链和消费者的完美衔接。企业借助大数据技术，依照"人群洞察—市场全景—机会识别—创意开发—新品打造"链路进行产品开发设计，以用户思维为导向进行设计、研发、生产与销售，重构与消费者之间的关系，最终企业和消费者实现价值共创。

3. 给出消费者体验和新零售时代场景营销的内涵，介绍场景营销的方式及其对消费者体验的作用。新零售时代，消费者想要的不只是产品，还包括更好的消费体验。购物体验备受消费者重视，场景营销开始成为企业的关注焦点。围绕消费新场景，场景营销具有精准化、个性化、互动化和情感化的特点。企业通过利用实体店铺打造线下场景体验、利用虚拟现实技术创造虚拟场景营销体验、融合线下线上打造无缝式场景营销体验等方式，能够基于消费者的心理需求，塑造触动用户的沉浸式体验。新零售时代的场景营销打破了传统营销的局限性、实现了用户行为的精准预测、加强了与消费者之间的情感联系，提升了消费者的满意度和忠诚度，有助于企业最终形成以"消费者"为核心的零售新生态。

了解了这些，我们接下来的章节将着重介绍新零售时代企业的营销战略，让大家能清晰地了解新零售时代企业所面临的机遇与挑战，认识到外部环境变化下企业渠道转型与变革的必要性，并且能够理解企业渠道变革的战略、战术和实施，以及营销创新举措。

思考题

1. 新零售时代的消费主力军通常指哪些人群？其消费行为具有哪些特征？
2. 结合生活实践，举例说明新零售时代渠道商和消费者的关系特点。
3. 如果你是渠道商，在新零售时代，你通常会如何重构与消费者之间的关系？
4. 什么是场景营销？列举出生活中常见的场景营销实例（不少于两个）。
5. 你认为在新零售时代，场景营销有哪些新的特点或者形式？

渠/道/管/理——新/零/售/时/代

案例阅读

万寿堂：医药新零售的破局之路

信息技术的快速发展和以消费者为中心的新零售时代的到来，为各类企业带来了机遇与挑战。越来越多的中国传统零售商开始纷纷向数字化、多元化方向转型升级，希望能够把握时代趋势，顺流而上，在竞争激烈的市场中脱颖而出。

创立于 2003 年的医药零售连锁企业——万寿堂自创立初期就奉行"以诚为本，以客为尊"的经营理念，采取"统一委托采购配送、统一质量管理、统一信息化管理"的现代化经营管理模式，为客户提供多元化服务。万寿堂各门店通过专用网络与总部数据中心进行数据 24 小时实时传输，实行了网络化销售服务，首创"服务到家"及"会员健康卡"等便民利民服务，在考虑消费者差异化需求的基础上，推出了更具人性化和个性化的服务方案，不断完善销售网点分布。此外，万寿堂通过挖掘消费者需求，推出自主品牌"晶健系列产品"，逐步形成产、供、销一条龙服务的品牌企业。

（1）实施多元化布局

最初万寿堂能提供的只有药品销售，产品同质化是其面临的危机之一。随着生活节奏的加快和环境污染的加剧，亚健康问题愈发普遍，人们健康养生的意识逐步得到了提高。万寿堂抓住当下潮流的消费理念和需求，围绕大健康产业，积极开展多元化布局，在销售药品的基础上，进一步提供医疗器械、养生产品和服务，并创立自有品牌，实现自产自销。万寿堂旗下拥有万寿堂养生馆、泰富来茶文化民宿等多元化产业。

（2）拓展销售渠道

新零售时代，传统药店面临着线下经营成本高、客流不断减少的发展瓶颈，不少药店难以为继，陆续迎来"关店潮"。万寿堂瞄准网络购物备受青睐这一消费趋势，迅速布局线上 B2C 模式，于 2015 年成立天猫万寿堂大药房旗舰店，通过依托线上销售进一步缓解线下销售的压力。此外，2017 年万寿堂建立了微信公众号，通过发送推文将自身品牌、活动等讯息广泛进行传播，实现线上引流，并通过微信小程序商城进行线上销售。通过"互联网+连锁药店"的 O2O 模式，万寿堂为消费者营造了更为方便和高效的购药体验。

（3）开展个性化服务

万寿堂不仅为顾客提供测身高、测血压等一些日常基础服务，还设立了民生药事服务站，配有专业的工作人员，会根据不同客户的情况和需求提供相应的用药指导和建议，帮助他们早日恢复健康。同时站点也在积极探索数字化建设，目前已实现网订店送、互联网医院咨询、电子处方、远程审方等技术运用，服务亮点突出。

新零售的背景下，万寿堂通过深耕消费者需求，依托大数据技术手段，在多元化经营、拓展销售渠道、开展特色服务等方面均实现了突破，发展成为嘉兴知名企业，并连续多年获得嘉兴市、区有关部门颁发的"诚信企业""消费者信得过单位"等殊荣。万寿堂医药新零售故事的序章才刚刚完成，未来又会遇到什么挑战？值得我们思考。

（资料来源：改编自《高歌猛进：万寿堂医药新零售破局之路》，杨清、马烨，中国管理案例共享中心案例，2022.）

参考文献

［1］ CIOCCI R, PECHT M. Impact of environmental regulations on green electronics manufacture ［J］. Microelectronics international, 2006, 23（2）: 45-50.

［2］ ENGEL J E, KOLLAT D T, BLACKWELL R D. Consumer behavior ［M］. New York: Holt, Rinehart and Winston, Inc., 1968.

［3］ KNEMEYER A M, PONZURICK T G, LOGAR C M. A qualitative examination of factors affecting reverse logistics systems for end-of-life computers ［J］. International journal of physical distribution & logistics management, 2002, 32（6）: 455-479.

［4］ MCCRINDLE M , WOLFINGER E. Generations defined ［J］. Ethos, 2010, 18（1）: 8-13.

［5］ SCHIFFMAN L G, KANUK L L. Consumer behavior ［M］. Englewood Cliffs: Prentice Hall, 1987.

［6］ WOODS W A. Consumer Behavior. Adapting and Experiencing ［J］. North-holland, 1981（34）: 443-460.

［7］ 汪旭晖, 赵博, 刘志. 从多渠道到全渠道: 互联网背景下传统零售企业转型升级路径: 基于银泰百货和永辉超市的双案例研究 ［J］. 北京工商大学学报（社会科学版）, 2018, 33（4）: 22-32.

［8］ 周文辉, 陈凌子, 邓伟, 等. 创业平台、创业者与消费者价值共创过程模型: 以小米为例 ［J］. 管理评论, 2019, 31（4）: 283-294.

3 新零售时代的企业营销战略

学习目标

通过本章的学习，学生能够：

·认识新零售时代企业面临的机遇与挑战，以及传统渠道遭遇的困境。
·掌握企业渠道转型的战略、战术与实施。
·了解企业的营销创新举措。

开篇案例：阿里巴巴"数商兴农"

近年来，互联网、大数据、云计算等技术日益融入经济社会各领域诸环节全过程，AI、区块链、元宇宙等技术和业态也加速创新。数字技术、数字经济影响延伸到农业农村领域，与农业农村经济深度融合，尤其是对农产品交易的形态、模式和价值实现产生了深刻影响。2022年中央一号文件提出，实施"数商兴农"工程。这既是顺应从脱贫攻坚到全面推进乡村振兴转变的重要选择，也是推进数字经济在农业农村健康发展的重要举措。尤其是"数商兴农"顺应了农业农村高质量发展的要求，有利于在乡村推进构建现代化的产业体系、生产体系和经营体系。

随着网络技术的持续创新和农村基础设施整体水平的跨越式提升，数字经济迅速发展，农村传统经济模式转型升级步伐加快，在政府的大力支持推动下，农村电商发展成效显著。商务部数据显示，2021年我国农村网民数量已经达到2.84亿，农村网商、网店有1 632.5万家，全国农村网络零售额达2.05万亿元，比上年增长11.3%，增速加快2.4个百分点，占全国网上零售额的15.6%。2021年全国农产品网络零售额达4 221亿元，同比增长2.8%。以农产品网络零售额占农林牧渔增加值计算，农产品电商已经占到5%左右。农产品电商带动了农民收入增加、促进了农业转型升级、推动了乡村产业兴旺，对农村经济社会的辐射面不断拓展、影响程度不断加深。

数据作为一种新型生产要素，农产品数字化场景正迅速从消费端的"餐桌"走向更上游的"土地"。不少农产品强县通过和头部企业合作，以数字技术打通"研、产、供、销"全链条，数据为农业提质增效提供了新动能，探索农业现代化的数字化新路径。例如，阿里巴巴集团进一步加大农业产地端投入，设立数十个产地仓与

1 200余个菜鸟乡村共同配送中心，持续建设1 000个数字农业基地，与消费端近场电商等新业态结合，更高效连接农民与消费者。截至2021年年底，菜鸟乡村共配中心自动化改造已服务全国25个省的150余个区县，而智能产地仓也将深度服务30个以上的县域。

图3-1　全国农产品网络零售额及其占农林牧渔业增加值的比重
（数据来源：历年农产品电商报告，根据报告中的增速进行了调整。）

数字商业能够通过对产品运输、结算等各环节进行数字化赋能，实现流通体系与数字化技术、产品、服务的融合，提高"数商"产业和传统农业的耦合效率。一方面，依托数据平台的共配系统，提高商品和信息的分流处理效率，实现农产品上行降本提效；另一方面，发挥"前店后仓"优势，使物流集约化、规模化，实现从产地仓向分拨中心、转运中心的多频次、小批量的连续补货，提升现货率，缩短订货前置期，提升紧急订单处理能力，实现产地仓破局。例如，盒马通过自身数字化供应链服务当地供应商，让贵州黄牛走出山区，并以数字化能力打造从宰杀到门店全程仅需20个小时的物流链路，让千里之外的消费者享受到美味、安全的产品。

资料来源：摘自《"数商兴农"：从阿里平台看农产品电商高质量发展》，阿里研究院，2022年4月.

3.1　新零售时代的营销环境变化

3.1.1　新零售时代的营销机遇与挑战

1）新零售时代的营销机遇

如今，AI、5G、大数据、云计算、区块链、物联网等新兴名词已耳熟能详，这些技术助力商业世界快速发展，商业模式不断更新换代。传统的零售已成为过去式，新零售时代到来了。新零售时代给企业带来了无限机遇，主要体现在以下三方面。

（1）技术助力企业，探索下沉市场

借助技术的发展，企业可以通过渠道下沉探索发展不均衡不充分的市场，比如开篇案例中阿里巴巴通过数据赋能农村电商探索新的机遇。埃森哲（Accenture）发布的《2022中国消费者洞察》也反映了同样的趋势，埃森哲大中华区战略与咨询董事总经理张逊在接受央广网记者采访时表示："下沉市场网民基础庞大，网购很活跃。下沉市场不仅仅是要把工业品下行，更重要的是要把农产品上行。中国三至五线市场充满活力，并呈现动态发展。企业和品牌必须更快速、有效地响应消费者需求，来应对挑战和抓住机遇。企业可以从产品研发、营销策略、运营效率等各个环节寻求创新突破，持续锻造数字化能力，提升研产供销服链条模式，并不断优化消费者体验。"①

（2）电商新模式，带来新的红利

技术变革同样推动了营销模式和手段的多样化，特别是直播电商、生鲜电商、二手电商等模式兴起，带来了一大波红利。据统计，2022年，直播电商市场规模达到3.5万亿元，同比增长48.21%；生鲜电商市场规模约5 601.4亿元，同比增长20.25%；二手电商市场规模达到4 802.04亿元，同比增长两成②。表现尤其亮眼的直播电商，通过主播全方位地以直播形式展示商品，能够在一定程度上解决通过电商渠道购买商品缺乏体验的问题，也能为传统实体店增加新的线上销售渠道，助力零售行业新的发展。

（3）大数据沉淀，让企业更了解消费者

大数据、云计算、视觉识别等技术的发展，使得企业在与消费者接触的每个节点都能有效感知，并获取、存储和分析来自消费端的海量数据，尤其是在市场中处于垄断地位的双边平台，如淘宝、拼多多、抖音等。这些企业拥有的独一无二的海量数据，助力企业更好地在已有业务中服务消费者，同时，企业也能利用这些数据资源向其他市场领域拓展业务，将在基础业务市场的垄断势力延伸至其他市场，即"双轮垄断"。有关双轮垄断利弊的看法不一，但是不可否认的是，正是由于大数据的沉淀，如今的消费者才能享受到更好的购物体验。

2）新零售时代的营销挑战

伴随着新零售带来的新机遇，企业纷纷意识到必须从"旧零售"思维中解放出来，热情拥抱"新零售"，充分进行数字化转型，努力发展全渠道战略。但是，大部分企业尤其是传统企业往往像下文案例中的娃哈哈一样，转型的决心和投入都很大，但是效果却不理想。

渠道转型：娃哈哈艰难的电商之路

面对淘宝、京东等互联网电商平台的强势崛起，娃哈哈创始人宗庆后曾自信地表示"电商再强大，也击不垮娃哈哈的联销体"，但他显然低估了时代变革的力量。

---

① 央广网，2022中国消费者洞察：理性抬头，92%消费者不当"月光族"，2022年6月.
② 网经社电子商务研究中心，《2022年度中国电子商务市场数据报告》，2023年5月，http://www.100ec.cn/detail--6627094.html.

57

2013 年，中国移动互联网爆发元年，娃哈哈的营收见顶，当年创下 783 亿元高位，随后几年娃哈哈的营收大幅滑落，到 2017 年，营收锐减 40%，仅剩 465 亿元。

无奈之下，娃哈哈雄心勃勃地开启了电商征程。2016 年 4 月，娃哈哈推出福礼惠平台，以娃哈哈瓶身上的广告位作为产品与互联网商家合作。2018 年 2 月，娃哈哈推出线上微商城，出售娃哈哈品牌的限量款、纪念款、节日款、主题款等商品。5月，娃哈哈与杭州中南天眼科技公司合作推出新品"晶晴"发酵乳，主要依靠微商渠道销售。2020 年，娃哈哈一口气推出四个电商平台——保健品电商平台、食品饮料电商平台、跨境电商平台以及哈宝游乐园。2021 年 8 月，娃哈哈上线电商销售平台"快销网"。然而，这些举措并没有给娃哈哈带来新的辉煌，娃哈哈依然在电商转型之路上不断探索……

（资料来源：改编自《初代电商平台悄悄关停 娃哈哈电商之路走入迷途？》，和讯网，http://stock.hexun.com/2023-06-01/208794778.html.）

（1）传统企业互联网转型难度大

国家统计局数据显示，2023 年上半年，社会消费品零售总额 227 588 亿元，同比增长 8.2%；全国网上零售额 71 621 亿元，同比增长 13.1%。其中，实物商品网上零售额 60 623 亿元，增长 10.8%[①]。近年来，电子商务已然成为我国居民消费的主要渠道。在此趋势下，传统企业纷纷涉足电子商务，但是传统行业做电商并非易事，其中的原因是什么呢？

对于企业而言，勇敢地拥抱变化值得称赞，但是如果忽略了需求的本质则是本末倒置。新零售不会也不应该绕开零售的本质。零售存在的目的是满足消费者需求，旧零售如此，新零售同样如此，不同的只是实现的形式。如果企业只改变了展现在消费者面前的渠道形式，而没有匹配企业内部架构以及供应链的转型，那么所谓的"转型"必然不会成功，而这恰恰是大多数传统企业拥抱新零售的简单做法。

值得注意的是，电商企业和企业电商是两个完全不同的概念。一般而言，电商企业是以电商为核心来实现盈利的企业，采用的是互联网思维——效率优先，并且非常关注顾客满意度。而企业电商，往往是传统企业为了提升效益新增加的营销渠道，电商模式在这种企业环境中居于从属地位。因此，传统企业并不能通过直接套用主流电商的做法获得电商红利。如果传统企业要在电商领域有所作为，就必然要针对自身的客观实际，做好渠道全面转型的筹划与安排，并做好发展初期企业不适应的长线准备。

（2）消费者的要求越来越高

高度互联网化的消费端，让如今的消费者已经习惯于便捷的购物和贴心的服务。消费者能够随时随地通过一部手机、一块智能手表、一台智能音箱等接触到企业的渠道。这就要求企业不仅要开设相应的渠道，使消费者可以触达企业，而且要把渠道做好，让消费者产生良好的体验。相信大家经常会遇到这样的情况：品牌的公众号只是一个象征性的存在，推文都停留在两三年前；小程序的购物体验糟糕，客服

① 国家统计局，2023 年上半年社会消费品零售总额增长 8.2%，http://www.stats.gov.cn/sj/zxfb/202307/t20230715_1941269.html.

都联系不上；淘宝店铺产品数量太少，许久都不上新……如此种种，为消费者拥抱新零售时代带来了不小的障碍。大家的购物体验依然算不上称心如意，考虑到未知与不确定性带来的麻烦成本，消费者的选择依然很少。

此外，虽然新零售时代企业有工具也有能力去搜集消费者行为数据，但是如何利用这些沉淀的数据"宝藏"，对如今的企业提出了更高的要求。

（3）市场中的竞争越来越激烈

新零售之轮理论中的技术边界线告诉我们，如今的企业借助新的技术可以做得更好。与以往相比，我们可以以更低的价格享受相同的零售服务水平，或是以相同的价格享受更高的零售服务水平。于是，当有企业做到了这一点，其他停留在原地的企业就丧失了竞争力，当越来越多的企业都做到了这一点，其他企业就会被时代所淘汰。这反映的是，技术的变革将企业之间的竞争推到了一个全新的高度——企业之间不再是"小打小闹"地拼价格、拼服务，而是拼谁的变革速度更快，谁的变革方式更好，谁的变革效果更佳。

提到新零售就不得不提的成功范式——盒马鲜生，这个集超市、餐厅、菜市场于一体的新零售综合体在商业模式上的创新只是技术的实现形式，其所有变化的根本逻辑依然是围绕着顾客体验来设计的。

盒马鲜生：极致的顾客体验

精致的产品、明亮的购物环境、陈列有序的货架……外表酷似精品超市的盒马鲜生给顾客提供了舒适的购物环境。鲜活海产品区更是一绝，澳洲龙虾、英国面包蟹、俄罗斯帝王蟹……除了日常水产之外，还有各种生猛海鲜，而且与网络同价。"99元一只的波士顿龙虾、3.9元一只的鲍鱼……"性价比极高的海鲜成为盒马的招牌，赢得了顾客的口碑。盒马同时还兼顾餐厅的功能。有简单的中餐、日料、牛排、烘焙、奶茶等。购买海鲜后，顾客既可以选择打包回家，也可以支付10~30元的加工费在盒马让后厨进行现场烹饪。

在全方位满足消费者需求方面，盒马显得不遗余力。售卖的蔬菜都打包成一餐的用量，方便消费者购买。基于人体工程学设计的货架高度都不超过一米五，消费者抬手就能取到商品。货架与货架之间的距离也比一般超市宽敞，至少能够并排走三辆购物车。货架上摆放的价签都是电子价签，除了显示品名、价格之外还有商品专属的二维码，打开盒马的应用扫一扫，就能在手机上将它加入购物车（见图3-2）。

（资料来源：改编自《探店盒马鲜生——农产品"新零售"什么样?》，崔明理，农产品市场，2017（36）：4. DOI：10.3969/j. issn. 1009-8070.2017.36.021.）

（a）盒马鲜生货架　　　　　　　　　　　（b）盒马鲜生商品

图 3-2　盒马鲜生店内

（资料来源：来源于互联网）

传统企业，或者说实体店在新零售时代遭遇了挑战，体现在企业各项效益指标的下滑上；而随着消费互联网的红利已见底，电商企业近年来同样遭遇了瓶颈。接下来将具体分析实体店与电商在新零售时代所面临的挑战。

3.1.2　实体渠道的困局

实体店作为一种历史悠久的零售业态，其于 20 世纪 90 年代在中国进入高速发展阶段。但是在过去的 30 年里，实体业态逐渐显现出疲软态势，主要原因包括以下三个方面。

1）实体渠道的固有劣势在与线上渠道的竞争中被放大

受制于地理位置和物理空间的限制，实体渠道覆盖的需求范围有限，提供的产品种类和数量也非常有限，并且往往还伴随着较高的门店租金和人力成本。一直以来，实体渠道存活的关键在于门店的选址与选品，要选择人流量大的门店位置和高频需求的产品。此外，由于单店的规模经济性相对较弱，渠道的规模经济性主要通过连锁来体现。为了拥有更大的市场份额，实体渠道需要占据更有利的地理位置和开设更多的连锁店，这大大增加了渠道的运营成本。随着互联网的发展，特别是在电商浪潮的冲击下，上述实体渠道的劣势被放大。

实体渠道在与线上渠道的竞争中遭遇到了前所未有的危机，一些传统的大型连锁零售企业也难逃厄运。麦肯锡与中国连锁经营协会联合发布的《2022 年中国零售数字化白皮书》指出，商超业态行业利润下滑明显，尤其是卖场业态，在过去一年频现关店潮。国家统计局数据显示：社会消费品零售总额 2019—2021 年增速为 3.9%，相较上一个三年（2016—2018 年）的年增速 6.8%明显回落；其中，连锁零售企业销售额在 2018 年达到高峰，为 38 012.7 亿元，从 2019 年起逐年开始下降（如图 3-3 所示）。下述波司登的案例反映了实体渠道的运营难题。

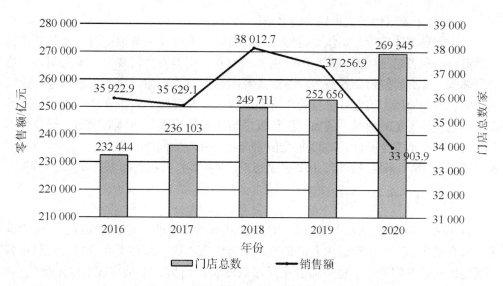

图 3-3　连锁零售企业销售额及门店总数

（资料来源：国家统计局）

实体店的库存难题：波司登"奇怪"的缺货

2013 年，在羽绒服销售最旺的冬天，波司登遭遇了奇怪的"缺货"：一方面有门店在缺货，另一方面又有门店的库存积压。这听起来有些不可思议。既然有库存，为何还会缺货？

这是因为对于全国范围内有着 3 000 多家门店的波司登来说，"想要很精准地预测在什么时间、把什么货挪到什么地方，是非常困难的"。波司登信息总监桂益龙将这种缺货称为"结构性缺货"。货是有的，但没有在正确的时间出现在消费者有需求的地方，货源充足的地方可能卖不完，缺货的地方有人想买却买不到。由于产品往往有较长的订单交付期，从下达订单到产品最终面市短则数周，长则数月，这期间需求会发生什么样的变化谁也无法预测，因此上述库存错配的情形在广大实体连锁企业中非常常见。

（资料来源：改编自《让数据"开口说话"，波司登用"一朵云"解决库存难题！》，https://www.sohu.com/a/196828957_657035.）

2）"聪明"的消费者使得传统营销手段不再有效

通常来说，零售的利润主要来自规模效应，即所谓的"薄利多销"。传统的实体渠道可以通过降低零售价格来提升销量，并且这种降价策略的效果可以长时间延续。这是因为信息不透明，消费者很难去比价，如果一家店铺在消费者心目中形成了"低价"的形象，那么消费者很容易对其形成顾客忠诚。因此，对于传统实体渠道而言，时不时降价促销是有效的营销手段之一。而随着互联网的兴起，信息越来越透明，消费者也越来越"聪明"，可以随时比价，以往有效的营销手段变得不再有效。此时的实体店仍然墨守成规、缺乏创新，自然不能满足如今个性化、多样化的消费者需求，无法使消费者满意最终导致了消费者的流失。

3）环境不确定性下抗击风险能力弱

由于需要实体运营，实体渠道抗击风险的能力也较线上渠道更弱。尤其是实体渠道需要消费者自己履行"最后一公里"的路程，即消费者需要自行前往实体门店进行选购。那么，任何导致消费者不能或者不愿意前往实体门店的因素，包括天气的影响、时间原因、消费者自身的心情和惰性，以及各种突发因素如停电、意外等都会影响实体渠道的销量。例如，在新冠疫情流行期间大量实体店倒闭。据联商网零售研究中心不完全统计，2022 年全国有超过 7 400 家线下店关闭，包括 3 800 多家服饰店，1 800 多家餐饮店，680 多家超市，600 多家美妆店和 130 多家影院等①。

3.1.3　线上渠道的瓶颈

自 1999 年阿里巴巴在中国创立，电商模式开始逐渐进入大众的视野，同时也改变了大众的生活。线上渠道大大扩充了实体店中售卖的产品种类和数量，并且销售不受门店营业时间限制，也不需要租用昂贵的实体门店，于是在线上渠道诞生时，一时间线上店铺数量激增。据不完全统计，截至 1999 年年底，国内就诞生了 370 多家电商平台②。商家欣喜于开设店铺的门槛大大降低，可以借助互联网的"东风"低成本运营店铺。但是事实果真如此吗？

1）消费互联网红利阶段基本结束

到目前为止，消费互联网的红利阶段基本结束。随着电商经济的不断发展，传统电商因互联网和移动终端大范围普及带来的用户增长以及流量红利正逐渐萎缩，所面临的增长"瓶颈"开始显现。数据显示③，截至 2022 年 6 月底，我国网民规模为 10.51 亿，同比增长 4 040 万，互联网普及率达 74.4%，同比增长 2.8 个百分点（如图 3-4 所示）；其中，移动端网民规模为 10.47 亿，同比增长 3 991 万，占总网民规模的 99.6%（如图 3-5 所示）。线上市场的主要场所已经由 PC 端转移到了移动端，虽然网民规模仍在扩大，但增速均已放缓。而全国网上零售额的增速自 2018 年起已经连续三年下滑④，由 2018 年的 23.9% 下降至 10.9%。从上述数据可以看出，互联网的流量红利正在逐渐消失，电商遭遇了发展的"天花板"。

---

①　网易新闻，2022 年线下实体零售阵亡名单出炉（含餐饮咖啡、超市、百货、服饰、美妆、影院等），https://m.163.com/dy/article/HTSH5FJJ05445BQZ.html.

②　钛媒体，中国电商 20 年：崛起、探索与混战，https://baijiahao.baidu.com/s？id=1734028507924677289&wfr=spider&for=pc.

③　中国互联网络信息中心，第 44 次至 50 次中国互联网络发展状况统计报告，2019 年 8 月至 2022 年 8 月.

④　2017 年至 2021 年中国统计年鉴，国家统计局，2017 年 9 月至 2021 年 9 月.

图 3-4 中国网民规模和互联网普及率

（资料来源：中国互联网络发展状况统计报告，其中未标明月份的年度均使用当年 12 月数据，因未公布 2019 年 12 月数据，此处使用 2020 年 3 月数据代替）

图 3-5 中国手机网民规模及其占网民比率

（资料来源：中国互联网络发展状况统计报告）

2）与实体渠道相比，电商渠道可能面临更高的运营成本

与普遍的观念相反的是，电商往往面临着居高不下的运营成本。在电商兴起伊始，其优势在于价格，这让大家错误地认为电商的运营成本较之实体店更低。而事实上，电商渠道是否比实体渠道更节省成本是一个值得商榷的问题。亚马逊的财务报告显示，直到 2015 年第二季度公司才首次盈利，而京东直到 2019 年才突破收支

平衡，实现盈利。究其原因，首先，虽然电商不需要开设实体店面，但是需要布局更大更接近消费者的仓库，对消费者订单进行"一对一"的履行，以及需要承担"最后一公里"的费用。其次，电商渠道往往比实体渠道有着更高的退货率，因此逆向物流也是一项不可忽略的成本。此外，正如许小年教授在其著作《商业的本质与互联网》中提到的，电商单品采购批量小，采购价格高，而店商的规模经济效应要远好于电商，因而在采购环节效率更高[①]。

3）消费升级背景下，电商渠道固有劣势被放大

相对于实体渠道，电商在消费者体验方面存在致命的弱点，包括：①无法真实接触到商品，尤其影响体验类产品的购买；②无法满足即时性需求，需要等待物流配送；③售前售后沟通成本较高，服务水平较低等。消费者通过线上渠道获得了便利，但并没有得到足够好的购物体验。

此外，阿里《品质消费指数报告》显示：消费品市场结构持续优化，新兴业态快速增长，品质消费、绿色消费、智能消费等亮点频现，低端商品消费呈现下滑趋势，而高端商品消费大幅增长，中高端及以上的商品消费金额在总消费金额中的占比上升意味着品质消费上升。人们日益增长的对高品质、异质化和体验式消费的需求，使得电商在与实体渠道的竞争中处于劣势。虽然电商也在尝试找到能够提供真实场景和良好购物体验的路径，比如 AR/VR 技术的引入，但是始终不及实体渠道给顾客提供商品或服务时所具备的可视性、可听性、可触性、可感性、可用性等直观属性。

3.2　企业的渠道转型

新零售时代下，企业的营销战略中最大的变化来自渠道。值得一提的是，企业渠道的转型大多数时候并非企业的初衷，而更像是为了存活而不得不进行的改变。这些改变的过程不亚于破茧成蝶的艰辛，需要企业投入大量的人力、物力与财力。下面的案例反映了企业进行数字化转型的起因与难点。

数字化转型：零售行业新变化

近年来，随着生活水平的不断提升，人们的消费理念和需求逐渐变化。与此同时，AI、云计算、大数据等新兴技术的不断成熟，正在加快零售行业数字化转型的步伐。"在数字技术和新冠疫情的双重作用下，我国零售业数字化进程不断加快，成为促进内需的重要抓手。"商务部研究院电子商务研究所副研究员洪勇在接受中国经济时报记者采访时表示。

数据显示，2022 年上半年，全国网上零售额 6.3 万亿元，同比增长 3.1%；其中，实物商品网上零售额 5.45 万亿元，增长 5.6%，占社会消费品零售总额的比重

---

① 许小年. 商业的本质和互联网 [M]. 北京：机械工业出版社，2020.

为 25.9%。在这种情况下，企业必须以最大的热情拥抱数字化转型。零售行业数字化转型能获得什么？实际上，除了消除传统技术的限制，数字化转型使零售行业能够更灵活地适应当前的市场趋势和要求，确保更多的连接，数字化转型使零售商和顾客更容易通过社交媒体账户、网站、聊天机器人、移动应用程序等进行联系和沟通。同时，销售更加便捷，通过 AI 工具，顾客可以在没有收银员的情况下购物。一些流程的 AI 自动化将提升客户体验。

"然而我国零售企业数字化转型存在不平衡不充分的问题。大量中小零售企业尤其是处于下沉市场的零售企业数字化转型成功率不高。"洪勇认为。麦肯锡公司近期发布的一份调研报告显示，当下零售企业仍专注于近消费者端的数字化建设，70%的零售商聚焦于线上渠道及自有平台建设、全渠道会员运营。而价值链中上游、改造难度更高的领域，仍是数字化"短板"，仅有不到 40%的零售商将数据驱动的商品管理（选品组货、陈列、定销）、数字化供应链作为转型重点；而对数据和算法基础要求更高的智能门店运营决策（选址、补货、人员排班），只有 20%左右的零售商将其作为重点发展方向。

在洪勇看来，零售业数字化转型面临的困难主要有以下三个方面：一是数字化转型成本较高，二是数字化转型人才缺乏，三是信息共享机制不完善。此外，值得注意的是，在零售业数字化智能升级过程中，数据作为平台和企业的关键资产，是企业所有者的痛点。从数据收集的角度来看，企业面临着一方面数据收集困难，另一方面数据质量差的困境。对于分销渠道复杂的零售品类，用户数据采集缺乏实时性和全面性。

（资料来源：摘自《数字化转型为零售业带来新发展机遇》，中国经济时报，2022 年 10 月 13 日，A04 版：新闻洞察.)

3.2.1　渠道转型的战略

企业的渠道战略服务于企业的战略目标。在新零售时代，企业的战略目标因市场环境的改变有所调整，因此渠道战略也需要转型以适应全渠道零售的要求。但是万变不离其宗，渠道转型的核心仍然在于如何提高生产与消费对接系统的效率。一般而言，企业的渠道转型包括功能结构转型、组织形态转型、渠道关系转型、渠道模式转型等。值得注意的是，在新零售时代，用户能够真正参与到整个营销过程中，选择的主动性也得到加强，通过渠道转型，企业能拉近用户与品牌之间的距离。

1）功能结构转型

渠道的功能结构转型可以从渠道结构和渠道功能两方面着手。

（1）渠道结构转型

传统渠道的功能往往由独立的渠道成员执行。受制于技术和管理水平，渠道成员往往联系松散，各自为政。尽管这样也能保持整个渠道的正常运营，但渠道资源的整合程度较低，管理比较分散，运营效率较低。在这种情况下就需要强有力的制度来进行管理，其中成功的典范是娃哈哈独创的"联销体"模式。

渠道取胜：娃哈哈的"联销体"

在"联销体"模式中，娃哈哈的特约一级经销商要提前打款才能拿货，这部分货款作为保证金；每月进货前经销商必须结清货款，娃哈哈才发货；销售结束后，娃哈哈返还保证金，并给经销商返利。每年年底，经销商需要将这一年销售额度的10%左右作为保证金一次性打到娃哈哈账户上。针对保证金，娃哈哈会支付高于或相当于银行存款的利息。

为了避免各区域之间发生窜货，娃哈哈制定了严格的价差体系，各省（区、市）分公司所对应的经销商，统一划分为一级批发、二级批发、三级批发，每一级都必须严格执行对应的销售价格。同时，为了落实价差体系，严禁向区域外市场销售娃哈哈产品，否则将受到取消经销权、没收保证金等严厉惩处。

正是基于"联销体"模式，娃哈哈建设起一套覆盖超过 7 000 个经销商、100 000 个批发商、3 000 000 个销售终端的销售网络，如毛细血管般深入全国各地的县镇乡村，使得娃哈哈的新产品能在最短的时间铺向全国。

（资料来源：改编自娃哈哈官网 https://www.wahaha.com.cn/#/channelweb.）

联销体模式已成过时，未来的渠道要在结构上进行创新以适应新的环境。在各种新技术的加持下，企业应通过信息技术管理企业渠道，打破各个环节相对独立的格局，把所有渠道流程联系成一个高效且灵活的数字化系统。每个环节通过共享信息来进行协作，精细化管理，实现渠道资源的最优化配置和效率的提升。这一目标和方法说起来容易，实现起来却并不容易。正如 3.2 节案例中提到的，大部分企业所做的仅仅是消费者端（前端）的数字化，包括提供多个购物渠道和渠道之间的会员打通等，这部分较为容易实现；而涉及供应链中上游（后端）的数字化建设与应用则较少，包括数据驱动的商品管理和智能决策等。成功的实例参见如下案例：

纯爱服饰：成功的数字化商品管理模式

浙江纯爱服饰有限公司总经理朱建群长期在传统羊毛衫行业内打拼，随着数字化技术的不断发展，朱建群看到了时代发展的趋势，她果断搭建技术部门，开发产品生命周期管理系统（PLM）和数字化工具，推出了最适合纯爱的专有商品管理系统。经过十多年的开拓，该系统使新产品研发效率提高了 50%，减少投资成本30%，同时也加强了产品管理的保密性。

朱建群意识到，对于纯爱来说，想要开发和完善自己的商品管理系统，必须先做好信息化建设。朱建群要求其技术团队在纯爱首先建立的是：网络管理系统、计算机（服务器和工作站）、操作系统、数据库等。其次是基础数据的收集，为使用数字化工具提供必备条件，比如使用数字化工具，包括计算机辅助工程软件（CAD、CAE、CAM 等 Cax、CME），虚拟现实或仿真软件（虚拟工厂、人机工程、物流仿真等）。

纯爱专有的纯爱数字化产品生命周期管理系统支持产品全生命周期的信息的创建、管理、分发和应用的一系列应用解决方案，它能够集成与产品相关的人力资源、流程、应用系统和信息。纯爱的系统包含以下方面的内容：纯爱服装设计系统、纯爱毛衫工艺设计系统、纯爱生产管理系统、纯爱仓储管理系统等，集成了产品设计、原辅料选型、工艺设计、生产管理、售后服务、质量管理等一整套产品开发流程。

（资料来源：摘自《纯爱服饰：成功的数字化商品管理模式，铸造羊毛衫数字化企业》，中国经济新闻网，https://www.cet.com.cn/itpd/itxw/3196415.shtml.）

（2）渠道功能转型

渠道功能结构的转型还可以基于不同的渠道功能来进行延伸，具体包括广度和深度上的延伸。

①渠道功能广度上的延伸。企业要打破渠道功能的传统认知，基于数字化趋势与消费者新特点，考虑企业的资源禀赋优势，借助渠道功能的拓展形成有自身核心竞争力的渠道优势。例如，企业可以将渠道的功能从吸引和促成消费者购买拓展为展销、体验、服务和推广一体化，更多地强调顾客体验。

②渠道功能深度上的延伸。企业可以借助大数据等技术手段为顾客提供更好的服务和体验。例如，基于消费者行为数据形成消费者画像提供精准营销，并且采用大数据分析精准管理顾客，其中海尔的智能客服是一个典型的实例。

顾客新体验：海尔智能客服

2023年7月，海尔智家客服荣获"5G交互式智能服务"发明专利，在智能客服、人机交互等领域输出"海尔范本"，推动客服数字化迈入人机交互2.0阶段。

当前，业内普遍采用的是基于规则的FAQ对话模式，智能机器人的能力一般，通常根据用户问题中的关键词匹配固定答案。机械式回答，只能应对大量流程性问答需求，对于场景复杂的问题，难以理解用户意图，多轮对话时往往容易"答非所问"。

"5G交互式智能服务"发明便是基于该问题进行突破，将语义理解、情绪识别、知识图谱和智能学习能力广泛融合，打破传统对话框式沟通，将千篇一律的交流转变为根据用户问题、情绪做出个性化解答，有效支撑复杂场景中高效、精准地解决问题。

当用户在线咨询，智能机器人能够根据上下文，结合历史数据与效果、业务场景、产品知识库等，精准理解用户意图，自动关联知识内容，再抽取关键信息，生成简洁又专业的答案，在多轮交互场景中也能带来伴随式的无感体验，实现客服机器人"真智能"。

（资料来源：摘自《海尔智能客服新专利，人机交互进入2.0阶段》，中国日报网，http://cn.chinadaily.com.cn/a/202307/28/WS64c34a55a3109d7585e46df5.html.）

2）组织形态转型

流通渠道结构理论强调中间商在产品流通渠道中发挥的结构性作用。中间商通过发挥专业分销技能帮助企业提升渠道的周转效率和产品的流通性，且中间环节在生产和消费之间发挥着桥梁作用。在渠道结构的各节点，成员相互之间存在分工和竞争，企业通过加强渠道的贯通性和优化渠道结构能够提升渠道效率（如图3-6所示）。

（1）传统金字塔形渠道

传统营销渠道多是金字塔形，比如娃哈哈的联销体模式，通过多级代理和经销形成强大的市场辐射力，帮助企业赢得更多的市场份额。但是，金字塔形渠道的弊端也很明显：由于层级较多，生产企业与最终消费者之间的距离较大，不利于生产企业快速准确地获取顾客的反馈信息，容易导致生产端与需求端割裂，不适用于现在以需求为导向的市场。

此外，多层级金字塔结构也大大增加了渠道管理的复杂程度和运营成本。随着社会经济的发展和新技术的出现，流通渠道结构理论衍生出新的内涵，衍化出流通渠道结构扁平化理论。该理论认为传统的流通渠道结构理论缺乏扁平化管理思维，而随着信息技术和电子商务的快速发展，生产商和消费者之间的联系交流更加紧密，为流通渠道结构变革提供了内生动力。

（2）向扁平化渠道过渡

当前，许多企业的营销渠道逐渐向扁平化方向转变，尤其是依靠众多电商平台和社交网络平台，针对目标消费者建立直销网络，为消费者提供一对一的个性化服务（如图 3-6 所示）。企业通过数字化实现与顾客在信息推送、信息搜索、购买、付款、配送和分享阶段的交互，从而比以往更好地满足消费者需求。扁平化营销渠道在满足消费者多元化需求的同时，可以实现信息的高度集成和共享，并做到快速反应，降低运营成本，提升渠道效率。一般而言，企业向扁平化渠道过渡的方式有：

①直接给零售终端供货，省去中间的经销商环节；

②通过自建线上或线下渠道进入没有经销商的空白市场；

③扩大总经销商直销比例，减少二级经销商数量；

④与大型连锁企业合作，企业负责生产，由大型连锁企业的渠道直供终端零售网点；

⑤组建物流公司，直接向最终消费者提供物流配送服务。

格力的渠道扁平化变革提供了一个典型实例。

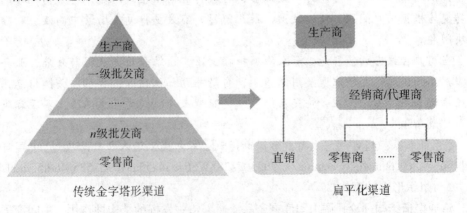

传统金字塔形渠道　　　　　　　　　扁平化渠道

图 3-6　渠道组织形态转型

（资料来源：作者绘制）

渠道变革：格力渠道扁平化创新

近年来，为了顺应新零售时代的需求特点，格力电器针对自身的渠道进行了扁平化改革。首先，缩减已有的渠道层级，提升渠道效率；其次，大力开拓线上渠道，包括入驻京东、阿里巴巴（猫享＆喵速达）、拼多多、唯品会、抖音等多个电商平台；最后，引入格力+京东联合门店进入下沉市场，并发展天猫优品渠道。在技术方面，后台系统从下单到送货整个流程均已打通，具有商品智能寻源、仓库就近发货、政策自动结算、全流程可视化等功能，已在局部地区试点成功。

渠道扁平化改革的各项措施颇有成效，公司线上销售份额占比不断提升。奥维云网数据显示，2022年上半年，格力电器空调线上市场份额已经由2019年的不足5%提升至27.3%。此外，销售费用的不断下降也一定程度上说明了格力电器渠道改革的成效。公司财报显示，2022年第一季度销售费用19.54亿元，同比下降25.08%。

（资料来源：改编自《格力电器：上半年净利润同比增长21.25%多元布局景气赛道》，中国证券报，https://www.cs.com.cn/ssgs/gsxw/202208/t20220831_6295181.html.）

3）渠道关系转型

在新零售时代，渠道关系也发生了深刻变化，第1章提到了渠道关系由制造商主导转变为零售商主导，这是渠道中权力随着时间变化的结果，是一种被动的转型。那么，站在企业的角度，主动地进行渠道关系的转型去适应如今的市场环境显得更为重要。渠道关系转型包括纵向关系转型和横向关系转型。

（1）纵向关系转型

传统的纵向渠道关系中，上游生产商和下游渠道商之间是纯粹的合作关系，大家通力合作完成分销相关的任务。如今，纵向渠道关系发生了深刻的变化，主要体现在以下两个方面：

①纵向关系由单纯的合作关系转变为"竞合"关系。在新零售时代，生产商可以通过开设直销渠道或者渠道商可以通过出售自有品牌，在传统的渠道成员之间单纯的合作关系中加入竞争元素。一方面，打破渠道成员之间的完全依赖，激发渠道成员的斗志，增加渠道投入的努力程度；另一方面，增加企业与渠道成员讨价还价时的权力，为自己争取更多的利益。

②纵向关系的合作深度进一步加深。生产商和渠道商之间除了关系变得更复杂之外，两者之间的合作深度也比以往更深。例如，京东推出C2M（customer-to-manufacturer）平台，利用自身的海量数据和数据分析能力，帮助其上游生产商更准确地了解顾客需求。一方面，京东可以充分利用自身的优势，为其合作伙伴提供便利；另一方面，也能通过提升消费者对品牌的满意度共同把"蛋糕"做大，从而获得更大的收益。

（2）横向关系转型

传统的横向渠道关系中，从履行渠道功能的角度来看，同一层级的渠道商彼此之间是单纯的竞争关系——"你多分一厘，我就少得一厘"。如今，新零售背景下的横向渠道关系也发生了新的变化，渠道商之间可以通过合作来共同提升销量和消费者体验。尤其是在全渠道战略下，通过打通渠道系统，不同利益主体的渠道商之间可以做到商品、库存和会员共享，共同为消费者提供良好的全渠道体验，把"蛋糕"做大。

值得注意的是，无论渠道关系如何变化，企业都应当站在渠道整体的角度，加强各利益主体协同机制建设，比起短期的销售利润，更重视渠道成员之间的战略合作伙伴关系。无论是渠道设计还是渠道维护，都围绕着巩固渠道战略伙伴联盟关系来展开，全方位协同作战和共担风险，这样才能实现渠道成员各方以及营销渠道总体利益的最大化。请参见小米与其渠道商深度合作的案例：

渠道关系战略：小米助力渠道商升级

为了匹配小米公司的渠道改革战略，小米的渠道商需要进行升级，为了帮助渠道商升级，小米在直供平台对专营店合作伙伴发表公开信提出，"于愿意升级但是存在困难的合作伙伴，我们将尽可能地提供经营能力方面的培训交流、物料方面的支持帮扶等。以下是为大家提供的相应升级帮扶内容：①提供门店设计服务；②提供展陈支持；③提供店面所需的家具设备；④提供开业及活动支持"。

（资料来源：改编自《小米线下渠道生变："抛弃"专营店，商家续签需再投80万》，观察者网，https://www.guancha.cn/economy/2021_01_19_578378.shtml.）

4）渠道模式转型

企业渠道模式的转型主要包括开拓渠道下沉模式和实施全渠道模式。

（1）渠道下沉模式

考虑到经济发展、消费水平、基础物流设施等因素，企业的传统渠道大多以大中型城市为开发中心，而如今这些优良市场已经趋于饱和，渠道竞争异常激烈。随着我国城市化建设的不断发展，市场重心逐渐从一、二线市场下沉到三、四线市场。政策也为企业的渠道下沉提供了助力，2021年中央一号文件提出全面推进乡村振兴，加快农业农村现代化。因此，企业在巩固现有市场的同时，也应看准机会把营销重心下移到这些待开发的市场。

一般而言，新渠道的构建有自建和外包两种模式，两者各有优势，前者有利于企业掌握信息的主动权，后者可以直接借用第三方的现有平台及资源，减少前期的资金投入。在传统的互联网渠道中，渠道外包是一种主流的渠道模式。但在下沉市场中，由于农村市场的渠道开发不够完善，无论是自建渠道还是外包渠道，可能都面临着比较大的难点。因此，企业还可以尝试与大型平台企业的渠道对接，例如拼多多、京东、阿里、沃尔玛等。这种渠道的最大优点就是直接连通最终消费者，同时整合了多个行业的渠道资源。企业自建渠道的市场覆盖范围通常比较有限，销售终端网点远不如上述平台企业。因此，企业可以将自建营销渠道纳入平台企业的渠道体系中，借助其庞大的营销渠道提升自己的销售能力。这些大型平台企业也自发地进行下沉市场的探索，并为小企业渠道赋能，参见如下案例：

渠道模式转型：大平台的渠道下沉和渠道赋能

2020年9月，为提升云南农产品上行供应链效率，阿里巴巴在当地设立公司，引入菜鸟、盒马、淘菜菜等业务，加大云南农产品产销对接。受疫情影响，云南本地鲜花等大宗出口产品受阻，继而出口转内销，本地商家及当地农户通过盒马、淘菜菜、淘宝直播等方式拓宽国内销售渠道，顺应"国内大循环"政策。例如，云南新平县是冰糖橙之乡，为畅通乡村物流，2019年菜鸟在新平建立了共配中心，2020年又进一步建成菜鸟农产品智能产地仓，对冰糖橙进行数字化分选，并通过阿里等平台直销，大大提升了冰糖橙的流通效率。

近年来，响应国家构建现代流通体系的政策，阿里巴巴、京东和拼多多等零售巨头纷纷发力B2B市场，利用其强大的数字化供应链能力，为数量庞大但流通效率不高的传统小店赋能。其中，阿里零售通服务于全国150万家传统小店，将它们与供应商直接对接，大大提升了产品的流通效率。阿里零售通为店主开通数字店面运营系统，利用数字化手段维护店面运营，提高效率。此外，店主还可以在零售通数据分析模块的帮助下，改进选品和采购。从供应商的角度来看，零售B2B电商使之可以更有效率地接触庞大而分散的零售网络，从而降低对中间商和批发商的高度依赖。

还有一类B2B平台服务于特定渠道和品类的细分市场，例如美菜和易久批。以酒水起家的易久批获得了美团和腾讯的投资，正将触角伸向数量庞大却四处分散的烟酒专卖店。美菜则专为需要采购生鲜、饮品等产品的小餐厅提供供应链解决方案。

（资料来源：改编自《麦肯锡中国消费者特刊｜中国数字化营销再探索》，麦肯锡公司（McKinsey & Company）.）

（2）全渠道模式

全渠道零售的概念最初由达雷尔·里格比（DarrellK. Rigby）于2011年在《哈佛商业评论》中提出[①]，主要表现为互联网时代企业通过各种渠道与消费者互动，并提供多种购买渠道和方式供消费者选择。企业通过渠道整合为消费者提供无缝式的购物体验，满足其任何时间、任何地点和任何方式的购物需求。全渠道模式是新零售时代最佳的渠道模式，能够很好地满足消费者需求的新形式与新要求。

第1章具体介绍了不同渠道模式的概念与区别，全渠道相对于多渠道，表面上看起来只是企业将多个渠道进行了组合，使得消费者选择变多了，但这仅仅只是海面上的冰山一角，海面下的冰山更为庞大和复杂，除了企业组织等的转型外，更重要的是涉及物流系统的变革（如图3-7所示）。我们将在下一小节来分析全渠道实施的具体战术。

---

① RIGBY D K. The future of shopping [J]. Harvard business review, 2011, 89 (12): 65-76.

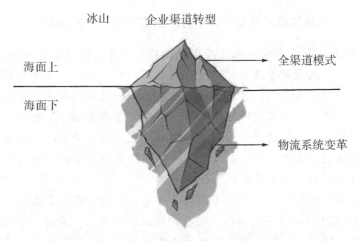

图 3-7　企业渠道转型冰山模型示意图

（资料来源：作者绘制）

3.2.2　渠道转型的战术

了解了渠道转型的战略方向，接下来我们来看一看渠道转型的战术问题。从实体店和电商各自面临的困境可以看出双方的痛点，而如今线上渠道和线下渠道两者的关系也由竞争互斥向合作共赢的方向发展，呈现出"竞合"关系。实体店的时空约束、门店运营成本高等弱势恰恰是电商的强项，而电商的现实场景体验缺失、"最后一公里"等问题也正好是实体店所没有的。看起来"线上线下融合"能够很好地解决单一渠道所面临的问题。那么，现在的关键问题就在于两者应该如何融合。

1）渠道转型的难点

"线上线下融合"并非字面上看起来那么容易。正如 3.1 小节提到的，线上渠道和线下渠道的运营策略有着本质上的区别，因而将两者融合必然包含新策略的开发，而不是简单相加。下面以盒马鲜生的库存管理为例来介绍渠道转型的难点。

不同于传统零售商的库存管理，盒马门店的库存实际上服务于多个渠道，包括线上渠道、线下渠道和"线上下单、线下取货"（Buy Online, Pick Up In Store, BOPS）渠道。以一个极端的例子来说明全渠道零售下库存管理难题，当门店 250 毫升盒装"新希望"牛奶只剩最后一瓶时，如果 BOPS 渠道有顾客下单，门店取货员去货架上拿货打包时，发现正好有一位线下顾客拿起了这一盒牛奶，那么取货员是上前告诉该顾客这瓶牛奶已经被线上顾客预定，还是告知 BOPS 渠道的顾客该牛奶已缺货？显而易见，这两种方式都会引起顾客的不满意。为了避免上述情况的出现，实际操作中盒马往往会为不同的渠道预留库存，但是这又会产生一个问题，那就是无形中放大了企业的总库存量，占用了资金。因此，企业需要权衡上述两方面的考量，选择一个尽可能合适的库存量。大家不妨思考一下，如果是你，你会如何决策预留的库存量？这并不是一个简单的问题，而这个问题在单一渠道中是不存在的。

一般而言，全渠道与以往单一渠道或者多渠道除了前端销售渠道上的不同，更大的难点在于企业后台的供应链和物流系统，这也解释了为什么大部分企业所谓的全渠道运营实际上仅仅只是多渠道，各渠道之间并没有交互。有关全渠道战略的制定与实施的内容将在第8章展开讨论。

2）"人、货、场"的变革

虽然新零售是零售业发展到一定阶段的产物，但零售业的核心问题依然是人、货、场[1]。第2章阐述了"人、货、场"三者关系的重构，新零售时代下"人、货、场"由渠道导向型转变为消费者导向型，这三者的内涵和外延也各自发生了变化。关于企业的渠道转型的战术也可以基于"人、货、场"的框架来进行分析，具体而言，就是基于这三者关系的重构，对"人、货、场"进行变革，来解决渠道中的成本、效率和体验等问题（如图3-8所示）。

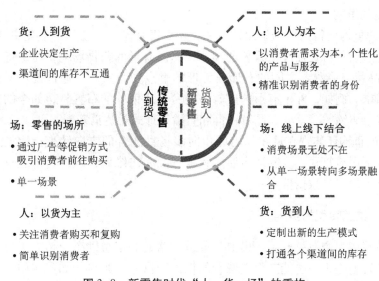

图 3-8　新零售时代"人、货、场"的重构

（资料来源：作者绘制）

（1）人的重构

简单来说，"人"代表以消费者的需求为本，企业可以按照与消费者之间关系的划分——随机关系、弱关系和强关系，来采取不同的营销策略，增加消费者与企业之间的互动频率，从而提升消费者的购买频率、忠诚度和推荐意愿。

新零售时代对人的重构还体现在，无论消费者出现在企业的哪个渠道，企业都能够准确地识别出消费者的身份，同时匹配出系统中有关此消费者的各种信息和数据，为其提供在消费者维度个性化、在渠道维度统一的购物体验。这就要求企业对不同的消费者有精确的分类与标签，同时能够利用消费者可见的个人信息如会员码、电话、用户名等主动地去识别消费者。

（2）货的重构

"货"的重构代表定制出新的生产模式。传统的以货为主的生产模式已经无法满足如今的消费者需求，企业需要从"卖什么"转变为"消费者需要什么"。例如，

---

① 阿里研究院，C 时代 新零售——阿里研究院新零售研究报告，2017 年 3 月.

C2M 模式开始被企业广泛采纳，其中电商企业得益于手握大量的用户行为数据而成为 C2M 模式的践行先锋。在这种生产模式下，企业通过大数据分析对用户进行画像，提炼出消费者的核心需求来组织产品的设计和生产。以京东为例，除了以自身品牌"京造"联合上游制造商推出 C2M 产品之外，还推出京东 C2M 智造平台，帮助品牌商联合推出 C2M 产品，以更好地匹配消费者需求。此外，货的重构还体现在打通企业各渠道间的库存。理想的状态是，消费者从任意一个渠道看到的库存就是企业真实的库存信息，消费者可以选择从任意一个渠道进行购买。而在实际运营中，由于会出现前面提到的盒马鲜生库存管理的问题，企业会策略性地在不同渠道显示不同的库存，预留出一定的量避免出现下单后缺货的情形。

（3）场的重构

"场"的重构使得消费场景无处不在。新零售时代下"场"的变化主要体现在，零售企业的重点不再是强调"零售的场所"这一有形的购物场地，而是将"零售的场景"，即品牌与消费者之间的有形或无形的触点作为重点，通过无处不在的场景刺激消费需求。例如，除了有形的广告、展台、店铺等的布置外，如今的企业还依赖无形的线上店铺、公众号、品牌社群和直播等形式触达消费者。

"场"的重构还体现在从单一的场景向多场景融合的方向转变。比如，零售企业将线上线下渠道打通，在实体店商品旁放置商品二维码，顾客可以通过扫描二维码获得更详细的产品数据信息。

3.2.3 渠道转型的实施

全渠道零售为企业打开了一扇窗，渠道战略的制定帮助企业拓展了可行性，而企业渠道的转型是否最终能获得消费者的认可与满意，则在于如何实施。渠道是企业与消费者之间沟通的桥梁，渠道转型的实施要基于消费者的需求特点。第 2 章详细分析了新零售时代的消费者特点，如今的消费者已不再单纯通过单一的线上或者线下渠道进行消费，而是根据需求选择更多样化、便利化的购物方式，期待无缝式的购物体验。基于上述消费需求，企业需要实现渠道间资源的打通，以提供更多的消费场景触达目标顾客群。麦肯锡的研究数据显示了目前消费者对线上、线下渠道的偏好。

消费新趋势：线上线下融合

麦肯锡（McKinsey & Company）的研究数据显示，以消费电子品类为例，96%的消费者会在线下渠道体验或购买；93%的消费者会先在线上研究再到实体店体验，到店体验后购买的概率高达 80%，且其中 41%会选择直接在实体店购买。这从一定程度上说明线下渠道仍是客户体验和销售转化的重要节点，实体零售店对于全渠道体验至关重要。值得一提的是，企业不应该排斥实体"展示厅"行为，而应该予以利用，只要消费者有兴趣查找信息、对比价格并与他人讨论，企业就能通过提高透明度和便捷性获益。同时，研究发现，消费者对全渠道的基本服务，如线上购买线下取货、线上浏览线下店铺存货等的需求越来越普遍；更高级的全渠道体验，如门店虚拟现实体验、在线定制产品等，也开始触发消费者的强烈需求。

（资料来源：改编自《重新定义新零售时代的客户体验｜麦肯锡2017中国数字消费者研究》，麦肯锡公司（McKinsey & Company）.）

1）渠道转型实施路径

对于企业而言，渠道转型的路径可以概括为"开拓新渠道——运营线上线下全渠道——融合以消费需求为核心的数字化全渠道"。

（1）开拓新渠道

企业基于消费者需求的特点，评估并选择新的渠道，除了传统的线上、线下渠道之外，还包括新兴的社交媒体、直播平台、社区团购、潮牌社区等。此外，企业也可以开发新的市场，铺设新的渠道，例如企业可以考虑深入三线及以下城市挖掘新的消费需求。

（2）运营线上线下全渠道

企业可以将线下渠道所具备的优势与线上渠道的优势相结合，线上、线下渠道之间相互导流、会员互通、数据共享和服务互补，进行全渠道数字化改造。一方面，通过在线上提供商品展示、支付通道和线下门店库存数据等对接线下渠道，由线上向线下引流，并输送消费者行为数据指导决策；另一方面，通过在线下提供商品和服务体验，建立品牌和消费者之间的信任，由线下向线上引流。

（3）融合以消费需求为核心的数字化全渠道

未来的渠道转向要按照全渠道思维，整合营销入口点，不断拓宽网络营销渠道，选择品牌擅长的方式触达顾客，将各个独立的营销方式综合成一个整体，通过系统化布局，将其纳入整体营销战略规划中，形成渠道协同效应，为消费者在各个渠道带来线上线下相融合的高质量商品和服务。

2）"三通"策略

阿里巴巴在新零售与全渠道战略的实践探索中，提出了"三通"目标，包括商品通、服务通和会员通，在此予以借鉴。

（1）商品通

"商品通"是交易过程中最基础的一环，企业在"商品通"的目标下，实现产品线同步、库存同步、价格体系同步和营销活动同步，做到同款同价同促销。如果企业实施市场差异化战略，为线上或线下渠道推出特供款商品，则不在"商品通"的范畴内。从严格意义上来讲，特供款商品的渠道和传统的单一渠道并没有什么区别。

所有的营销努力都是为了最终的"临门一脚"——消费者买到商品。如果消费者对商品产生购买欲望却迟迟得不到商品，那么前期所有的营销努力都将付之东流。最常见的情形是，消费者购买的渠道缺货但是其他渠道有货，如果企业没有实现"商品通"，无法从其他渠道有效调货，就将导致消费者流失。这里最关键的环节在于打通各个渠道的商品库存。前面提到的盒马鲜生模式可以作为一个典型例子来参考，不过值得注意的是，由于盒马鲜生是基于新零售的理念来设计的，不需要变革旧渠道，而传统企业的渠道模式更为复杂，实现起来会更难。

（2）服务通

如果说"商品通"是最基础的环节，那么"服务通"就是增值的环节。一般而言，商品被生产出来后赋予消费者的价值就确定了，服务是后期为商品增值的关键手段，既能影响消费者的购买意愿，又能决定消费者的复购率和推荐意愿。具体而言，"服务通"包括信息服务、物流服务和顾客服务三个方面的内容。

①信息服务。渠道的功能之一是为消费者提供信息服务，包括品牌信息、产品信息、门店信息、库存信息、促销信息、服务信息等。当企业拥有多个渠道时，需要保证每个渠道提供的各项信息一致，以免给消费者带来疑惑和混淆。要做到这一点，不仅要在企业内部统一信息资讯在不同渠道的发布，还要对不同渠道的员工进行信息的实时传达和培训，以便能为消费者提供准确的信息服务。

②物流服务。"服务通"中最基础的一环就是物流服务，这关系到产品能否顺利送到消费者手中。物流体系是线上和线下渠道融合发展的重要纽带，应该实现互通以提升配送效率。比如，以往消费者在线上渠道购买只能等待仓库发货，配送时效以天计算；而如今消费者在线上渠道购买可以由离消费者最近的实体门店发货（BOPS），配送时效缩短到以小时甚至以分钟计算。在消费者购买决策变得非常快速的今天，后者能够极大地提升顾客转化率。

③顾客服务。一般而言，企业提供的顾客服务包括售前咨询、售后服务、技术支持等。线上渠道广受诟病的一点就在于服务，在全渠道战略下，可以充分利用线下资源弥补线上服务的不足。无论是从哪个渠道购买的商品，只要是企业认可的渠道，那么消费者应该可以根据自己的需要选择接受服务的时间和方式。例如，线上渠道购买的服饰如果不合适，可以去线下渠道更换或者退货。企业需要打通所有渠道的顾客服务，而不建议区别对待。例如，有些企业的完善服务只针对从少数官方渠道购买的产品，而没有覆盖其他经销渠道。这样虽然能在一定程度上帮助企业实施价格歧视，但不利于品牌长期形象的树立。

（3）会员通

企业的会员往往是复购率较高的忠实顾客，认可品牌的价值，是企业的重要资源和消费群体。在吸引新顾客成本高昂的今天，如何经营并留住老会员显得尤为重要。一般而言，企业的线上渠道面对的流量大，可以吸引大量新会员，数量可达几百万甚至上千万的规模，这是线下门店所不能比拟的。但是，线上会员往往具有流动性大、忠诚度不高等缺点；而线下门店可以面对面为会员提供服务，使会员获得优质的购物体验，虽然会员数量不多，但忠诚度往往较高。在新零售时代，企业要做的就是将线上和线下的会员体系打通，实现优势互补，有效管理并服务会员。例如，消费者无论是在线上还是线下办理会员，都可以在线上和线下渠道享受到无差别的服务，会员权益通用。

值得一提的是，如果企业的会员群体经营得当，还能形成企业的私域流量，非常适合企业进行深耕与价值挖掘。下面的案例介绍了完美日记的"三通"策略。

"三通"策略：完美日记

作为有着互联网基因的国产彩妆品牌，完美日记在打造服务体系方面不遗余力，努力提升全渠道消费者体验。具体举措包括：一是打造强大的美容顾问服务体系——门店设置了专业的"美容顾问"和"彩妆师"，用户可以线上预约、线下到指定的彩妆师处体验服务；二是利用 AR 技术提升消费者的试妆体验——通过淘宝、京东等平台虚拟试妆服务，可以利用手机的前置摄像头进行在线实时试妆；三是使用整合营销手段强化全渠道营销体验——利用公司强大的网络渠道配合线下体验店进行品牌宣传与促销，以"会员 ID"进行线上线下的场景串联，并提供一致的顾客服务与会员体系。

（资料来源：《新消费浪潮下美妆产业转型升级 国货美妆品牌崛起》，消费日报网，http://www.xfrb.com.cn/article/proposition/10514916979324.html.）

3.3 企业的营销创新

在新零售时代，除了渠道转型之外，企业常见的营销创新包括布局私域流量、运营品牌社群和深化内容营销。

3.3.1 布局私域流量

1）公域流量的瓶颈

随着互联网行业用户规模的增速放缓、市场争夺的日益激烈以及流量红利的逐渐消失，入驻淘宝、京东等大平台获取流量的成本越来越高。2022 年 3 月，亿欧智库发布的数据显示，阿里 2021 财年获客成本为 477 元，相比 2020 财年提升近 2 倍，达到近四年来最高点，而拼多多获客成本为 578 元，京东为 384 元。如此高昂的获客成本使得越来越多的企业开始打消获取公域流量的念头，将视线转向了私域流量，并且有意识地进行私域流量池的搭建和运营。

从公域流量到私域流量的营销路径转向，反映出如今数字经济时代的三大内在发展逻辑：一是从增量竞争向存量竞争的过渡，企业通过私域流量的渠道建设和顾客运营工作，注重良好口碑的长期积累与品牌势能的迭代更新；二是从流量思维向顾客思维的演进，企业以顾客为核心，推进精细化的顾客运营以及共同创建可持续的品牌生态；三是从价值传递向价值共创的升级，企业转变单向的价值输出模式，通过高效整合全渠道资源和充分利用品牌接触点，与顾客进行深入的互动沟通，共同创造产品的价值。

2）私域流量的兴起

（1）私域流量的概念

"私域流量"一词最早来源于社交电商领域。2016 年 1 月阿里巴巴 CEO 张勇在管理者内部会上明确鼓励商家创造线上的私域空间，并将自己的流量真正地运营起来，随后 2018 年年初阿里巴巴率先提出了与"公域流量"相对的"私域流量"的概念表述。紧接着，私域流量在 2019 年迎来了井喷式的爆发期，尤其是在微信、QQ、抖音等高度连通的社交媒体生态里，得到了更进一步的广泛应用。虽然私域流量始于阿里系电商平台，但是由于其中流量被电商平台垄断，企业难以实现对私域流量的有效转换，目前私域流量更多建立在社会化关系网络上，而不是电商平台上。

目前，学术界尚未对私域流量进行明确或统一的概念界定，但若将其与公域流量进行对比，它通常被理解成一种能够为私人所有和把控，无须付费即可直接触达顾客并进行反复利用的自由流量，如订阅号、服务号、小程序、企业微信等都是私域流量较为常见的载体形式。

（2）私域流量的运营

①注重品牌与顾客之间价值关系的良好构建与长期维系。在信息高度透明和竞争激烈的今天，成本高、价格低、沉淀差、复购弱成为公域流量所面对的难题。通过降价促销获得销售额提升的方式已经难以获得顾客和流量的沉淀，企业转向私域流量深耕和沉淀是更为有效的一种方式。私域流量的本质是社会化顾客关系管理，即企业凭借品牌的核心价值和个性化服务深化与顾客之间的互动，让顾客认同品牌价值，并以顾客为节点在社会关系网络中流动与传播，形成价值共创，扩大品牌影响力。不少学者从顾客关系的角度进行创新思考，指出私域流量是一个建立在信任关系基础之上的相对封闭的流量池，使得企业不再只关心流量获取的层面，而是更加注重品牌方与顾客之间价值关系的良好构建与长期维系。

②坚持长期输出优质内容并长线运营。私域流量可以使企业拥有流量自主决定权，降低营销成本，从而实现精准营销，增强顾客黏性，降低顾客流失率。值得一提的是，私域累积的庞大顾客数据以及数据中心业务系统也能为企业数字化转型打下必要的基础。不过，私域流量的建立需要一定的时间，短时间内难以为企业带来实际性的收益，需要长期坚持输出优质内容以吸引顾客，并长线运营。

③构建私域流量的常见形式。目前，常见的构建私域流量的形式是借助第三方平台如微信小程序、微信群等直接触达并激活用户。这样一来，每一个消费者与品牌之间的触点都可以被品牌直接追踪并使用，这与品牌在天猫和京东等平台上产生的"公域"流量形成了鲜明对比，这些平台往往独自保留了对消费者数据的所有权。下面的案例介绍了屈臣氏品牌的私域创新。

私域创新：屈臣氏打造线上线下双驱体系

屈臣氏 O+O 生态覆盖了"购买前—购买中—购买后"三大场景，打造线上线下双驱体系。

购买前，消费者通过门店的试用、SPA、化妆服务等过程真实地体验产品，也可以在社群和小程序中获取美容顾问（beauty assistant，BA）专业指导。现在的 BA 不再是一次性的产品推销员，而是长期的消费小管家。屈臣氏拥有 4 万专业 BA 资源，是连接品牌与消费者体验的重要触点。

购买中，O+O 生态为消费者提供便利性的体验：不想线下购买？小程序下单，最快 30 分钟送到家；线上购买后不放心？前往最近的门店，自己提货；试用了产品想购买？扫描一下试用装上二维码直接下单，也可以联系 BA，帮你下单。

购买后，有任何使用上的问题以及化妆、护肤、美发等其他方面的问题，随时加入屈臣氏私域，在社群中，BA随时1对1解决，给予最专业的建议和解决办法。

这样一系列的O+O体验，保证了顾客全程的省心和安全感，帮助构建屈臣氏在消费者心目中的好品牌和好形象。

（资料来源：改编自《线下线上双驱，长效增长引擎——O+O品牌营销研究报告》，秒针营销科学院＆屈臣氏，2022年11月.）

3.3.2　运营品牌社群

1）品牌社群的概念

新零售时代倡导消费者深度参与，话语权和决定权不再掌握在品牌手中，社群营销应运而生。品牌社群（brand community）最早由艾伯特·穆尼兹（Albert M. Muniz, Jr.）和托马斯·奥吉恩（Thomas C. O´Guinn）（2001）提出[①]，是指使用同一品牌的消费者所形成的社会群体，强调基于对某一品牌的使用、情感和联系而形成的消费者与消费者之间的关系。例如，品牌社区论坛、品牌淘宝群、品牌微信群等。学术界普遍认为，品牌社群作为数字营销时代品牌与消费者价值共创的平台，在品牌营销传播中扮演着重要角色，对品牌建设影响深远。社群营销的优势包括：①利用社会化媒体工具充分调动社群成员的活跃度和传播力，帮助社群成员增强对品牌的认同和融入；②通过营造良好的社群互动氛围，加深成员之间彼此的了解和信任；③通过彼此分享增进对品牌产品的了解，达到促成交易和提高顾客满意度的目的。

2）品牌社群的建设

在信息大爆炸的新零售时代，企业提倡精准营销，而品牌社群能聚集大量具有相同类型特点的人群，成为营销最理想的媒介和平台。事实上，品牌社群也是私域流量的一种，具有私域流量的各种优势。除了制造商和生产商外，一些零售企业也建立了自己的社群，例如淘宝的聚划算福利群、丝芙兰的品牌社区、微信粉丝群等。具体而言，企业在建立品牌社群时有以下三方面的建设重点。

（1）品牌人格化

品牌人格化是一种营销手段，就是把品牌进行拟人化、拟物化和情感化，这样更容易引起消费者感情上的共鸣，被消费者接受。因此，企业在社群中不只是推荐产品，还输出品牌文化，传达品牌理念，让消费者与品牌之间形成拟人化的关系。社群运营中，企业的员工往往代表了品牌的官方形象，而KOC（key opinion consumer，关键意见消费者）则扮演了更亲民的角色。相比KOL（key opinion leader，关键意见领袖），社群内的KOC虽然不如KOL号召力强，但更垂直，不需要品牌投入太多的成本；并且这种群友之间无功利性的交流，更容易产生情感上的共鸣和认同感，消费者也在无形之中加深了对品牌的认同感与归属感。

（2）打造社群亚文化

亚文化是指与社会主流文化相对应的非主流的、具有局部性特点的文化，只属

---

① MUNIZ JR A M, T. C. O´GUINN. Brand community［J］. Journal of consumer research, 2001, 27（4）: 412-432.

于某一区域或某个特定的群体所有。社群是基于品牌兴趣的特定群体，通过有效运营能够形成社群亚文化，任何事物形成文化之后将会产生很强的聚合力，同时具有对外界产生文化输出的能力。在社群中，企业可以通过塑造产品的品牌特点传递情感价值，使其形成一种鲜明的风格，并通过各种营销手段巩固加深，让消费者持续受到感染并投入感情，最终使消费者对品牌的感情超越产品本身的使用价值。一般而言，形成亚文化的社群的价值要远远大于一个单纯的人员聚合型的社群，在这样的社群里，产品和品牌信息的传递更加迅速，并且有利于新成员在更短的时间内提升对产品和品牌的认知。

（3）稳定社群关系链

当社群已经成功地完成品牌人格化与打造亚文化之后，就应该考虑为社群成员提供个性化的消费场景，让社群成员能够顺畅地购买产品和体验服务，而不是让社群成为空中楼阁，与实际的消费渠道割裂。这样一来，社群成员通过亲身的消费体验，不断强化品牌与社群成员之间的关系，最终形成有效的口碑传播与顾客忠诚。一种常见的方式是，当一个社群内积累了大量对品牌认同的消费者之后，可以通过发放优惠券、体验券、小礼品等方式，将社群成员引入企业的优势渠道，让消费者近距离感受品牌的魅力。

下面的案例介绍了斐乐品牌的社群营销策略。

社群营销新举措：斐乐社交+私域

安踏旗下运动品牌斐乐一直以来在社群营销方面进行深耕。一是斐乐签约具有影响力的品牌代言人，借助其在社交平台上的号召力，推广品牌与产品。二是跟随主流趋势，营造话题，提升品牌影响力。例如，随着新时代女性价值观的重塑，斐乐在网络上发起"FILA 拿铁女孩"计划，鼓励女性群体将运动作为一种生活方式，以此与女性消费者建立情感连接。除此之外，斐乐还在其线下门店开展一系列 FILA GLAM-FITNESS 健身社群活动，教授女子瑜伽课程，并鼓励更多的女性消费者加入"FILA 拿铁女孩"计划，以此强化品牌与客户之间的黏性，提升消费者忠诚度。

（资料来源：改编自《FILA 女性运动计划再升级，徐梦桃探索"拿铁女孩"更多可能性》，经济参考报，http://www.jjckb.cn/2022-04/18/c_1310562728.htm.）

3.3.3 深化内容营销

1）内容营销的概念

2001 年美国内容营销协会（Content Market Institute）创办人乔·普利兹（Joe Pulizzi）提出"内容营销"（content marketing）的概念，并将其正式定义为"创建和传递相关和有价值的内容，以吸引并获得现实或潜在的目标顾客的商业和营销的过程，目的是促使顾客发生能为企业带来利润的行动"。随着技术的不断发展，直播电商成为内容营销里一种新兴的营销方式，迅速流行起来。

2）内容营销新形式：直播电商

直播电商在我国起源于 2016 年，最早由蘑菇街引入。随后，淘宝开设直播购物模块,以直播形式售卖商品,标志着"网络直播+电商购物"模式的兴起。国家统计局数据显示,2023 年上半年全国网上零售额 7.16 万亿元,同比增长 13.1%。其中,重点监测电商平台累计直播销售额 1.27 万亿元,累计直播场次数超 1.1 亿场,直播商品数超 7 000 万个,活跃主播数超 270 万人①。

直播电商异军突起的主要原因在于其拥有相较于其他模式的独特优势,包括:①进入门槛低,甚至都不需要开设网店,只需要一部手机就可以实现卖货;②互动性强,能提供更真实和顺畅的消费者体验;③转化率高,在直播场景下营销手段发挥的效果更好,能增强消费者的购买意愿,尤其是激发非计划性购物;④具备的庞大流量可以帮助商家发售新品和实现爆款动销,是一次有效利用公域流量实现顾客转化的机会。但是,正是由于直播电商容易激发冲动型购物,加之行业成熟度、规范性等因素的影响,直播电商退货率较普通电商更高,并且直播电商行业消费者对品牌的忠诚度也较低。下面的案例介绍了美团进军本地生活直播的现状。

直播电商:美团本地生活

2019 年抖音开始进军本地生活市场,如今本地生活市场份额占绝对优势的美团也开始入局直播,虽然被动但并不盲从。本地生活直播的两大要素是"本地商家"和"附近用户",主要评估指标是流量精准度和订单转化率,直播主要围绕帮助商家精准引流和吸引到店消费作为考量指标。

美团直播以官方直播为主,中小商家直播为辅,后续还将引入更多商家参与直播,主要形式包括"到店直播"和"外卖直播"。到店直播是从线上引入附近精准流量到线下本地门店消费。外卖直播则是将销售"外卖券"作为一种引流手段,吸引用户到线上店铺浏览,加购更多其他商品。

(资料来源:改编自《美团进军直播:来得早不如来得巧?》,中国经营网,ht-tp://www.cb.com.cn/index/show/bzyc/cv/cv135194901640.)

本章小结

1. 了解新零售时代企业面临的营销机遇与挑战,理解时代所带来的变化构成了企业所处的市场营销环境,但是零售的本质并未改变;以及认识传统渠道(包括实体渠道和电商渠道)所遭遇的困境。新零售时代给企业带来了机遇,一是社会基础物流设施的完善,使得企业能够深入农村等下沉市场开拓新的领地;二是技术变革带来的营销手段多样化,以及催生了更多新模式,带来了新的红利;三是大数据的使用让企业能够更理解消费者等。而新零售时代对于企业的挑战在于,一是传统渠道不能满足如今消费者多样化、个性化的需求,转型难度大;二是消费者的要求越来越高;三是市场中的竞争越来越大。

实体店如今发展乏力,其固有劣势在与电商的竞争中被放大,传统营销手段也

---

① 新京报,商务部:上半年,重点监测电商平台累计直播销售额 1.27 万亿元,https://www.bjnews.com.cn/detail/1689815346129083.html

不再有效，以及抗击风险能力弱，使得实体渠道的运营难以为继，唯有变革才有出路。值得一提的是，实体店缺少电商基因，在企业数字化转型方面处于劣势，并不能直接模仿电商企业的做法，只能通过不断突破原有的企业边界，探索线上线下融合的新出路。电商虽曾在与实体店之争中无限风光，但也遭遇了瓶颈，包括消费互联网红利期的基本结束，与实体店相比可能更高的运营成本，以及体验上的致命弱点等。

2. 理解新零售时代企业不得不改变传统的营销理念，进行渠道改革，向全渠道零售迈进；并进一步探讨企业渠道转型的战略、战术以及最终的实施。在渠道转型的战略方面，企业可以从功能结构、组织形态、渠道关系、渠道模式等方向进行改革。功能结构转型包括打破企业各个渠道之间的边界，形成一个高效且灵活的数字化渠道系统；以及通过渠道功能的延伸，提供更好的消费者体验。组织形态转型强调从传统的金字塔形渠道向扁平化渠道转型，解决渠道上的信息不对称，提升渠道的运营效率。渠道关系转型包括横向关系和纵向关系的转型，并且企业应该站在渠道整体而不是自身的角度来进行渠道的设计与运营。渠道模式转型表现在企业市场重心从传统的一、二线发达城市下沉到三线及三线以下的广袤市场，发掘新的商机，以及引入全渠道模式。

渠道转型的战术在于如何进行"线上线下融合"。值得注意的是，全渠道零售并没有表面看起来那么简单，线上渠道和线下渠道的运营策略有着本质上的区别，将两者融合必然包含新策略的开发，而不是简单相加。具体而言，可以通过重构"人、货、场"的布局来进行渠道转型。其中人的重构在于各渠道中对于消费者以及其需求的识别，货的重构表现在以消费者需求为导向，场的重构则体现在无处不在的购物场景以及多场景的融合。

渠道转型的具体实施可以参照阿里巴巴提出的新零售"三通"策略，包括商品通、服务通和会员通，即企业的所有渠道之间库存共享，信息、物流和顾客服务互通，以及会员信息共享。

3. 介绍了新零售时代企业的营销创新举措，包括布局私域流量、运营品牌社群和深化内容营销，这些举措能够为企业涉足新零售提供一些营销方面的思路。相对于公域流量而言，私域流量是私人所有和把控，无须付费即可直接触达顾客，并且可以反复利用的自由流量，其本质是社会化顾客关系管理。品牌社群也是私域流量的一种，企业在建立品牌社群时可以从品牌人格化、打造社群亚文化、稳定社群关系链等方面入手。作为内容营销的一种新的展现形式，直播电商近年来成为新的流量密码。直播电商优势明显，包括门槛低、互动性强、消费者体验好、转化率高等，但是缺点也同样明显，包括退货率高、忠诚度低等。

了解了这些，我们接下来的章节将系统地介绍营销渠道相关的基本概念，让大家认识营销渠道和营销渠道管理的基本内容，理解营销渠道的功能与流程，并且掌握渠道成员与参与者的概念、类别以及作用。

思考题

1. 新零售时代给企业的营销环境带来了哪些变化？传统企业为什么需要转型与变革？

2. 单一的传统渠道，包括实体渠道和电商渠道，有何弊端？请列举一些实例予以说明。

3. 全渠道零售的核心是什么？难点在哪里？

4. 企业进行渠道转型与变革时可以从哪些方面入手？如何具体实施？

5. 企业在进行营销创新时常用的方式有哪些？你还能列举一些其他的形式吗？

案例阅读

良品铺子：披上全渠道整合数据"机甲"，开辟零食海域新航路

良品铺子意识到，做好高端零食的产品竞争力主要体现在成本管理和技术创新两个方面。零食品类的航空母舰必须披上数智化的"机甲"，以数智化手段作为企业经营提质增效、为产品和服务创新持续赋能的原动力。

（1）战略启动数智化的航线

数智化战略是良品铺子这座航空母舰的"航海图"。作为一家16年的企业，良品铺子对数智化技术的重视是其能够快速发展的关键因素之一。这成为管理层的共识。早在2008年，良品铺子就启动了门店信息化管理建设。当时，成立不到两年的良品铺子刚开到100家门店，便一次性拿出全部利润1 000万元，上线了门店信息化管理系统，实现了所有门店在商品、价格、订单上的统一管理。

此后，良品铺子接连完成了ERP系统建设，搭建了整个供应链信息化体系；与SAP、IBM合作，在2014年打造国内顶尖全渠道信息化应用平台。到了2016年，良品铺子的全渠道平台基本完成，打通前、中、后端，整合了线上、线下的所有交易数据和顾客数据，各渠道从以前割裂的状态变成了一个信息互通的有机整体。将技术创新刻入DNA的良品铺子，随着AI、5G、云计算、AIoT等新技术的风起云涌，自然也应时而动，过渡到了数智化转型的阶段。

（2）数字触点让企业的感知更深远

良品铺子不断扩大自己的数字化交易触点。2020年年初新冠疫情防控期间积极推行外卖、拼团、社区团购等"门店+"业务，通过外卖业务弥补了线下流量损失。借助自建APP、微信小程序、直播短视频等渠道，布局了很多卖点，用于获取用户的线上浏览路径、页面活跃度、停留时长，以及线下动线等数据信息。

在门店方面，良品铺子早在2014年所有的门店就都上线了支付宝，启动了门店数字化进程。2017年，良品铺子又与阿里巴巴合作上线了智慧门店体系。通过智慧门店的建设，其实现了线下数字化触点的部署。

通过搭建会员体系，良品铺子形成了会员触点的数字化。良品铺子与线上和线下的核心会员，通过手机淘宝 APP、钉钉等即时商业沟通工具进行实时在线沟通，更深层次地进行消费数据价值的发掘，给予会员更好、更精准、更用心的服务。

（3）业务在线让所有的"水手"高效协作

同时，良品铺子根据自身的业务特点，建设了业务中台，将会员、营销、商品、库存、订单、渠道、物流等容纳其中，持续推进业务在线化。其中最重要也是首先规划的，就是会员中台。对良品铺子来说，会员是最核心的资产之一，过去的会员系统对业务发展的支撑效果不太理想。由于其是按照渠道划分的，会出现线上线下彼此割裂的情况。

另一个极为重要的业务中台则是订单中台。良品铺子全渠道的业务模式会面临来自各种各样平台的订单，比如用户在家点外卖，负责配送的可能是门店，也可能是轻店，甚至可能是从分仓出库或者工厂直发，并且涉及的商品也更加丰富多样，有常规的配送，也有冷链配送等。原有的系统架构，各渠道的订单分配是相互独立的，很难对前端业务及时响应、节约资源，而订单中台的建设能够把每一个订单都打上标签，从而匹配不同的渠道。

比如，2020年"618"活动期间，良品铺子借助阿里云数据中台零售行业解决方案，对广州、深圳两座城市的潜在客户群体进行深度分析。完成人群特征的分析后，指导营销投放。"618"活动期间，良品铺子投放了一个电视剧广告，基于观看电视剧的人群，在各大电商平台进行二次触达，通过发放折扣券或者活动券等不同的方式，销售业绩有了明显提升。阿里云数据中台零售行业解决方案还进一步帮助良品铺子打通实体店、手淘轻店和饿了么，通过手淘轻店和饿了么的营销，为实体店引流。

电商直播是一种新的销售渠道，很多品牌都是一边摸索，一边沉淀经验。良品铺子曾在天猫旗舰店上做了两场儿童零食的直播，通过阿里巴巴后台的直播数据发现，家长们在买儿童零食的时候，很多情况下都是连带购买，专门给孩子买零食的家长比例不是很高。这与他们此前把儿童零食和成人零食分开销售的营销策略大相径庭。于是良品铺子很快调整了直播策略，打通了成人零食和儿童零食的购买链路。

（资料来源：《良品铺子：披上全渠道整合数据机甲，开辟零食海域新航路》，肖剑，阿里云，https://new-developer.aliyun.com/article/1211645.）

参考文献

[1] 高聪蕊. 营销赋能：新媒体营销下的渠道创新 [J]. 商业经济研究，2021（18）：82-84.

[2] 黄琳娜. 新消费时代中小型商超营销渠道创新问题探讨 [J]. 商业经济研究，2021，825（14）：83-85.

[3] 刘洋，李琪，殷猛. 网络直播购物特征对消费者购买行为影响研究 [J]. 软

科学，2020，34（6）：108-114.

　　[4] 时胜利. 新零售全渠道营销实战：获客、成交、复购与裂变 [M]. 北京：人民邮电出版社，2019.

　　[5] 孙慧，宋夏云，楚金华. 线上线下双渠道建设对零售企业经营绩效的影响分析 [J]. 商业经济研究，2021，833（22）：117-120.

　　[6] 单兴华. 下沉市场：渠道建立、用户分析与本地化运营 [M]. 北京：人民邮电出版社，2021.

　　[7] 田剑，董颖. 基于扎根理论的新零售企业商业模式创新演化机制研究：以盒马为例 [J]. 管理案例研究与评论，2020，13（6）：688-699.

　　[8] 许小年，商业的本质和互联网 [M]. 北京：机械工业出版社，2020.

　　[9] 薛可，余明阳. 私域流量的生成、价值及运营 [J]. 人民论坛，2022，738-739（Z1）：114-116.

　　[10] 翟趁华. 消费升级视角下私域流量竞争力构建 [J]. 商业经济研究，2021，832（21）：123-126.

4 营销渠道相关的基础概念

学习目标

通过本章的学习，学生能够：

· 理解营销渠道的概念、内涵、分类与实践新变化。
· 理解营销渠道管理的概念、目标、特点与职能。
· 掌握营销渠道的功能和流程，以及渠道在商品流通中发挥的作用。
· 理解营销渠道成员与参与者的概念、类别与作用。

开篇案例：传统汽车渠道模式——直营还是经销？

近日，汽车经销商庞大集团正式退市，引发市场对传统汽车经销模式的探讨。有观点认为，在传统燃油汽车销量走低，新能源直销模式崛起的情况下，传统汽车经销模式面临生存危机，包括4S店在内的汽车经销店将迎来大幅撤退。也有观点认为，传统汽车经销模式能够降低车企风险和成本，扩大服务覆盖面，依然有发展空间。

客观来看，在汽车市场向新能源转换的过程中，直营模式迅速崛起，传统汽车经销模式则面临着自身转型压力和外部渠道变革的双重冲击。但要看到，汽车经销没有最佳模式，哪种模式都有优劣，只有适应不同车企不同阶段的发展需要，才能更好助力汽车消费。

对消费者而言，在直营模式下，没有"中间商赚差价"，车企能将车型终端售价定得更低，消费者的购车成本也能随之降低。但同时，车企造车成本的波动也会快速传导至新车售价上，频繁的价格变动容易引发消费者异议，可能对品牌形象带来一定负面影响。

对车企而言，直销模式能直接面对消费者，能更快了解产品缺陷和使用体验，还能对销售策略进行迅速调整，保持与用户的频繁互动，提升品牌口碑，售后、保养等利润也能归于车企。但因为没有了和经销商的利益共担机制，车企在面对供需波动时，也将独自承担市场风险。

此外，直营模式要求销售渠道由车企搭建，这将大大增加企业运营成本，限制一些成长中车企的服务覆盖面。而传统汽车经销模式可以依托已经布局多年的经销商网络，以更低的成本触及广大下沉市场，服务更多消费者。

正由于不同经销模式的特点，车企在渠道建设上纷纷采取多元化策略，有的自建直营店，有的采取经销或授权代理方式，有的兼而有之。鉴于不同车企的发展阶段、资金实力、知名度、服务网络等方面的差异，最适应企业自身品牌定位和发展阶段的销售模式才是最佳模式。

（资料来源：摘自《汽车经销没有最佳模式》，中国经济网，http://www.ce.cn/xwzx/gnsz/gdxw/202307/06/t20230706_38619110. shtml.）

4.1　营销渠道的概念与分类

4.1.1　营销渠道的概念与内涵

1）营销渠道的概念

营销渠道（marketing channel），有时也被称为分销渠道（distribution channel）、营销通路和流通渠道，学术界对于营销渠道概念的理解主要分为以下五种视角。

（1）组织结构视角

美国市场营销协会（American Marketing Association，AMA）定义营销渠道为公司内部单位及公司外部代理商和经销商（批发商和零售商）的组织结构，通过这些组织的运作，商品（产品或劳务）才得以上市销售。"营销渠道之父"路易斯·斯特恩（Louis W. Stern）（2006）认为营销渠道是促使产品或服务被顺利使用或消费过程中所涉及的一系列相互依存的组织[①]。

（2）流通过程视角

张闯（2012）指出营销渠道是产品或服务从生产领域向消费领域转移所经过的路径，该路径由一系列在功能上相互依赖的组织构成[②]。

（3）关系管理视角

卢·佩尔顿（Lou E. Pelton）（2004）认为营销渠道是企业在获得、消费和处置产品和服务的过程中，为了创造顾客价值而建立的各种交换关系[③]。

（4）战略管理视角

伯特·罗森布罗姆（Bert Rosenbloom）（2014）定义营销渠道为与公司外部关联的、达到公司分销目的的经营组织[④]。

（5）网络系统视角

迈克尔·辛科塔（Michael R. Czinkota）等人（2003）认为营销渠道是由为消费者

①　COUGHLAN A, ANDERSON E, STERN L W, et al., Marketing Channels (7th ed.) [M]. New Jersey：Prentice-Hall, Inc., 2006.

②　张闯. 营销渠道管理 [M]. 大连：东北财经大学出版社，2012.

③　佩尔顿. 营销渠道：一种关系管理方法 [M]. 张永强，彭敬巧，译. 北京：机械工业出版社，2004.

④　罗森布罗姆. 营销渠道管理：管理的视野：第8版 [M]. 宋华，等译. 北京：中国人民大学出版社，2014.

和商业用户创造时间、地点和所有权效用的机构所构成的网络[①]。施娟（2019）提出营销渠道是由一个或几个核心企业为主导的，连接一系列相互独立又依赖的组织机构，通过为消费者创造时间、地点和所有权效用，实现企业经营目标的网络系统[②]。

不同研究视角对营销渠道概念的定义，反映出随着市场经济的发展、营销环境的变化和企业经营活动的丰富，营销渠道在内涵上不断发展和深化的过程。不同研究视角对营销渠道概念的阐述不同，对其构成和运行特征的理解也各有侧重。综合来看，上述定义互为补充，共同构成了对营销渠道的理解。本书认为营销渠道是促使产品或服务从生产端向消费端流通的路径，这些路径由共同履行渠道功能的机构和组织构成。值得注意的是，这些路径不仅包括产品或服务的流动，也包含了促使产品或服务流动的各种营销活动的传达。

2）营销渠道与相似概念的区分

营销渠道与分销渠道、流通渠道、物流等的概念有相似之处，但也存在差异。

（1）营销渠道与分销渠道

营销渠道与分销渠道在营销学中的含义并无本质差异，但分销渠道更强调站在生产商的角度来考察渠道，而营销渠道的定义并没有强调这一观察视角。一般而言，除了可以从生产商的角度来考察渠道以外，还可以从批发商、零售商和最终用户的角度来考察。不过，在营销管理学的理论范式中，一般是站在生产商的角度，因此营销渠道往往也称为分销渠道。

（2）营销渠道与流通渠道

与营销渠道密切相关的另一个概念是流通渠道，两者之间存在一定的区别。首先，营销渠道来自营销管理理论，它是站在生产商的角度，关注商品如何迅速有效地转移给用户以满足用户的需求；而流通渠道的概念来自商品流通理论，它是从社会或行业的角度来关注商品从生产领域向消费领域的转移过程。其次，两者的侧重点不同。营销渠道主要关注营销渠道的结构设计与行为管理，以提升商品分销的效率和效果；而流通渠道侧重于分析其在结构和行为等方面的内在运行规律，以及渠道整体的运动变迁规律，以更好地实现流通渠道的商品转移功能。此外，两者涉及的学科属性不同。营销渠道是市场营销学的重要构成部分，属于管理学的研究范畴；而流通渠道是流通经济学的重要构成部分，在学科属性上属于经济学范畴。

（2）营销渠道与物流

营销渠道与物流的概念也有一定的联系与区别。从企业的角度来看，物流不仅包括生产商的下游到消费者的路径，还包括生产商的上游到原材料供应商的路径；而营销渠道一般只考虑从生产商向下游进行分销的路径。狭义的物流（physical distribution）是营销渠道的功能和流程之一，指的是实物的分销，因而营销渠道包含物流的过程；但广义的物流（logistics）则不仅包含企业物流，其范畴更为宽泛，还包括行业物流和社会物流。此外，相对于物流，营销渠道的理论更侧重于商流，即侧重于研究渠道成员之间的交易关系与交易过程。

---

① 辛科塔，迪克森，邓恩，等. 营销学：最佳实践 [M]. 李占国，译. 北京：中信出版社，2003.
② 施娟. 营销渠道管理 [M]. 上海：上海财经大学出版社，2019.

3）营销渠道的内涵

关于营销渠道的概念有很多种说法，但是万变不离其宗，重点在于理解营销渠道的内涵，具体如下所述：

（1）渠道参与者共同履行渠道功能

营销渠道是将产品或服务高效地从生产商转移到最终用户，并促使最终用户对产品或服务进行消费的过程，这一过程有赖于渠道参与者共同完成渠道功能来实现。虽然生产商可以通过直销渠道与最终用户直接联系，完成商品交易活动，但是通常情况下，产品的分销是由发挥必要功能的机构或个人组成的，包括批发商、代理商、零售商、辅助机构等。

（2）渠道的跨组织特性

在企业没有将渠道完全内部化的情况下，营销渠道存在于企业的外部，它不是企业组织的一部分，而由与企业关联的、帮助企业达到营销目的的经营组织构成。所以，营销渠道的管理要比企业内部的管理更为困难和复杂。

（3）营销渠道成员之间的"竞合关系"

渠道成员的目标虽然有所不同，但都将从渠道运行的结果中获益，同时也承担着渠道运营的风险。每一个渠道成员都希望通过专业化和合作提高自己的竞争实力，因此营销渠道存在的基础是成员之间最低限度的合作。但是，分销过程中的利润是有限的，不同渠道成员之间在进行渠道利益分配时存在竞争关系。

（4）营销渠道的战略属性

相对于4P营销策略中的其他决策，渠道策略属于企业的长期战略，建设前期投入较大且不容易在后期进行改变；同时，渠道有助于企业在与对手的竞争中获得竞争优势，并且不容易被竞争对手模仿。

4.1.2 营销渠道的分类

一般而言，营销渠道可以按照营销渠道主导成员、营销渠道宽度和是否使用中间商来进行分类。但是需要注意的是，在实际商业活动中，企业营销渠道的形式远比理论上复杂得多。

1）根据营销渠道的主导成员分类

根据营销渠道主导成员的不同，营销渠道可分为生产商主导、零售商主导和服务商主导的营销渠道（如图4-1所示）。

（1）生产商主导的营销渠道

顾名思义，生产商主导的营销渠道是指生产商在渠道中扮演着领导者的角色，而其他成员处于从属地位，可分为生产商直销渠道、生产商特许渠道和经纪人渠道。

① 生产商直销渠道：生产商直销渠道是指商品由生产商直接送达最终用户，没有经过其他中间商，主要包括生产商下属批发渠道和生产商零售渠道。在生产商下属批发渠道中，批发商为生产商的下属企业，商品全权由批发商代理；有时批发商为了获得协同效应，也会代理销售其他生产商的产品。生产商零售渠道是指生产商自己开设零售网点来销售自己的产品，这些网点可以在线下也可以在线上。

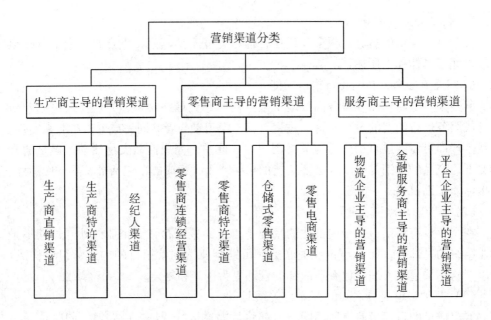

图 4-1　营销渠道分类

　② 生产商特许渠道：生产商特许渠道是指生产商通过特许协议在约定的时间段和区域内给予中间商商品的专营权。在开拓新市场时，生产商经常采用这种渠道模式。

　③ 经纪人渠道：经纪人是一种专业化的销售机构。一方面，经纪人与多家生产商签订协议，代理销售其产品；另一方面，经纪人往往专注于某一个比较窄的细分市场，常被生产规模小而市场范围大的生产商所采用。

　下面案例中的理想汽车一直以来都是坚持生产商零售渠道模式，属于生产商主导的营销渠道。

直销渠道：理想汽车

　理想汽车从创立之初就一直坚持直营的模式，没有授权任何代理商和经销商。这样做，一方面可以更贴近消费者，充分了解消费者诉求以服务好消费者；另一方面，直营模式也能给企业带来更大的利润空间，同时能够提升生产商对于渠道的控制。据理想汽车官微消息，截至 2023 年 1 月 31 日，理想汽车在全国已有 296 家零售中心，覆盖 123 个城市。

　（资料来源：改编自理想汽车官网，https://www.lixiang.com/service.html.）

　（2）零售商主导的营销渠道

　零售商主导的营销渠道是指零售商在渠道中扮演着领导者的角色，而生产商等其他成员处于从属地位，包括零售商连锁经营渠道、零售商特许渠道、仓储式零售渠道和零售电商渠道。

　① 零售商连锁经营渠道：零售商连锁经营渠道是指零售商在不同的地区拥有多家零售分店，各分店往往具有相同的装修风格，销售基本相同的商品种类，并且以

公司为单位进行集中采购与决策。例如，苏宁易购、沃尔玛、屈臣氏、宜家等均采用这种方式经营。

② 零售商特许渠道：零售商特许渠道是指零售商作为特许商将产品组合与经营方法标准化，受许商在其指导下以特许商的名义在某一区域经营，并向特许商支付特许加盟费。比如，名创优品采用的就是这样一种渠道模式。

③ 仓储式零售渠道：仓储式零售渠道是指带有批发性质的零售企业，也称为量贩店。在这种模式下，大批量的商品不再以库存的形式存放在仓库，而是直接放在零售门店的高货架上。仓储式零售渠道由于价格相对较低，因而有些会收取会员费来覆盖成本。这种渠道模式的典型实例包括麦德龙（Metro）、山姆会员店（Sam's Club）、好市多（Costco）等。

④ 零售电商渠道：零售电商渠道是指通过互联网进行商品销售的零售商渠道，包括京东、网易严选等参与到商品流通过程中所有权转移的零售企业，而不包括淘宝、拼多多等主要以提供服务为主的平台企业①。这类渠道借助互联网的东风颠覆了传统实体渠道，能提供比实体店铺更多的商品选择和24小时不间断的服务。

加盟渠道：名创优品

截至2022年3月31日，名创优品的直营门店数量合计不足200家，占比不超5%，剩下的几千家店铺均为独立加盟商门店②。不同于传统的加盟模式，名创优品采用的是"特许加盟模式"，即由名创优品特许授权和供货，店铺由名创优品经营和管理，加盟商只承担前期店面投资和店铺运营成本，不用承担库存风险，实现所有权和使用权分离。

（资料来源：改编自《名创优品特许加盟的红与黑》，钛媒体，https://www.tmt-post.com/6229643.html.）

（3）服务商主导的营销渠道

服务商主导的营销渠道是指服务商在渠道中扮演着领导角色，而生产商等渠道成员处于从属地位，主要包括物流企业主导的营销渠道、金融服务商主导的营销渠道和平台企业主导的营销渠道。

① 物流企业主导的营销渠道，往往是由于商品流通过程中对物流的专业性要求很高或物流的重要性很大。例如，多式联运公司通过运输公司之间结成联盟，将以往单独运营的陆陆运输或海陆运输衔接起来，大大提升了物流效率，从而主导了整个营销渠道。

② 金融服务商主导的营销渠道，经常采用生产商与金融机构组成联盟的形式，目的是便于给用户或中间商提供融资服务如供应链金融，而且这一融资服务对于渠道的正常运营至关重要。

---

① 从严格意义上来讲，如今并没有完全意义上的零售电商渠道，因为零售电商如京东和网易严选也提供由第三方卖家出售的商品，扮演着双边平台的角色；只是相对于淘宝和拼多多等平台型企业而言，京东和网易严选这样的零售电商更多的还是以自营业务为主。

② 钛媒体，名创优品特许加盟的红与黑，2022年08月23日，https://www.tmtpost.com/6229643.html.

③ 平台企业主导的营销渠道，包括淘宝、拼多多、抖音、美团等平台所在的渠道。平台企业存在双边市场效应，能产生赢者通吃的效果，很容易形成行业垄断，导致平台企业的渠道权力很大，能够主导整个渠道。下面的案例介绍了平台企业主导的渠道——抖音电商。

平台电商：抖音

数据显示，2023 年"618"大促期间，直播电商增长最快，销售额同比增长27.6%至 1 844 亿元，在电商总销售额的占比从去年的 19.9% 升至 23.1%。其中，抖音排名第一。抖音给自己的定位是"兴趣电商"，通过直播和短视频内容激发用户的购物兴趣，这样一来，只要是抖音的短视频用户就有可能在抖音上购物。因此，各大知名品牌纷纷入驻抖音，并且配合平台提供更吸引人的价格。

（资料来源：改编自《抖音突袭传统电商：618 直播电商吃掉超 20% 销售额》，IT 时报，http://www.it-times.com.cn/a/xinwen/tuijian/2023/0625/36559.html.）

2）根据营销渠道的宽度分类

根据营销渠道宽度的不同，营销渠道可分为单渠道、多渠道、跨渠道和全渠道。

（1）单渠道

单渠道是指零售商选择单一的渠道向消费者分销商品和服务，这是一种"窄渠道"策略。由于覆盖的消费者群体有限，如今的市场环境下极少有企业使用单渠道。

（2）多渠道

多渠道通常是指零售商通过两个或两个以上的完整渠道向消费者提供商品和服务，每一个渠道都可以独立完成销售的所有环节，这是一种"宽渠道"策略。一般而言，不同的渠道针对不同的目标群体，渠道之间也不存在交叉。

（3）跨渠道

跨渠道一般是指零售商通过两个或两个以上非完整的渠道销售商品和提供服务，其中每条渠道承担部分渠道功能，所有渠道配合起来共同完成销售的所有环节。例如，前面提到的"线上下单，线下取货"（BOPS）模式。

（4）全渠道

在全渠道模式下，零售商能通过数不清的渠道与顾客互动，包括网站、实体店、服务终端、直邮和目录、呼叫中心、社交媒体、移动设备、游戏机、电视、网络设备、家居设备等，并将分散的渠道整合起来提供无缝的购物体验①。全渠道对于企业和用户而言是一种最为理想的状态，但是正如第 3 章中提到的，全渠道实现起来并不容易，现实中大部分企业实现的可能仅仅只是多渠道和跨渠道。下面的案例介绍了元祖的全渠道运营。

全渠道运营：元祖

元祖作为烘焙糕点行业的头部企业，其在高速发展中已经形成了线上线下双轮

---

① RIGBY D K. The future of shopping [J]. Harvard business review, 2011, 89 (12): 65-76.

驱动的新零售模式。目前随着全国业务的不断拓展，实体门店数目已扩张至 700 余家，并建立了微信线上门店、天猫旗舰店、京东旗舰店等销售渠道，线上线下渠道实现互通，探索全渠道运营。消费者可以在线上下单，门店自提或者由门店配送；线上下达的顾客订单由线下离消费者距离最近的门店履行。公司财报显示，2023 年第一季度，公司实现线下销售额超过 1.5 亿元，同比减少 10.83%；线上销售额超过 2.8 亿元，同比增加 10.61%。

（资料来源：改编自元祖官网，http://www.ganso.com.cn/index/index/index.）

3）根据是否使用中间商分类

营销渠道根据是否使用中间商可以分为直接营销渠道、间接营销渠道、多重营销渠道和混合营销渠道。

（1）直接营销渠道

直接营销渠道也称为直销渠道，是指生产商直接把产品或服务销售给最终顾客，属于零级渠道。直接营销渠道的优点是生产商不仅可以直接接触终端消费者，便于了解市场需求，而且运营得当能有更大的利润空间；缺点在于生产商需要花费更多的时间和精力去搭建自营渠道，前期投入较大，而且这并不属于生产商的专业范畴，存在一定的难度。

一般而言，以往只有规模较大的生产商才有能力搭建自己的直销渠道。不过随着互联网的兴起，生产商搭建直接营销渠道的可能性增加，较多的企业通过第三方电商平台、微信小程序、短视频平台等建立自己的直接营销渠道。

（2）间接营销渠道

与直接营销渠道相对的是间接营销渠道，是指生产商利用市场中的经销商、代理商、经纪人等独立的第三方销售力量进行销售。间接营销渠道的优点在于通过专业化分工能够充分发挥中间商的规模效应和协同效应，从而提升渠道的效率；缺点在于此时生产商没有直接接触终端用户，可能导致对市场需求不够了解。间接营销渠道是现实中最为常见的渠道类型。

在过去，受限于信息技术和物流基础建设的不发达，生产商往往采用较长的渠道来分销产品，导致生产端和需求端的脱节非常严重。现代企业开始推崇扁平化的渠道结构，用以中和直接营销渠道和间接营销渠道的优劣势，一方面能发挥中间商的作用和效率，另一方面也能离终端用户更近。

（3）多重营销渠道

多重营销渠道是直接营销渠道和间接营销渠道的组合，每个渠道服务于不同的目标细分市场。例如，企业可以通过直接营销渠道对接一、二线城市的消费者，而采用间接营销渠道服务三线及三线以下城市的消费者。相对于单一的直接营销渠道或间接营销渠道，多重营销渠道能够根据不同目标细分市场的特点来选择直接或间接渠道，更具灵活性。

（4）混合营销渠道

混合营销渠道也是直接营销渠道和间接营销渠道的组合，但与多重营销渠道不同的是，混合营销渠道下不同的渠道服务于同一目标细分市场。与多重营销渠道相比，混合营销渠道针对同一目标细分市场采用不同的渠道，能给最终用户提供更多的渠道选择。这种模式也是现在企业经常采用的模式。

4.1.3 新零售时代营销渠道新变化

营销渠道存在的意义及其重要性体现在：对企业而言，使产品或服务被顺利使用或消费，以达到公司分销目的；对最终用户而言，为最终用户提供形式效用、时间效用、地点（空间）效用和所有权效用，并创造顾客价值。在新零售时代，营销渠道的本质并未改变，只是技术的发展使得其内涵与外延得以延伸。

在实践中，营销渠道的新变化体现在：一是服务提供商主导的营销渠道，尤其是由平台企业主导的渠道，越来越受到关注；二是相对于其他宽度的渠道，企业倾向于使用全渠道策略；三是企业的营销战略中更多地采用混合渠道，而且越来越青睐直销渠道和层级数更少的渠道（扁平化渠道）。

1）平台企业主导的营销渠道越来越受到关注

平台企业例如淘宝、拼多多、抖音、美团等，在如今的营销渠道中扮演着越来越重要的角色。这些超级平台得益于双边市场效应，在其所在的领域取得了前期市场优势之后，规模和体量直线上升，将竞争对手远远甩在了后面。利用规模所带来的收益，平台企业进一步优化产品和服务，形成壁垒，使得最初的竞争优势得以维持与延续。并且，随着海量的消费者行为等数据在平台上的沉淀，平台企业所独有的数据资产得以形成。当然，这样的一种趋势也会产生不良影响，正如第 1 章中有关平台企业伦理问题的论述。下面的案例显示了美团不当利用市场支配地位所制定的不合理规则。

平台垄断：美团的"霸权"

美团 2022 年财报显示，其即时配送订单量同比增长 14% 至 177 亿单，其中餐饮外卖业务实现高质量增长，用户黏性持续提升，2022 年餐饮外卖单日订单量峰值突破 6 000 万单，用户年均交易笔数达 40.8 笔，同比增长 14%①。2020 年 4 月，广东省餐饮服务行业协会发布《广东餐饮行业致美团外卖联名交涉函》，直指美团向餐饮企业收取高额佣金，已超过餐饮企业承受极限，以及美团"二选一"霸王条款，新冠疫情期间要求餐饮商家"独家经营"，否则就强制注销、下架门店。除了广东区域，其他多地餐饮协会也直接点名美团，主要控诉问题均为高佣金和排他竞争。

（资料来源：改编自《广东省餐饮服务行业协会发交涉函 敦促美团外卖取消独家合作限制》，南方网，https://news.southcn.com/node _ 54a44f01a2/975e980489.shtml.）

2）全渠道成为企业理想的战略目标

正如第 1 章提到的，经济、技术、消费者等营销环境的变化使得企业不得不变革渠道，如今已经极少看到使用单一渠道的企业或品牌，全渠道成为当前企业所追

---

① 美团 2022 年度报告，https://media-meituan.todayir.com/20230425215252173578606

求的理想目标。一方面，高度互联网化的需求端在如何购买、哪里购买和何时购买上期待更多；另一方面，消费者的需求呈多样化和个性化发展，传统的渠道难以形成足够的覆盖。

值得一提的是，虽然全渠道战略看起来很"美"，但是企业仍需要结合自身的实际情况来选择是否采用以及如何采用。全渠道战略对企业内部架构、IT能力、管理能力、资金实力等方面提出了较高的要求，如果盲目地追求，很容易导致企业现有的渠道受到波及，影响渠道的整体效率与企业的分销效果。即使是实力很强的企业在进行全渠道布局时也需要寻求外部第三方的协作，尤其是在后台的数据存储与处理、商品管理和决策支持等方面。例如，海底捞、蒙牛和良品铺子等大型企业在进行数字化转型和全渠道布局时与阿里巴巴合作，共同搭建中台，形成真正意义上全链路的互通。而对于大部分资金和实力不够强的企业来说，可以先借助淘宝、京东、美团等第三方平台的服务，来尝试进行O2O模式的运营，在不断摸索中形成企业自身对于全渠道的理解，并随着时间的沉淀不断深化全渠道策略。下面的案例介绍了蒙牛实施全渠道战略时与阿里云合作搭建中台。

中台建设：蒙牛的全渠道

虽然蒙牛各事业部之间生产销售的产品各有不同，但其业务流程都极度相似，公共类似性很强，所以蒙牛对整个IT组织进行了全面整合，并选择阿里云羚羊团队一起来合作中台建设。业务中台上线之后呈现了非常可喜的成果，其商业价值也非常清晰：轻代码甚至无代码的应用开发方式，使得效率提升了50%，客户在不同的渠道获得的服务的一致性整体提升了80%，整体资源的消耗降低了40%——超过60%的资源能够通过云的方式实现更有效的共享。"业务中台带来更简洁的系统关系、更快捷的开发速度、更集中的数据管理，从而实现多维度的降本增效。"蒙牛集团CDO李玎洁表示，这就是业务中台的价值。有了业务中台，自然就要拥有数据中台，既是为了存储和处理大量的数据，更要从数据在底层拉通，到数据的建模和网上提供数据的应用，进行数据赋能。

（资料来源：改编自《中台：蒙牛集团数与智的新引擎》，数字经济网，http://www.linkingapi.com/archives/14536.）

3）渠道混合式、扁平化趋势愈发明显

如今，目标市场之间的界线越来越模糊，企业能借助数据与技术做到消费者维度的精准营销。因此，企业往往在同一目标市场中提供多种渠道，让消费者根据自己的偏好与需求自行选择，也就是所谓的混合营销渠道。渠道混合式趋势与消费者需求呈个性化和多样化发展是一致的。

如前所述，除了混合式渠道之外，现在的企业也更倾向于选择扁平化的渠道，一方面是从成本的角度考虑，另一方面是从更好地服务消费者的角度考虑。但是，需要注意的是，渠道扁平化对于企业的分销能力、管理能力等方面的要求较高，且取决于具体的产品类型、需求特点等因素，并不一定适合所有企业。在其他条件都满足，但是企业自身实力不足时，可以考虑与一些大型渠道商合作推进渠道扁平化。

下面案例中提到的京东 C2M 平台很好地赋能了上游生产商，也帮助其实现渠道扁平化运营。

渠道扁平化：京东 C2M 平台

为了更好地联系上游厂商和下游消费者，京东推出 C2M 智造平台。一方面，京东通过对销售数据进行研究洞察和对行业进行市场分析，帮助厂商更准确地捕捉消费者需求；另一方面，该平台的推出也能为京东生产自有品牌产品助力。据统计，京东 C2M 智造平台服务的数千个品牌，针对产品需求的调研时间节省了近 80%，新品上市周期也比以往缩短近 70%；京东自有品牌已合作了全国 70% 的核心产业带，成为工厂伙伴的"全链路综合服务商"，助力上游制造商渠道扁平化运营，实现制造产业转型升级与提质增效。

（资料来源：改编自《京东入选世界 500 强八年间 为社会新增了 45 万就业岗位》，央广网，https://tech.cnr.cn/techph/20230803/t20230803_526360906.shtml.）

4.2 营销渠道管理的概念与职能

4.2.1 营销渠道管理的概念

1）营销渠道管理的定义

营销渠道管理是通过计划、组织、激励、控制等活动来协调营销渠道参与者的活动，从而有效、高效率地完成分销任务的活动[①]。营销渠道管理一般分为两部分，包括渠道结构设计和渠道行为管理。渠道结构设计是搭建企业的渠道网络，并且选择企业的渠道合作伙伴，可以看作营销渠道管理的"硬件"部分；渠道行为管理则是在渠道结构设计的基础上，对渠道的日常运营过程进行管理和控制，可以看作营销渠道管理的"软件"部分。

2）营销渠道管理的目标

一般而言，营销渠道管理的目标可概括为"畅通、经济、高效和适应"[②]。

（1）畅通

"畅通"是指营销渠道在连接生产端和消费端上达到的理想状态。企业可以通过管理营销渠道，保证渠道充分覆盖企业的每一个目标市场，并且在需要时将商品和服务畅通无阻地送达最终用户手中。

（2）经济

"经济"是指在保证营销渠道畅通的前提下，尽可能地降低渠道运营所花费的资源和成本。这不仅能提升企业在市场上的竞争优势，也能顺应企业社会责任和绿色环保的要求。

[①] 张闯. 营销渠道管理［M］. 大连：东北财经大学出版社，2012.
[②] 施娟. 营销渠道管理［M］. 上海：上海财经大学出版社，2019.

（3）高效

"高效"是指要使得营销渠道的运行有效且有效率。"高效"和"经济"目标互为补充。营销渠道不能一味地追求低成本，也不能为了高效率不计成本，而应该根据企业的战略目标在"经济"和"高效"之间权衡。

（4）适应

"适应"是指营销渠道管理的目标应该适应企业的战略目标，营销渠道的组织和运行应当与企业整体的营销活动相匹配。渠道的运营不可能脱离企业整体经营活动而单独发展，其规模、结构、方式等都应该符合企业的战略需要。更深层次的含义是，没有所谓"最好"的渠道，只有"合适"的渠道。企业不能盲目模仿市场中成功的渠道模式，而应该根据企业的实际情况进行慎重选择。

下面的案例介绍了三只松鼠的营销渠道建设的过程。

营销渠道管理：三只松鼠的渠道建设

2012 年成立的三只松鼠率先利用 B2C 平台进行线上销售，这种直销模式缩短了企业与客户的距离，带给顾客新鲜、符合其口味的食品。随着互联网红利的消退，三只松鼠于 2016 年在线下开设首家投食店，开启了有选择性的线下布局。2018 年，三只松鼠入驻阿里巴巴零售通和京东新通路平台，引入批发直供渠道，拓宽销路。2021 年，三只松鼠从轻度分销模式向以区域经销商为核心的中度分销模式转型，全国布局经销商并规范渠道管理秩序，以实现效率提升和成本最优。

（资料来源：改编自《三只松鼠渠道大变革 剑指五年 100 亿元目标》，中国商报网，https://www.zgswcn.com/article/202110/20211017114139100 3.html.）

4.2.2 营销渠道管理的特点

营销渠道管理在大多数情况下不只涉及一家企业，无法利用企业内部的规章制度等进行管理与约束，因此管理上难度更大。具体而言，营销渠道管理具有如下三个特点：

1）营销渠道管理属于跨组织管理范畴

虽然渠道管理也涉及本企业的员工或部门管理，如企业的直接营销渠道，但是在大多数情况下企业采用的是间接渠道。因此，营销渠道管理的对象往往是分属于不同利益主体的组织或个人，管理上的难度要大于企业内部的组织管理。

2）营销渠道管理拥有跨组织的目标体系

虽然营销渠道上的所有渠道成员具有一些共同的目标，包括期待渠道的高效运行、通过专业化与合作加强自己的竞争优势等，但是每一个渠道成员同时也拥有各自独立的目标，包括自身的销售目标、利润目标、发展目标等。值得注意的是，这些不同渠道成员的独立目标之间并非总是相容的。因此渠道管理的重要任务之一，就是把渠道的共同目标和渠道中不同成员的独立目标整合起来——通过设计一套目标体系，将不同渠道成员的独立目标融入渠道的共同目标，只有共同目标达到了才能达成各自的独立目标。所以，不同于一般的管理目标，企业在进行营销渠道管理时，除了要考虑自己的销售额和利润等目标外，还要考虑其他渠道成员的目标和渠道的共同目标。

3）营销渠道管理的手段主要是合同、契约和规范

营销渠道从本质上讲是一张以一个企业为轴心构建的利益关系网，企业需要平衡各方利益，以保证渠道网络的良好运行；并且企业更倾向于同渠道成员之间形成战略伙伴关系，以维持渠道长期运营的稳定性。因此，企业在进行渠道管理时较少使用渠道权力，更多地依靠合同、契约和规范。下面的案例展示了农夫山泉的渠道分配体系。

渠道分配体系：农夫山泉

对于农夫山泉而言，渠道是企业运营中非常关键的一环。企业非常关注渠道各环节的分配体系，一方面兼顾各方利益，使渠道参与者的实际收益贴近预期收益；另一方面设立完善的绩效激励机制，避免内耗，以降低系统运转的费用。通常，农夫山泉会将过半的渠道利润分给渠道商，激励其将更多的销售资源倾斜给农夫山泉，达到提升市场占有率的目的。

（资料来源：改编自农夫山泉官网，https://www.nongfuspring.com/media-centre.html.）

4.2.3 营销渠道管理的职能

一般而言，营销渠道管理的职能包括计划、决策、组织、协调、控制、激励和创新。

1）计划

计划是对未来一定时期内营销渠道管理应采取行动的规划和安排。首先，计划以正式的形式明确了营销渠道成员行动的方向和方式，为协调各方面的工作提供了有力的工具。其次，计划工作的开展促使各级管理人员花费时间和精力去思考营销渠道在未来运营中可能发生的各种情形，有助于更好地回避经营风险。最后，计划能为渠道成员的考核和控制提供科学的标准，是企业必不可少的一种管理行为。

2）决策

决策是管理的主要内容，是管理者的首要职能，也体现了管理的本质。一般而言，决策分为三个步骤：①确定营销渠道管理的目标和问题。目标必须明确且尽可能量化，需要解决的问题也必须明确。②确定两个或两个以上营销渠道管理的可行方案。这些方案是平行的，都能达成目标并解决问题。③分析每一个可行方案的优劣势和风险。对每个可行方案进行评判，并从中选出最优方案来实施。

3）组织

组织是营销渠道成员分工协作的基本形式或框架。具体而言，包含三层含义：首先，目标是组织存在的前提，营销渠道组织必须具有共同的目标。其次，营销渠道组织必须有明确的分工与合作。最后，营销渠道组织必须有不同层次的权利与职责，以保证渠道目标的顺利实现。

4）协调

协调是使营销渠道中所有成员的活动和行为相互配合。营销渠道在运作过程中，各成员之间甚至企业内部各部门之间的矛盾是不可避免的，为了尽可能减少渠道冲突，在渠道运营过程中企业需要保证营销渠道的活动与渠道目标相统一，并且协调各方面的利益。

5）控制

控制是在计划执行过程中出现偏差时予以调整和修正的过程。控制与管理的其他职能，如计划、组织等职能是密不可分的，是各个层次管理部门的主要职能，特别是每一位负责执行计划人员的主要职责。控制之所以重要，是因为营销渠道面临的是一个动态环境，其外部环境每时每刻都在发生变化，渠道在运行过程中可能出现偏离计划的现象。

6）激励

激励是营销渠道的管理者通过满足渠道成员的需要和动机来调动他们积极性的行为。激励行为可以让渠道成员自发地向渠道目标靠拢，并且彼此之间形成协同。

7）创新

创新是生产要素的重新组合，其实质是新的资源配置方式对营销渠道的推动，是能够给经济带来较大影响或较大变革的行为。企业应该采用鼓励创新的管理方式来治理渠道，这样企业所在的渠道才不容易被时代淘汰。

下面的案例介绍了元气森林在实际运营过程中对渠道的控制。

营销渠道控制：元气森林的经销商管理

元气森林经调研发现，当前的经销网络中存在大量低质量经销商，难以完成公司的销售计划。因此，公司以改善经销网络结构，提高经销商质量为主要方向，对部分低质量经销商进行了调整。为确保不影响终端市场的持续服务，避免因渠道结构调整带来的市场空白和业绩损失，经与经销商充分沟通，部分区域经销商转为分销商。

（资料来源：改编自《元气森林"中考"：经销商库存压力缓解 优势渠道浮现新问题》，成都商报，2023 年 7 月，https://www.sohu.com/a/700758826_289979.）

4.3 营销渠道的功能与流程

4.2.1 营销渠道的功能

营销渠道的功能在于使商品从供应端有效且高效地转移到消费端，缩小或消除商品供应与消费需求之间在时间、地点、种类和数量上存在的差异。在此过程中，渠道成员要相互合作，通过专业化分工共同承担渠道的功能，实现商品的形式效用、时间效用、地点效用和所有权效用。具体而言，渠道的功能包括信息沟通、销售促进、分配、谈判、订货与付款、物流、风险承担和融资（如图 4-2 所示）。

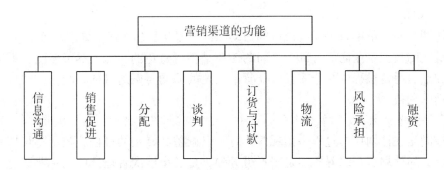

图 4-2　营销渠道的功能

1）信息沟通

信息沟通的功能体现在：一是企业与消费者之间的信息交流与互动，以解决消费者与生产商之间的信息不对称；二是渠道的各个环节之间需要沟通信息，以协调关系、实现商品的合理供给和利润的合理分配。

2）销售促进

销售促进的功能体现在：一是提供商品的详细信息和服务，并以顾客乐于接受的、富有吸引力的形式传递给消费者，减少顾客了解产品的搜索成本；二是提供关于产品和企业的宣传和促销相关的活动，以促进销量和品牌知名度的提升。

3）谈判

为了实现商品在渠道中的顺利流通，渠道成员之间要进行谈判，达成有关产品的价格和其他交易条件的最终协议，以最终实现商品所有权的转移。

4）分配

分配是对商品在类别、等级、数量、包装等方面进行分装搭配，以解决上游批量供给和下游多样化需求之间的矛盾；以及对商品进行存储和保管，以协调需求与供应在时间上的差异和矛盾，减少顾客等待的时间与成本。

5）订货和付款

订货和付款是实现商品所有权转移以及保护企业权益的重要方面。下游渠道成员通过向上游订货并付款，同时上游渠道成员向下游发货并收取货款，才能实现商品所有权的转移，并为渠道成员带来收益。

6）物流

物流包括商品的运输和仓储活动，并最终完成商品的交付。值得注意的是，有时渠道的物流功能是由辅助服务机构完成的，但是联系辅助服务企业并支付物流费用仍由渠道成员完成。例如，大多数电商企业通过支付费用给物流公司，让其将商品送达消费者处，而不是电商企业亲自送达。在这种情况下，辅助服务商所承担的这部分功能实际上是渠道功能分离的结果。

7）风险承担

在商品流通的过程中，随着商品所有权的转移，风险在渠道成员之间进行转换与分担。在营销渠道中，渠道成员除了分享专业化带来的利益，也要共担产品销售中的风险，包括由市场波动、自然灾害、流行疾病等因素造成的损失。

8）融资

融资是渠道成员为完成以上各种功能而进行的资金融通活动。不论是生产还是商品购销，渠道成员之间都会发生货款的支付和渠道的运营费用，都需要资金的投入。因此，充足的资金是渠道正常运转的保证。常见融资行为包括生产商通过订金或保证金进行融资，经销商要求生产商给予授信赊销额度减少自身资金的占用，零售商通过延迟付款在短期内变相增加资金量等。

4.2.2 营销渠道的流程

营销渠道的流程组成了渠道成员共同执行的一系列功能，并将渠道成员紧密连接起来，具体包括实体流、所有权流、促销流、洽谈流、融资流、风险流、订货流、支付流和市场信息流（如图4-3所示）。

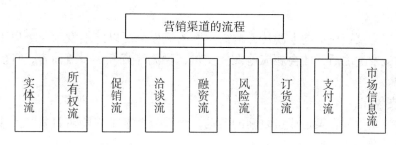

图4-3 营销渠道的流程

1）实体流

实体流是商品实体在渠道中的流转，即物流，主要包括商品的运输和存储。在电子商务兴起后，物流还包括"最后一公里"的配送，消费者愿意为了更快速的物流服务支付更高的运费，物流成为影响消费者满意度的重要因素之一。因此，高效的物流不仅能保证商品顺利送达消费者，还能为企业带来附加价值。虽然实体流可以随着商品销售过程向前流转，也可以随着商品退货或者售后向后流转（逆向物流），但是在强调营销渠道的流程时主要是指实体流的向前流转。

2）所有权流

所有权流是指商品所有权伴随着买卖活动从供应端向最终用户流转的过程。同样地，发生退货时，所有权流也会向后流转，但是从渠道的角度而言，如果商品销售后又发生退货，那么相当于没有实现任何价值。因此，一般情况下，所有权流是向前流转的。

3）促销流

促销流是渠道成员促进商品销售的流程，可以是向消费者展示商品信息和服务，也可以是进行促销活动，最终目的都是促进商品的销售。促销流可以从生产商到中间商，再从中间商到消费者，也可以从生产商直接到消费者，因此促销流是向前流转的。

4）洽谈流

洽谈流贯穿于整个渠道运行中，在商品所有权每次流转前，渠道成员之间就需要针对商品的种类、价格、数量、交易条件等进行沟通和谈判。洽谈流是双向的。

5）融资流

融资流是渠道成员之间资金融通的过程。其既可以是生产商向中间商或者中间商向消费者提供融资，也可以是反过来的流程。因此，融资流是双向的。

6）风险流

风险流是营销渠道成员之间分担或转移风险的流程。首先，随着商品所有权的转移，商品损坏、报废、丢失、过期和库存的风险主体也随之转移；其次，渠道成员都需要承担市场环境变化，以及其他不确定性导致的商品销售受阻的风险。因此，风险流是双向的。

7）订货流

订货流是渠道成员向上游传递购买意愿的流程，可以定期发生也可以不定期发生。订货流发生之后，才会相应地发生支付、物流等流程。一般而言，订货流是向后流转的。

8）支付流

支付流是货款在渠道成员之间的流动，大部分情况下伴随着订货流产生，因此支付流也是向后流转的。

9）市场信息流

市场信息流是渠道成员之间互通信息的流程。一方面，企业利用营销渠道搜集需求信息支持产品的研发与生产；另一方面，企业通过营销渠道传递商品的信息到需求端。因此，市场信息流是双向的。

4.2.3 营销渠道功能与流程的分配

营销渠道功能与流程的分配可以从专业化与劳动分工的角度来理解[1]。专业化与劳动分工（specialization and division of labor）最初由亚当·斯密（Adam Smith）在其著作《国富论》中提出，用以说明通过专业化与劳动分工能够提升生产效率。如果从商品分销的角度来看，专业化与劳动分工同样能够提升分销的效率。因此，渠道的功能很少由生产商独立去完成，而是在不同的渠道参与者之间进行分配，利用渠道参与者各自的专业化能力，最大化渠道的效率。从宏观的视角来看，营销渠道就是一个庞大的劳动分工系统，其中渠道参与者肩负不同的渠道功能，参与不同的渠道流程；除了彼此独立履行自己的分销功能之外，相互之间通过沟通与协作，共同完成营销渠道的目标。

当生产商独立去完成所有的渠道功能时，需要具备强大的资金实力和分销专业化的分销能力与水平，具体包括物流水平、规模、IT 能力、财务能力、营销能力、管理水平等。首先，生产商要有足够的资金去铺设渠道，提高物流能力，以打通渠

---

[1] 罗森布洛姆. 营销渠道：管理的视野：第 8 版 [M]. 宋华，等译. 北京：人民大学出版社，2018.

道的每一个环节。尤其是在全渠道背景下，企业要自营所有的渠道会产生沉重的成本负担，并且由于不够专业化，有时候生产商承担某些渠道功能所造成的成本甚至会大于收益。其次，生产商的规模要足够大，通过规模效用摊薄分销的成本，如果是多品类的生产商还能够发挥分销的协调效用，进一步提升分销的效率。再次，还需要具备强大的 IT 能力、财务能力和营销能力，在全渠道背景下，企业所有的渠道都需要互联互通，这对于企业的业务能力和数字化水平都提出了更高的要求。最后，生产商还必须具备成熟的管理体系与管理水平，才能保证营销渠道的正常运营，并在出现问题时予以控制与解决。

术业有专攻，一般而言，很难有企业能完全具备完成所有渠道功能的能力。在实际运营中，生产商的自营渠道往往也会依赖服务提供商来承担一些专业化的渠道功能，包括：①通过入驻淘宝、京东、拼多多等平台设立自营渠道，②利用第三方物流来履行运输、仓储、配送等物流功能，③借助阿里巴巴、华为、中兴等数字化服务提供商帮助打造数字化系统。这样一来，如何选择最佳的合作伙伴将是企业进行渠道管理活动的关键任务。

渠道功能的分配受多重因素的影响，一般取决于渠道参与者之间讨价还价的结果。但是作为渠道管理者的生产商，应该把握和控制渠道功能的分配，合理地进行分工，这样才能提升渠道的运行绩效；反之，分工不合理则会对渠道绩效带来负面影响。

4.4 营销渠道的成员与参与者

营销渠道是由一系列渠道的参与者所组成的，这些渠道的参与者是与产品分销有关的所有组织和机构。在 2.2.1 小节，我们对"渠道商"的概念进行了再定义，新零售时代下渠道商的概念更加广泛，不仅代表传统意义上的中间商，还包括参与或者助力了渠道中任何一环的企业，可以是生产商，也可以是物流服务提供商。因此，渠道商可以理解为除了最终用户以外的所有履行或者帮助履行分销职能的企业。

在营销渠道中，每一个渠道的参与者履行一定的功能流程，所有的渠道参与者共同完成商品的分销任务。营销渠道的重要参与者包括生产商、中间商和最终用户，称为渠道成员。一般而言，营销渠道管理主要考虑的是对生产商和中间商的管理和控制，这些组织和机构深度参与商品分销，而且往往涉及商品所有权的转移；而一些辅助代理机构则不是营销渠道管理的重点，它们的存在只是提供辅助服务帮助生产商完成商品的分销，不参与商品所有权的转移，包括运输机构、市场调研机构、广告代理商、银行、保险机构等。营销渠道参与者的组成如图 4-4 所示。

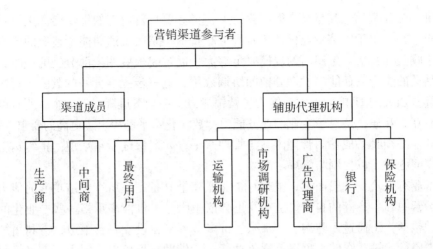

图 4-4　营销渠道参与者

4.4.1　生产商

生产商是直接从事产品生产的组织，这里的产品可以是有形的产品，也可以是无形的产品或服务，例如面包生产商和数字产品生产商。生产商的所有经营活动都是为了满足市场需求并从中获利。因此，生产商不仅要按照市场需求来组织生产活动，还要构建有效且高效的营销渠道来促成交易，并使最终用户感到满意。生产商作为营销渠道的第一个环节，一般处于营销渠道的主导地位。大多数时候，生产商既是营销渠道的建设者，又是营销渠道的维护者和使用者。正如前面所提到的，营销渠道管理更多的是站在生产商的视角。

4.4.2　中间商

中间商是指在生产商和消费者之间起中介作用的组织，分为多种类型，且不同分类之间有交叉。一般而言，按照所履行渠道功能的差异，中间商分为批发商和零售商；按照商品所有权是否转移，中间商分为经销商、代理商和经纪人（如图 4-5 所示）。

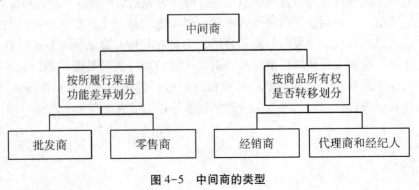

图 4-5　中间商的类型

1）按照履行渠道功能的差异分类

中间商在营销渠道中所处的环节不同，履行的渠道功能也有差异，可分为批发商和零售商。

（1）批发商

批发商是从生产者或其他批发商处采购商品，然后出售给其他批发商、零售商、产业用户和事业用户的专业流通组织。大部分批发活动涉及商品所有权的转移，但如果是代理制批发商则不涉及商品所有权的转移，仅仅只拥有商品的代理权，代表委托人办理销售的相关事宜，收入来源于代理的佣金。一般而言，批发商的活动完成后，商品不进入最终消费领域，属于 B2B（business-to-business）业务，是商品分销过程的中间环节。批发商作为生产商与零售商之间的桥梁，发挥的作用包括：

① 采购商品。批发商直接对接生产商以较低的价格大批量采购，然后再加上合理的利润以零售商需要的数量批发。一方面通过减少生产商与下游的交易次数降低生产商的分销成本，另一方面发挥采购的规模效应帮助零售商节省采购成本。

② 搭配商品。一般而言，批发商不只采购一个厂家的商品，而是从多个厂家采购商品，因此能够按照零售商所需要的商品种类和数量进行搭配销售。当然，也存在只从一个厂家采购的批发商，例如品牌的独家经销商或代理商。

③ 信息沟通。一方面，批发商能够从其服务的零售商处获取有关市场的需求信息，并将信息反馈给生产商，从而帮助生产商了解市场需求以更好地组织生产；另一方面，批发商能够基于自身的专业能力判断上游的供给情况，并将信息分享给零售商，帮助其有策略地进行备货。

④ 提供服务。批发商为促进销售往往会帮助零售商进行卖场布置、人员培训、技术支持等，尤其是对于技术含量较高或专业性较强的商品，如精密仪器、水产品等。此外，有些批发商还会向零售商提供动销低商品的回购或置换、融资等附加服务。

⑤ 承担风险。批发商要承担下游商品滞销的风险，尤其是独家经销或代理的批发商，一旦商品滞销将损失惨重。此外，涉及商品所有权转移的批发商，要承担库存的风险，包括库存积压、损坏、过期、失窃等。

（2）零售商

零售商是从生产者或其他批发商处购买商品，然后将商品直接销售给最终用户，以供个人、家庭或组织消费的专业流通组织。值得注意的是，零售活动是将商品提供给最终用户用于直接消费，而不是用于生产消费或者转售，属于 B2C（business-to-consumer）业务，是商品分销过程的最终环节。零售商直接为最终用户服务，发挥的作用包括：

① 提供购物场所或平台，创造地点效用或空间效用。零售商从上游采购商品，然后提供线上或/和线下店铺让最终用户选购或消费产品，对于线上零售商而言，如果销售实物还需要提供物流服务，以促成最终交易的完成。这样一来，最终用户可以非常便利地选购商品，因而零售商创造了地点效用或空间效用。

② 保存商品库存，提供时间效用。零售商将从上游采购商品，然后存储在仓

库、实体门店或其他地方，在最终用户需要的时候提供给他们，实现时间效用。

③ 以最终用户需要的数量、形式与包装提供商品组合，实现形式效用。零售商将采购来的大批量商品根据最终用户的需求特点进行分装、处理、打包和包装，呈现给最终用户选购，创造形式效用。

④ 促成交易并提供服务，完成所有权效用。零售商向最终用户展示商品、制定价格、提供促销活动和客户服务等，促成交易的完成，提供所有权效用。

⑤ 信息沟通。零售商是营销渠道中最接近消费端的一环，因此零售商掌握了大量消费端的数据，尤其是线上零售商。这些数据可以帮助生产商根据需求特点组织生产，从而在匹配供需双方上发挥作用。例如，京东不仅自己推出自有品牌 C2M 产品，而且还创建了 C2M 平台，帮助上游生产商根据最终用户的需求特点开发产品。

⑤ 承担风险。首先，正是因为零售商为最终用户提供了四大效用，所以需要投入较大的资金成本和人力成本；其次，零售商面对多样化和难以预测的市场需求，运营风险也较高。

零售业态是指零售企业为满足不同的消费需求进行相应的要素组合而形成的不同经营业态。根据国家标准《零售业态分类》（GB/T 18106—2010），目前我国市场上共有 16 种业态。按有无店铺，零售业态可分为有店铺零售业态和无店铺零售业态。其中，有店铺零售业态包括 10 种，即杂食店、便利店、折扣店、超市、仓储式会员店、百货商店、购物中心、专业店、专卖店和工厂直销中心；无店铺零售业态包括 6 种，即电视购物、邮购、网上商店、自动售货、直销和电话购物。现在新出现的业态还未纳入其中，包括以盒马鲜生为首的新零售业态，社交电商如小红书、直播电商等。

2）按照商品所有权是否转移分类

在营销渠道中，商品流通的最终结果是商品的所有权从生产端转移到了消费端，但是商品的流动却不一定每一步都伴随着商品所有权的转移。按照商品的所有权是否转移，中间商可分为经销商和代理商（经纪人）。

（1）经销商

经销商是指在营销渠道中取得了商品的所有权，然后再进行商品转卖的中间商。经销商与代理商的主要区别在于是否拥有商品的所有权。经销商一般与上游供货商达成协议，签订经销合同，在合同规定下以自身的名义在特定期限和地域购销商品，风险自担。经销商分为一般经销商和独家经销商，独家经销商在合同期限内拥有某个地域的商品垄断权，收益更高，风险也更大。

一般而言，由于涉及了商品所有权的转移，需要自行承担商品后续销售的风险，经销商往往资金雄厚且专业能力较强，能给生产商提供更稳妥的分销服务；但缺点是成本较高且控制起来较为困难，例如在经销模式下生产商很难控制商品的零售价格，容易引发渠道冲突。

（2）代理商（经纪人）

代理商（经纪人）是帮助沟通产销，在交易当事人之间起媒介作用的服务机构，一般不获得商品的所有权，主要收入来自销售佣金。其中，代理商是指受生产商的委托，代理销售生产商特定或全部商品的中间商，一般与上游供货商达成协议，签订代理合同，在合同规定下以委托人的名义销售商品；经纪人通常是受委托人委托进行购销谈判，促成交易。通常来说，两者都不承担定价、物流和售后服务，也无须垫付资金和承担经营风险。

生产商选择代理商和经纪人分销产品，能更方便控制市场和渠道，制定统一的零售价格，而且由于佣金一般要低于经销商赚取的利润，因此选择代理商和经纪人的成本更低。但是，正如前面提到的，生产商需要自行承担定价、物流和售后服务，以及经营过程中的风险。所以，究竟选择何种分销模式需要生产商结合自身情况全面权衡后决定。

4.4.3 最终用户

最终用户是企业营销渠道的最后一环，商品流通到最终用户后被其消费或使用，最终用户获得商品的使用价值，营销渠道的价值也得以实现。最终用户分为个人用户（消费者）和企业用户。个人用户或消费者购买商品主要是供个人或家庭使用。由于消费者数量庞大且需求多样，营销渠道重点关注的是这一类最终用户。企业用户购买商品一般是供组织使用，包括学校批量采购桌椅、企业批量采购办公软件、政府批量采购空调等。企业用户的采购流程更为复杂，也不容易受一般的营销手段影响，因此对于生产商而言是一类特殊的顾客。如无特殊说明，本书中的最终用户主要是指消费者。

最终用户是营销渠道的服务对象，同时也是营销渠道的重要成员。在营销渠道中也承担着一些渠道功能，如信息沟通、订货、付款等，但是最终用户承担的渠道功能是为了更好地满足自身需求的一些附带工作，而不是专业化和分工的结果。最终用户在营销渠道中发挥的作用体现在以下几个方面：

（1）营销渠道价值的最终实现

作为营销渠道的最后一环，最终用户购买商品并消费或使用之后渠道的价值才得以实现。因此，如何吸引最终用户并方便其购买是营销渠道最本质的要求。如果商品被消费者购买后退货，那么营销渠道的价值也不会实现。

（2）需求信息的沟通和反馈

最终用户是营销渠道最重要也是最直接的需求信息来源。一方面，渠道商可以通过记录的最终用户的客观数据来进行需求分析；另一方面，渠道商也应该创造便利的条件接收最终用户的主观反馈。

（3）渠道建设和管理效果的评价

虽然最终用户购买并消费或使用商品后渠道的价值就会实现，但是从长期来看，最终用户的满意度、复购率、推荐意愿、口碑等会直接影响产品未来的销量和渠道的长期利润。因此，渠道建设和管理得好与不好是由最终用户来评价的，并且可以通过口碑效应进行传播。尤其是在互联网时代，信息变得越来越透明，企业应该重视最终用户对商品和品牌的评论与评价。

4.4.4 渠道辅助参与者

除了渠道成员在营销渠道中扮演着极其重要的作用之外，一些辅助代理机构也履行了相应的渠道功能，并且也会影响整个渠道的效率。这些渠道参与者一般包括物流公司、市场调研机构、营销策划公司、金融机构、保险公司和平台企业。

1）物流公司

物流公司通过提供专业化的运输和仓储服务实现物流的功能。考虑到规模经济效应，大多数情况下，营销渠道的物流功能由第三方物流公司提供。但是，营销渠道的物流功能也可以由渠道成员自己实现。

2）市场调研机构

当渠道成员没有时间、精力或能力来收集、处理并分析市场信息时，就需要专业化的市场调研机构来帮助提供信息沟通的功能，尤其是在生产商准备推出新产品或是开发新市场时。

3）营销策划公司

营销策划公司是专业向渠道成员提供销售促进策略的公司，如广告代理商。它可以帮助渠道成员制定符合其业务要求的营销策划，小到制作一个广告，大到制定和执行整个销售促进策略。

4）金融机构

金融机构是为渠道成员提供付款或融资服务的机构，包括银行、金融公司以及代理金融服务的公司。如果渠道成员在采购商品、运营渠道等方面缺少资金且无法内部予以解决时，就需要专业的金融机构介入提供融资服务，以维持渠道的正常运行。

5）保险公司

保险公司帮助渠道成员承担渠道运营过程中的各类风险。例如，产品销售过程中可能遭遇的火灾、盗窃损失及在运输过程中的损坏，甚至恶劣天气所造成的损失都可以通过向保险公司投保而将风险转移。

6）平台企业

在现代营销渠道中，平台企业的重要性越来越凸显，这些平台企业包括淘宝等第三方电商平台、拼多多等社交电商平台、抖音等短视频平台等。这些平台企业发挥着信息沟通、销售促进等功能。

辅助代理机构可以被看作次级承包商，渠道管理者可以把许多不同的分销任务转交给他们，尤其是对专业化程度要求较高的分销任务。这样一来，渠道管理者只需要选择适合自己的辅助代理机构，并且对其进行有效的监督控制，就能有效实现渠道的分销目标。

本章小结

1. 认识营销渠道的概念和内涵，能够区分与之相似的概念，并了解营销渠道不同维度的分类和探讨新零售时代营销渠道实践中的新变化。营销渠道并没有一个统一的定义，不同的学者和机构对于营销渠道的定义侧重点有所不同，但是营销渠道的内涵是一致的，包括渠道参与者共同履行渠道功能、渠道的跨组织特性、营销渠道成员之间的"竞合关系"以及营销渠道的战略属性。与营销渠道的概念类似的有分销渠道、流通渠道和物流，其中，分销渠道通常来讲与营销渠道没有本质的区别，都是指代生产商到最终用户的路径；流通渠道则属于经济学范畴，并且是从社会或行业的角度关注商品流通，而不是从企业的角度；狭义的物流是营销渠道的功能之一，广义的物流不仅包括企业物流，还包括行业物流和社会物流，此外，营销渠道往往更强调商流。

此外，营销渠道可以从主导成员、渠道的宽度和是否使用中间商三个不同的维度来分类。目前营销渠道与传统的营销渠道相比，存在一些新的变化，主要体现在：①平台企业主导的营销渠道越来越受到关注；②企业倾向于使用全渠道策略；③企业的营销战略中更多地采用混合渠道，而且越来越青睐直销渠道和层级数更少的渠道（扁平化渠道）。

2. 了解营销渠道管理的概念和目标，理解营销渠道管理是为了有效、高效率地完成分销任务；并掌握营销渠道管理的特点和职能，能从渠道运营者的角度认识营销渠道管理的本质。一般而言，营销渠道管理是通过计划、组织、激励、控制等活动来协调营销渠道参与者的活动，可分为渠道结构设计和渠道行为管理两部分，其目标可总结为"畅通、经济、高效和适应"。营销渠道管理具有如下特点：属于跨组织管理范畴，拥有跨组织目标体系，较少使用渠道权力而更多地依靠合同、契约和规范来进行管理。营销渠道管理的职能包括计划、决策、组织、协调、控制、激励和创新。

3. 认识营销渠道的存在是为了履行商品流通过程中必需的功能和流程，使得商品从生产端转移至消费端，从而实现商品的形式效用、时间效用、地点效用和所有权效用。具体的渠道功能包括信息沟通、销售促进、分配、谈判、订货与付款、物流、融资和风险承担；渠道流程包括实体流、所有权流、促销流、洽谈流、融资流、风险流、订货流、支付流以及市场信息流。营销渠道的功能具体表现为各种流程，而这些流程又组成了渠道成员共同执行的一系列功能。一般而言，这些功能将在不同的渠道参与者之间进行分配，利用各自专业化的能力，达到整体渠道效率最优化的效果。很少有企业独立去履行所有的渠道功能，因为这需要企业具备强大的资金实力和分销方面专业化的能力和水平，包括物流水平、规模、IT 能力、财务能力、营销能力、管理水平等。实际运营中，即使是生产商想要自建渠道往往也会借助服务提供商的专业化能力来承担一些渠道功能。因此，如何选择最佳的合作伙伴是企业进行渠道管理活动的关键任务。其中，渠道功能在不同渠道参与者之间的分配受多重因素的影响，一般是渠道参与者之间讨价还价的结果。但是考虑到渠道的运行绩效，作为渠道管理者的生产商应该把握和控制渠道功能的分配，合理地进行分工，以免分工不合理对渠道绩效带来负面影响。

4. 了解营销渠道成员与参与者的概念，理解营销渠道是由一系列渠道参与者组成的，包括生产商、中间商和最终用户这些一般参与商品所有权转移的渠道成员，以及物流公司、市场调研公司、营销策划公司、金融机构、保险公司和平台企业这些一般不参与商品所有权转移的渠道辅助参与者。值得注意的是，营销渠道管理更多的是站在生产商的视角，而生产商不仅包括有形商品的生产制造，也包括无形商品的提供商。中间商可以按照所履行渠道功能的差异分为批发商和零售商，也可以按照商品所有权是否转移分为经销商、代理商和经纪人，其中代理商和经纪人比较特殊，一般不涉及商品所有权的转移。最终用户分为个人用户（消费者）和企业用户，考虑到企业用户采购的特殊性，通常情况下企业关注的最终用户为个人用户，也就是消费者。辅助代理机构虽然不涉及商品流通过程中所有权的转移，但也履行了相应的渠道功能，并且也会影响整个渠道的效率。

了解了这些，我们接下来的章节将进一步探讨企业营销渠道的结构设计，让大家能够掌握营销渠道结构设计的一般步骤以及渠道成员的选择，并且能够基于交易费用理论分析企业的渠道一体化决策。

思考题

1. 请阐述营销渠道的概念与内涵，并结合如今的市场营销环境分析营销渠道发生新变化的原因。

2. 营销渠道的类别有哪些？不同类别的渠道各有什么优缺点？

3. 什么是营销渠道管理？其目标和职能各是什么？

4. 营销渠道需要履行哪些功能和流程？这些功能和流程是如何进行分配的？

5. 请列举你在日常生活中所观察到的渠道，并且指出其中的渠道成员与参与者。

案例阅读

上海家化的渠道探索之路

上海家化旗下品牌众多，各自定位不同的目标市场，渠道也各有不同，主要包括功效护肤的玉泽、草本护肤的佰草集、中药护肤的片仔癀、更高端的双妹、更下沉的美加净、男士护肤品牌高夫和婴幼儿护肤品牌启初，上述产品线使得上海家化几乎实现了全人群覆盖。

（1）传统线下多渠道布局

在中国日化的早期市场中，产品的营销渠道模式多样且分散，主要包括经销商、直营 KA、化妆品专营店（cosmetic store, CS）和百货等。这些渠道也是上海家化早期所渗透的渠道。不过，即使是上海家化这样的大公司，品牌的渠道之路也不是一帆风顺的。定位中高端品牌的佰草集，渠道拓展一开始阻力非常大，由于缺乏知名度，没有一家商场愿意接纳。于是，上海家化从自营专卖店做起，做大做强之后，佰草集才开始发力专柜渠道。之后，佰草集又发展了加盟、代理、经销等多种渠道模式。对于上海家化旗下的品牌，公司沉淀的多达 30 多万家的线下网点巩固了它们线下渠道的建设：在百货渠道，佰草集已在国内开设了超过 1 000 家专柜，在中国百货渠道力拔头筹；而在商超渠道，六神、美加净也是中国商超渠道的销售主力。

（2）线上渠道发力：自营+第三方平台

随着互联网技术的发展，网络购物成为一种新兴购物模式，越来越多的年轻人开始在网上购物。然而，正如大多数传统品牌在面对电商崛起时的不屑一样，上海家化未直接进入电商渠道，错过了开发线上渠道的最佳时机。好在几年之后，上海家化终于认清了线上渠道的重要意义，于是在 2010 年，上海家化信息科技有限公司成立，用以运营旗下品牌——佰草集、清妃、高夫以及六神、美加净、可采和家安等的电子商务业务。不止如此，上海家化开始利用互联网技术建立了上海家化官方网站，同时抓住机遇，带领六神、佰草集、家安、玉泽等旗下品牌逐步入驻淘宝网，开始初步布局线上电商渠道。

（3）构建扁平化渠道，缩短与 C 端距离

2014 年，深刻且快速的变革明显体现在中国日化行业的渠道结构方面：新型渠道如电子商务和 CS 渠道发展迅速，而作为以往日化产品传统营销渠道的百货和商超市场占有率开始大幅度下降，增长速度也随之变得缓慢。在日化领域摸爬滚打几十年的上海家化很快就嗅到了这一市场变化，于是根据消费者的购物行为习惯，在巩固传统渠道的基础上，开始加大对电子商务和 CS 这两大渠道的建设。电子商务和 CS 渠道相比起传统渠道而言，更加扁平化，有着传统渠道无法比肩的强大优势——与消费者之间的距离大大缩短了。这一次上海家化将佰草集当作了急先锋，试点了体验型专卖店，并且将这种模式覆盖到全国各省（区、市），与此同时，开启了自营+加盟的成熟有效销售管理模式和体系。除了开启体验店专卖店外，上海家化依托定位于婴幼儿护肤的品牌——启初，开始拓展母婴店渠道。

（4）多渠道协同，建设效果初现

截至 2014 年年底，上海家化控制的专营店系统门店数从 900 家提升了到 3 800 家，拓展的母婴店系统也已达到了 5 000 家。2015 年，中国日化行业各销售渠道延续了前几年的发展形势：传统渠道势头变慢，百货增速为 1.5%；大卖场增速为-2%，超市增速为 5%；新兴渠道取得了良好的成绩，其中 CS 渠道增速为 17%，电商增速达到 26%。针对上述趋势，上海家化也持续进行渠道建设，在保持自身渠道优势的前提下对渠道策略做出了相应调整：以多渠道推广为主，电子商务渠道主要发挥对六神、美加净、高夫、家安等品牌的推广、销售与消费者服务沟通的作用，其他渠道全面部署。

经过几年的渠道部署，上海家化旗下的众多品牌基本完成了全国全渠道的全覆

盖，与此同时，上海家化携手阿里巴巴达成了战略合作伙伴关系，在天猫平台上线了"上海家化官方旗舰店"，大大增加了上海家化旗下产品的曝光量。

（5）力挽颓势：渠道改革在路上

2015年年报显示，上海家化净利润出现了11年的首次下滑，这样的成绩无异于为上海家化的渠道策略的选择与实施敲响了一记警钟。上海家化面对暂时的掉队没有气馁，开始大刀阔斧地对渠道进行改革。上海家化首先瞄准了自身内部组织架构，将其原来的四大事业部全部撤销，设立研发部、品牌管理办公室、渠道管理办公室、供应链和战略投资部。其中，渠道管理办公室专门负责渠道策略的制定与落地。其次，上海家化分析了落后于行业浪潮的根本原因——渠道变革使得电商渠道与CS渠道的重要性日益凸显，虽然过去上海家化已经开始建设电商渠道与CS渠道，但始终发力不足，导致渠道建设效果不显著。

接下来，上海家化加快了渠道建设的步伐——将线上线下八大渠道整合为一个大平台，加强公司对各个渠道的控制力。2018年，上海家化开始优化电商渠道，将两大电子商务平台——京东和天猫超市的销售模式由之前的经销模式变为更好掌控的直营模式，提高对电子商务平台的控制能力，并开始高效精准地收集消费数据，奠定了个性化推荐和渠道创新管理的基础。在2018年上半年销售未达预期的情况下，上海家化开始积极探寻私域流量，在下半年开发了华美家微信小程序商城，并尝试通过引入会员流量打造微信商城平台。另外，上海家化努力探索特殊渠道，特殊渠道实质上是一个公开的多用途电商平台，该平台作为特殊渠道能够进行新品推广、试用测试，并作为企业福利和团购平台，进一步拓展消费体验。2020年，特殊渠道作为现有渠道的重要补充，通过嫁接中国平安资源触达了更多的消费者。

（资料来源：改编自《上海家化：老牌国货的渠道进阶之路》，李艳双，李伟康，中国管理案例共享中心案例，2022.）

参考文献

［1］罗森布罗姆.营销渠道管理：管理的视野：第8版［M］.宋华，等译.北京：中国人民大学出版社，2014.

［2］李先国，杨晶.渠道管理（数字教材版）［M］.北京：中国人民大学出版社，2021.

［3］施娟.营销渠道管理［M］.上海：上海财经大学出版社，2019.

［4］夏春玉.流通概论［M］.大连：东北财经大学出版社，2019.

［5］张闯.营销渠道管理［M］.大连：东北财经大学出版社，2012.

［6］张沛然，黄蕾，卢向华，等.互联网环境下的多渠道管理研究：一个综述［J］.经济管理，2017，39（1）：134-146.

［7］张韬.传统营销渠道与现代营销渠道优劣探讨［J］.现代营销（下旬刊），2018（3）：40-41.

［8］庄贵军. 营销渠道管理［M］. 3 版. 北京：北京大学出版社，2018.

［9］BECK N，RYGL D. Categorization of multiple channel retailing in Multi-，Cross-，and Omni-Channel Retailing for retailers and retailing［J］. Journal of retailing and consumer services，2015（27）：170-178.

5　营销渠道的结构设计

学习目标

通过本章学习，学生能够：

· 了解营销渠道结构设计的定义和要点。

· 掌握营销渠道结构设计的范式与其应用。

· 了解渠道成员选择的重要性和选择过程。

· 理解渠道纵向一体化决策的理论基础、概念与优势。

开篇案例：小米公司的渠道布局

小米公司的渠道战略考虑到成本非常扁平化。不同于一般手机品牌经过国代和省代两层代理商后才到达零售商，小米要么通过线上小米商城和线下小米之家直营店直达用户，要么只经过零售商到达消费者，渠道层级扁平了两层。

作为"互联网手机"的缔造者以及线上渠道的引领者，小米线上渠道保持领先优势。据统计，2022年"双11"购物狂欢季，小米手机品类包揽天猫、京东、拼多多、抖音四大平台安卓手机品牌的销售量和销售额均排名第一。反观小米的线下渠道，贡献率就显得不足。因此，近年来小米大刀阔斧地改革线下渠道，以支撑其新零售战略。

最初，小米一共有6种线下渠道，包括一、二线城市自营的小米之家，三、四线城市自营的小米专卖店，县级行政区的小米授权店，县镇市场的小米专营店，大型 KA（key account，重点客户）连锁和运营商渠道。其中，授权店和专营店覆盖了广袤的下沉市场，面积大、品类齐全的小米之家是小米自营的主线，专卖店则是小米之家的补充。

现在，小米线下渠道撤掉了小米专营模式，已经调整为小米之家直营店、小米之家专卖店、小米之家授权店、KA 和运营商渠道这五种形式，前面三类统称小米之家。值得一提的是，小米打破了原有的分销体系，收回了货权，合作的商家不需要承担库存风险，小米门店的经营状况由小米直接掌握，门店的分货由小米直接落实，由工厂直达店面。小米利用手头掌握的店面经营数据，帮助商家提高周转率，商家则拿着小米的返点再进货，在高效的周转之下获得更高的整体回报。

在渠道的技术支持方面，小米同样有大动作。小米零售通发布于 2020 年 9 月，是一个货物匹配管理的 APP，可以用来进行标准化的进销存管理。零售通 APP 给予前台店长和店员相应的数据查看权限，帮助他们详细了解一天的人流转化率、销量、利润情况，小米在后台则掌握所有货物流转情况，根据每一家店的销售情况进行智能化的自动配货，在保证这家店面正常销售的同时也不会过多压货，优化周转效率。零售通之外，小米还给所有授权店安装了客流计数器，客流计数器同样能完成入店客流转化的统计和计算。

（资料来源：改编自《「深度」沉寂的"新零售"：小米线下渠道改革失利始末》，界面新闻，https://www.jiemian.com/article/9192343.html.）

5.1 营销渠道结构设计的定义和范式

5.1.1 营销渠道结构设计的定义

营销渠道的结构设计是对全新营销渠道的开发或对已有渠道结构的调整和改进。从企业管理者的角度来看，营销渠道的结构设计是企业面临的一项重要的管理决策，其效果直接影响后续渠道运营过程中企业对渠道的管理。一般而言，营销渠道的结构包括渠道的长度、渠道的宽度和中间商的类型。关于营销渠道结构设计的理解有以下四个方面的要点：

① 营销渠道的结构设计属于企业的渠道战略，因而是公司整体战略的一部分，能够为企业带来竞争优势。

② 针对渠道结构的设计，本质上是渠道功能在具体渠道成员之间进行分配的过程。

③ 生产商和中间商都可能是营销渠道的领导者，因而都会面临营销渠道结构设计的问题；不过通常情况下，是站在生产商的角度来进行营销渠道结构的设计。

④ 企业在进行渠道结构设计时，需要注意渠道的决策要与营销组合的其他三个方面，即产品、价格和促销的决策相匹配，而不是独立决策，最终要服务企业的战略目标。

5.2.2 营销渠道结构设计的范式

营销渠道结构设计的范式一般分为六个步骤，包括识别渠道设计的需要、确定渠道的分销目标、明确具体的渠道任务、制定可行的渠道结构、评估影响渠道结构的因素和确定最佳的渠道结构（如图 5-1 所示）。

115

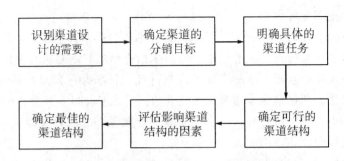

图5-1 营销渠道结构设计的一般过程

1）识别渠道设计的需要

营销渠道结构设计的第一步是识别企业进行渠道设计的需要。营销渠道对企业的成功与否具有全局性和长远性的意义，但也承担了巨大的成本与风险，因此需要谨慎对待。一般出现以下七种情况的时候，企业需要考虑进行渠道设计：

（1）新企业的成立

成立新企业一切需要从头规划，也没有现成的渠道可用，因此需要进行渠道设计，以匹配产品的销售与营销。

（2）市场的变化

当企业准备进入新的目标市场，或者现有市场中的商业格局发生了变化，比如互联网渠道的兴起，企业需要建立新的渠道或重新设计已有渠道。

（3）企业营销目标的变化

企业会因为各种原因调整营销目标，比如产品生命周期发生变化，新的营销目标可能催生新的渠道政策，因此需要对渠道进行重新设计。

（4）营销组合的其他方面发生巨大的变化

企业产品组合的调整、定价策略和促销策略的调整都可能导致企业现有的营销渠道不匹配，因此需要重新进行设计。

（5）现有渠道成员有碍于企业实现目标

当现有渠道成员无法继续提供满意的服务，或者企业面临严重的渠道冲突等情况下，需要考虑更换有问题的中间商。

（6）竞争的需要

当竞争对手的渠道发生变化，或者结构明显优于本企业时，需要重新设计企业的渠道结构，以应对竞争。

（7）宏观营销环境的变化

经济、社会文化、法律及科学技术的变化，也可能迫使企业必须考虑变更渠道结构。

企业需要进行渠道设计或渠道改进的情形有很多，有时是多种因素交叠影响，要结合实际情况具体分析。比如下面提到的小米公司，进行渠道改革的原因不仅来自公司营销战略的变化，也融合了宏观营销环境的变化、市场的变化、竞争的需要等多方面的影响。

渠道变革的需要：小米的渠道之困

随着智能手机线上互联网红利的饱和，华为国内国际的缺位，新冠疫情期间金融科技业务的放缓，以及小米自身的市场"下沉"和高端化战略，种种形势推动着小米针对渠道做出重大改革。在多年发展中没有被重视的小米线下渠道只能用"混沌"来形容：渠道类型繁多复杂、不同渠道内耗严重、货权价权管理失控、区域之间各自为战……变革的开端，小米以河南为据点，打磨出了一套"河南模式"，它最核心的步骤就是简化业务模式和组织结构。小米想要省去多层级代理商模式，直接对应门店零售商。

（资料来源：改编自《「深度」沉寂的"新零售"：小米线下渠道改革失利始末》，界面新闻，https://www.jiemian.com/article/9192343.html.）

2）确定渠道的分销目标

（1）企业的分销目标要与企业的营销目标保持一致

企业的分销目标是营销目标的重要组成部分，必须服从并服务于企业的营销目标。例如，如果小米公司的营销目标是提升全线产品在线下渠道的市场占有率，那么匹配的分销目标应该服务于上述营销目标，即通过在新市场和下沉市场开设小米之家来完成。

（2）企业的分销目标要服从并服务于整体战略目标

企业的分销目标是整体战略目标的重要组成部分，并服从于整体战略目标。例如，小米公司在新市场和下沉市场开设小米之家，是为了提升线下渠道市场占有率，从而服务于公司高端化的战略目标。

（3）企业的分销目标应与其他营销组合目标保持一致

企业的分销目标应该与其他营销组合目标，即价格、产品和促销保持一致，否则将会降低营销渠道的效率，影响整体目标的实现。例如，小米公司大力铺设小米之家的渠道目标是用来匹配公司推出小米13系列高端机型的产品策略、高价格的定价策略、门店体验等促销策略。

下面的案例详细阐述了小米公司基于其渠道目标的扩张之路。

渠道目标：小米的渠道扩张之路

2021年11月小米提出了"让每个米粉身边都有一个小米之家"的新目标，经过规模市场充分验证的小米新零售由此进入快速扩张阶段，不到一年时间，小米之家开了近8 000家店，并且这些门店遍布城市和农村，目前小米之家县城覆盖率已超80%，已覆盖2 200个县城。未满一年，覆盖率快速提升，在小米集团合伙人、中国区、国际部总裁，Redmi品牌总经理卢伟冰看来，"下沉市场尤其是镇级市场，跟城市中的信任经济不太一样"。基于下沉市场更多是熟人经济的特点，小米也将小米之家开在这一市场内的模型确定为"授权模式"。

（资料来源：改编自《小米集团合伙人卢伟冰：小米之家门店数量10月底将破万、县城覆盖率超80%》，中国证券报·中证网，https://www.cs.com.cn/ssgs/gsxw/

201110/t20211029_6215059.html）

企业战略和目标之间的关系层次见图5-2。

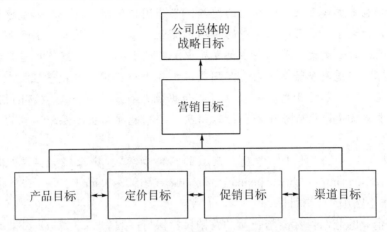

图 5-2　企业战略和目标之间的关系层次

3）明确具体的渠道任务

要实现渠道的分销目标，必须将其分解为具体的可供执行的渠道任务，即渠道需要履行的具体渠道功能或职能，并且将这些功能或职能在渠道成员之间进行合理分配。需要注意的是，渠道任务必须明确、具体而全面，以便满足渠道目标的基本要求。营销渠道的主要任务包括销售、信息沟通、仓储、物流、分装、融资、风险承担等。具体而言，企业的渠道任务可以概括如下：

（1）搜集目标市场中的消费者信息和产品购买的相关信息；

（2）产品的市场推广与促销活动；

（3）保证产品在目标市场中的可获得性；

（4）合理持有库存，以保证及时供应；

（5）提供产品试用服务；

（6）处理消费者订单；

（7）分装并以用户需要的数量销售产品；

（8）产品运输和存储；

（9）提供售后服务，包括订单取消、退换货、维修服务、技术支持等；

（10）针对渠道成员和消费者提供信贷服务。

值得注意的是，电商渠道的运营模式是 B2C（business-to-customer）——企业需要逐一履行顾客订单，即将商品从上游供应商处批量采购，然后在自己的仓库按照顾客订单逐一进行拣选和打包，并且逐一由快递配送到顾客手中；而传统零售渠道的运营模式是 B2B（business-to-business）——将商品从上游供应商处批量采购，然后陈列在门店供消费者选择。因此，电商的渠道任务相较于实体渠道要更为复杂，主要体现在仓库的运作以及最后的配送环节。下面的案例展示了小米公司在其渠道目标下的渠道任务安排。

渠道任务：小米之家的使命

在 2021 年新品发布会上，小米公司提出"销服一体"的新目标，即针对县级市场的下沉覆盖，将在县级小米之家授权店同步开启售后服务功能，未来每个县城都会有一个小米服务中心，目的是在"销售—服务—保障"之间形成闭环。这样一来，作为小米渠道终端的小米之家线下店将新增售后服务功能。据悉，目前已有 2 000 多个小米之家门店支持用户线上下单、到店自取，并提供免费贴膜、消毒保养等服务。

（资料来源：改编自《门店过万、销服一体，小米线下布局为何急行军》，中国商报，https://www.zgswcn.com/article/202110/20211031163949 1008.html.）

4）制定可行的渠道结构

营销渠道的结构维度包括渠道的长度、渠道的宽度和中间商的类型。

（1）渠道的长度

渠道的长度，也称为渠道的级数，是指营销渠道中处于生产商和最终用户之间中间商的层级数（如图 5-3 所示）。如果生产商将产品直接销售给最终用户，或通过生产商所属的分销子公司销售给最终用户，产品的所有权转移没有中间商的参与，则称为零级渠道，也就是直销渠道。例如，开篇案例中小米通过线上小米商城和线下小米之家直营店直达用户，采用的就是零级渠道。

如果生产商的产品通过零售商或代理零售机构的环节销售给消费者，因为中间有一个环节出现了中间商的经营行为，则称为一级渠道，如小米只经过零售商到达消费者的渠道。如果在零售商之前，存在批发性质的经销商或代理商，生产商的产品所有权的转移经由两个中间环节，则称为二级渠道。以此类推，可以存在三级、四级等不同的渠道长度类型。一般而言，中间环节超过三个，统称为多级渠道。这些存在中间商的渠道都是间接渠道。值得注意的是，同一企业的不同渠道，渠道的长度可以不一样。

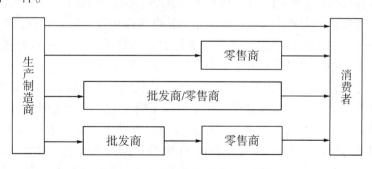

图 5-3　营销渠道不同长度示意图

渠道的长度反映了渠道的覆盖面和企业对渠道的控制权。具体而言，渠道越长，可以借助中间环节的广大中间商来覆盖更多的市场，但也导致企业对渠道的控制较弱，渠道效率越低；反之，渠道控制力变强，渠道效率变高，但渠道的覆盖面又变小。例如，如果企业选择图 5-3 中的"生产制造商→消费者"渠道，那么企业的渠道就很短；相反，如果企业选择了除此之外的其他渠道，那么中间商的层级数就会更多，渠道就越长。

值得注意的是，经销商的渠道长度也会影响企业的渠道长度，如果经销商的渠道过长，考虑到过长的渠道会影响渠道的效率，则企业可以进行适当干预。具体而言，渠道的长度决策需考虑的主要因素有市场、产品（行业）、中间商和企业自身条件等几类，企业需要根据自身的目标去调整渠道的长度。下面的案例介绍了长虹公司有关渠道长度的选择。

渠道长度：长虹的渠道扁平化转型

2023年6月13日长虹美菱发布公告称其厨卫、小家电产业线下以传统营销为基础，积极拥抱新零售，大力开拓新兴渠道，从内部全面梳理线下渠道组织架构，推动线下渠道扁平化转型。线上全面布局传统电商天猫、京东、拼多多等平台电商，同时以抖音、小红书、快手、视频号四大新兴电商平台为基础，以打造爆款单品为目标，集中资源聚焦品类重点产品，一方面通过广泛种草实现品牌知名度提升，另一方面塑造品牌故事巩固美菱品牌在行业的优势地位。2022年度，公司厨卫、小家电业务实现收入约16.06亿元，同比增长20.72%。

（资料来源：改编自《长虹美菱：新华基金、华西证券等多家机构于6月12日调研我司》，证券之星，http://stock.stockstar.com/RB2023061300030638.shtml.）

（2）渠道的宽度

渠道的宽度，也称为渠道的密度，是企业渠道同一环节上中间商的数量，如批发商、零售商或工业品终端经销商的数量，是渠道结构设计的重点。渠道的宽度决策与企业渠道中实施关系营销密切相关——有些企业遵循少而精的原则，注重与其他渠道成员建立长久的合作伙伴关系，有些企业则广撒网，注重渠道的覆盖面。一般而言，企业设计渠道结构时，有三种渠道宽度的方案可供选择，即独家分销、密集分销和选择性分销。例如，在一级渠道中，如果企业只选择一家零售商销售其产品，则渠道很窄，称为独家分销；如果不加选择地启用较多的零售商，则渠道很宽，称为密集分销；如果有目的地挑选几家零售商来销售其产品，则称为选择性分销。值得一提的是，不同的渠道环节中，渠道的宽度可以不同。

①独家分销是指企业在一定的地理范围内只利用一家中间商销售其产品，消费品中的特殊品尤其是奢侈品常常使用独家分销策略。此时，企业只与一家中间商建立合作关系，交易成本低，容易进行渠道控制，有助于提高企业及其产品的声望。此外，也易于与中间商建立长期稳定的合作关系，提高渠道运行效率。对中间商来说，在本地没有其他竞争者参与该品牌的竞争，投入积极性较高，如果品牌销售情况好，企业利润就有保障。

然而，独家分销也有其局限性。首先，消费品中的便利品和选购品以及许多工业品，考虑到市场覆盖面，都不适合采用独家分销。其次，对企业来说，过分依赖一家中间商，会使中间商拥有较大的渠道权力，如果唯一的中间商出现问题，可能失去对于某一区域市场的覆盖。对于中间商来说，独家分销同样也存在弊端与风险。

首先，独家分销无法享受选择性分销和密集分销带来的渠道协同效应；其次，企业可能因为某种原因而更换中间商，导致中间商前期的销售努力得不到回报。

②密集分销是指企业在一定的地理范围内不加选择地使用尽可能多的中间商销售产品，以达到最大的市场覆盖率。此策略常用于对便利性要求较高的商品，如零食、饮料、日用品等。密集分销能够使销售网点之间形成相互覆盖的关系，发挥协同效应，提高企业的渠道竞争力。不过，密集分销往往需要企业辅以较强的促销力度，一方面通过各类广告刺激需求，另一方面通过各种贸易促进方式促使中间商接纳产品。

对于企业而言，密集分销的缺点是它增大了企业的渠道管理成本，降低了渠道效率；且企业对于渠道的控制较弱，容易引发销售网点之间的矛盾与冲突。值得注意的是，密集分销不仅取决于企业自身的能力与愿望，还受到中间商的制约，如果中间商不愿意经销企业的产品，或者提出过高的进入门槛，企业就难以实行密集分销策略。

③选择性分销是指企业在一定的市场范围内有选择地让一家以上的中间商经销其产品，是现实中很多企业采用的策略，包括消费品中的选购品和特殊品、需要经销商大力推销的工业品等。选择性分销介于密集分销和独家分销之间，能较好地中和两者的利弊。由于企业只与几家中间商进行合作，一方面有助于企业与中间商建立良好的合作关系；另一方面也有助于企业更好地控制渠道。此外，由于只与几家代理商打交道，也可以避免对某一中间商的过度依赖。

不过，企业在选择中间商时需要花费较多的精力，一方面要保证选择的所有中间商和产品形象相吻合，另一方面也要考虑不同中间商之间可能产生的渠道冲突，并加以规避。如果企业当前的目标是提高市场影响力，则需要渠道能覆盖比较广的市场范围，因此可以选择较宽的渠道；企业也可以运用多种不同的渠道策略组合，例如可以采用选择性分销覆盖全国，而在一些重点区域通过密集分销加大覆盖力度。下面的案例提到了奈雪的茶和蜜雪冰城两家公司所采用的渠道策略。

不同宽度的渠道：奈雪的茶和蜜雪冰城

同为奶茶行业的入局者，在渠道搭建方面，奈雪的茶和蜜雪冰城走出了两条截然不同的路。奈雪的茶是直营模式，而蜜雪冰城主要是加盟模式，因此两者的渠道宽度差别很大。截至2023年第一季度末，奈雪的茶共经营1 106家茶饮店；蜜雪冰城的招股书显示，截至2022年第一季度末，公司共有门店数量22 276家，其中直营店仅有47家，加盟店有22 229家，比例高达99.8%。

（资料来源：改编自奈雪的茶和蜜雪冰城官网，https://www.naixue.com/，https://www.mxbc.com/.）

（3）中间商的类型

企业渠道结构设计的第三个维度，就是确定各级渠道的中间商类型。中间商是处于生产商和最终用户之间的渠道环节，在第4章中介绍了其分类，主要包括批发商、零售商、经销商、代理商/经纪人等（见表5-1）。

表 5-1 中间商的类型与含义

中间商类型	含义
批发商	从生产商处采购商品转售给分销商的中间商
零售商	从生产商或批发商处采购商品销售给最终用户的中间商
经销商	在营销渠道中取得了商品的所有权，然后再进行商品转卖的中间商
代理商/经纪人	以促成交易为目的，只收取佣金，不涉及商品所有权转移的中间商

　　除非企业使用直销渠道，如图 5-3 中的"生产制造商→消费者"，即企业直接把产品或服务销售给用户；否则，企业在销售产品或服务的过程中必然有中间商的介入。营销渠道选择何种类型的中间商，需要企业根据自身的情况（如对渠道的控制力、适应性等方面的要求）、需求的特点（如购买批量、对等待时间、便利性等方面的要求）和不同类型的中间商在经营方式、服务等方面的特点，进行仔细权衡后选择。渠道结构的三个维度确定之后，可以得出企业的渠道结构策略（见表 5-2）。下面的案例描述了传统车企大众汽车在推出新能源产品时对于中间商类型的考量。

表 5-2 企业的渠道结构策略

<table>
<tr><td rowspan="2" colspan="2">渠道结构</td><td colspan="3">渠道结构因素</td></tr>
<tr><td>长度</td><td>宽度</td><td>中间商类型</td></tr>
<tr><td colspan="2">直销渠道</td><td>零级渠道</td><td>相对较窄</td><td>无中间商</td></tr>
<tr><td rowspan="3">中间商渠道（间接渠道）</td><td>独家分销</td><td>不确定，取决于代理商的渠道层次</td><td>窄</td><td>地区独家代理</td></tr>
<tr><td>密集分销</td><td>渠道有长有短</td><td>宽</td><td>不同类型经销商</td></tr>
<tr><td>选择分销</td><td>不确定，取决于代理商或经销商的渠道层次</td><td>介于独家分销与密集分销宽度之间</td><td>同类型或不同类型的代理商/经纪人或经销商</td></tr>
</table>

中间商类型：大众电动车选择是经销还是代理模式？

　　如今，汽车制造商的渠道也在发生革新，尤其是传统汽车品牌为其电动车规划渠道时，往往摒弃了传统的经销商模式（4S 店）——经销商向汽车制造商购买车辆并承担持有库存成本；转而采用代理模式——代理商仅负责汽车展示、邀约、试驾、交付和售后，汽车制造商则负责定价、开票以及持有库存，并根据服务质量和数量向代理商支付佣金。这样既不用放弃建设多年的庞大经销商网络，又能把控价格、服务等实现统一的消费者体验。

　　然而，可看似"双赢"的做法实践起来却并不顺畅。2021 年，大众汽车开始在中国试水代理制，销售 ID. 系列电动车型。但在实际落地过程中却存在不少问题。一是由于在大众汽车线上购车系统购车需要层层审批，消费者平均等待时间在两周，远大于经销商模式下的等待几天。二是烦琐的线上购买流程将一部分年长顾客拒之门外。三是大众汽车品牌培养的消费习惯太深入人心，使得消费者在购买电动车型时也延续跑门店比价、议价的习惯，而非直接接受代理制销售终端提供的"一口价"。

（资料来源：改编自《上汽大众 ID. 3 降价超 4 万元，代理制名存实亡、传统经销商模式已成主流》，界面新闻，https://www.jiemian.com/article/9707859.html.）

5）评估影响渠道结构的因素

渠道结构的基本备选方案确定后，需要对影响渠道结构的因素进行评估，以明确它们对渠道结构的影响，并结合这些因素进一步筛选渠道结构的选项。影响渠道结构的因素主要包括市场因素、产品因素、企业因素、中间商因素、环境因素和行为因素。这些因素较为直观，容易衡量，因此能够提供更直接的渠道结构的选择建议。

（1）市场因素

现代市场营销强调以市场为导向，关注消费者的需求，故市场因素是影响营销渠道结构的关键因素之一。市场因素主要包括市场区域、市场规模、市场密度和消费者行为四个方面。

① 市场区域是指市场的地理位置、面积大小以及生产商与市场之间的地理距离。企业所设计的渠道结构在地理位置上应该能够覆盖所有的市场，并且保证产品有效且高效地流通。一般而言，生产商与市场之间的地理距离越短，则渠道也相应地越短，越有可能使用直销；反之，则越有可能使用较长的渠道。

② 市场规模是指市场中顾客的数量。同样地，企业所设计的渠道结构应该足以覆盖市场中所有的顾客。因此，市场规模越大，企业越倾向于使用中间商，利用中间商的分销能力快速覆盖所有的市场；而市场规模越小，企业的议价能力越弱，企业越倾向于使用直销渠道。

③ 市场密度是指单位区域面积上顾客的数量。市场密度越小，分销的难度越大，成本越高，因此越有可能使用中间商。

④ 消费者行为是指消费者购买产品的批量、频率、对等待时间与便利性的要求等。一般而言，购买批量越大越倾向于使用直销渠道，购买频率越高、对等待时间与便利性的要求越高越倾向于使用中间商。

（2）产品因素

营销渠道主要是进行产品的分销，因此产品本身的特性也是其结构设计的关键影响因素之一。产品因素主要包括产品生命周期、易腐性、技术含量、单位价值、标准化程度、品牌定位等。

① 产品生命周期越短，如时尚类产品，越倾向于使用较短的渠道。

② 产品的易腐性越强，如生鲜类产品，越倾向于使用较短的渠道。

③ 产品的技术含量越高，考虑到生产商能方便地提供技术支持服务，越倾向于使用直销渠道。

④ 产品的单位价值。一般而言，单位价值较低的产品，毛利率也较低，因此往

123

往使用较长的渠道；而单位价值较高的产品，尤其是产品本身的重量和体积也较小，如金饰珠宝，则倾向于使用直销渠道。

⑤ 产品的标准化程度。考虑到产品定制的需求，标准化程度越低的产品，越需要一个较短的渠道。

⑥ 品牌定位。例如，对于一些品牌定位为奢侈级别的产品，往往只考虑维持渠道的稀有性和专属性，因此往往采用较短较窄的渠道。

（3）企业因素

企业自身的因素也会影响渠道结构的设计方案，包括企业的战略、企业的规模、企业的资金实力、企业的管理水平和企业的产品组合。

① 企业的战略。当企业的战略要求对渠道较高的控制水平时，直销渠道是一个好的选择；当企业的战略选择一个更具经济性的渠道时，则启用中间商更好。

② 企业的规模。规模较大的企业在与中间商谈判时具有更强的议价能力，因此选择更多，能够启用更多的渠道种类；而规模较小的企业，议价能力弱，大多数情况下企业的选择有限，更多的是被动地接受可用的渠道。

③ 企业的资金实力。一般而言，财力雄厚的企业有能力搭建直销渠道，资金实力不足的企业更多地依赖中间商。但这也不是绝对的，尤其是在淘宝、拼多多、抖音等电商平台兴起了之后，企业利用这些大平台的服务搭建直销渠道也是一种经济的选择。

④ 企业的管理水平。企业的管理水平较高，则有能力履行更多的渠道功能，因此可以采用扁平化渠道；而管理能力较弱的企业则更适合由多级中间商参与的长渠道。

⑤ 企业的产品组合。当企业拥有多条不同品类的产品线，且产品线之间的协调效应较强时，可以选择较短的渠道，以充分发挥分销的协同效应；反之，则更多地采用较长的渠道。

（4）中间商因素

中间商因素直接决定了企业能否找到合适的中间商来参与分销。例如，京东花大力气自建营销渠道的主要原因之一就是当时市场上没有一个能满足其分销要求的中间商。中间商因素主要包括可获得性和使用成本。

① 中间商的可获得性。当企业试图通过中间商分销产品时，将考虑中间商的可获得性：一是市场中是否有足够多的适合企业分销范围要求的中间商可供选择，这是数量方面的可获得性；二是市场中的中间商能否满足企业的顾客对于产品分销的服务需求，这是质量方面的可获得性。当上述两者中有一个不满足时，企业会考虑选择直销渠道。

② 中间商的使用成本。企业存在的目的是盈利，因此经济性指标是不可忽视的考量因素。即使满足了中间商的可获得性，如果企业需要付出的成本超过了其可以承受的范围，那么也不会选择启用中间商。

（5）环境因素

环境因素会影响所有的商业活动，当然也包括企业的营销渠道。最典型的实例是，新冠疫情期间，很多企业已有的渠道无法使用，只能开拓新的渠道，如网络端和移动端的直销渠道。环境因素作为一项不可控的外部因素，影响了营销渠道赖以存在的大环境，主要包括经济环境、技术环境、竞争环境、法律环境和社会文化环境。

① 经济环境。经济环境对于企业渠道结构的影响最为直接，它决定了企业的渠道策略是应该大举投资，还是应该开源节流。因此，企业在进行渠道结构设计时应该密切关注经济环境的走势，避免在经济下行时大举冒进。

② 技术环境。技术环境是最持续且变化最为迅速的环境因素，技术的变革决定了企业旧渠道的淘汰和新渠道的启用。三十年前的企业无法想象它们的产品可以通过互联网这种渠道出售，而如今几乎没有什么不能从网上购买，这就是技术的"魔力"，企业要时刻准备着对新技术催生的渠道变革的尝试。

③ 竞争环境。企业渠道结构的选择与竞争对手的渠道策略之间彼此影响。这里对于竞争的理解应该是广义的竞争，不仅包括同渠道层级、同行业的竞争对手，也包括满足相同需求的竞争对手，比如手游企业的竞争对手不仅包括其他游戏企业，也包括短视频企业，因为它们都是满足用户打发闲暇时间的需求。一般而言，企业可以布局竞争对手在的市场，并根据彼此之间的实力对比来选择抗衡或是规避策略。

④ 法律环境。法律环境是企业渠道建设应该遵守的最基础的要求。法律的条款直接决定了企业能否采用某种特定的渠道结构。例如，当企业想垂直整合某个渠道时可能会违反《中华人民共和国反垄断法》，因而不能实施。此外，法律环境还约束了渠道参与者的行为，例如，平台"二选一"的不当竞争、"杀熟"等价格歧视。

⑤ 社会文化环境。社会文化环境包括全球性的社会趋势和单个国家的社会文化，这些都将影响企业的渠道结构选择。例如，在国际社会，短视频模式的兴起和人们对绿色环保的呼吁，使得企业的渠道一方面要纳入社交网络渠道，另一方面也需要考虑渠道长度对资源浪费的影响。而在中国，最重要的文化环境就是"关系"网络，也极大地影响了我国企业的渠道结构选择。

（6）行为因素

这里的行为因素主要是指营销渠道成员的行为。为了方便渠道建立起来之后运营中的管理，在进行渠道结构设计时就应该考虑渠道的控制与协同，同时尽可能地避免渠道冲突（关于行为因素的详细内容参见本书第6章）。

6）确定最佳的渠道结构

理论上讲，上述所有步骤完成后，企业应该选择一个最佳的渠道结构，以完美匹配企业的战略目标，比如总成本最小或长期利润最大。但是，在现实当中并不存在完美的选项，一是企业没有足够的时间和精力来获取所有的有效信息以评估渠道方案；二是并不存在一种精确的计算方法来得出每一种渠道方案的未来回报。了解了这一事实之后，这里的"最佳"指的是企业应该采用一些可行的方法来寻找尽可能合适的渠道结构。

一般而言，选择渠道结构的主要方法有财务方法、交易成本分析法、直接定性判断法和重要因素权重法。

（1）财务方法

一般而言，财务方法是比较不同渠道结构下的投资收益率，并考虑渠道投资的机会成本。如果投资建设某一项渠道功能的投资收益率相对较大，且大于资本用于其他价值创造活动的投资收益率（机会成本），那么企业就应该自己履行该渠道功能；反之，则应该利用中间商来履行该渠道功能。虽然财务方法看起来客观而严谨，理应是企业希望采用的方法，但是实际上可操作性却很差。不管采用何种计算方式，要想准确获得未来的预期收入和计算机会成本，都是非常困难的。因此，财务方法在实际操作中的可行性并不强。

（2）交易成本分析法

交易成本分析法（transaction cost analysis，TCA）主要用来分析企业是选择渠道一体化还是选择中间商（具体分析详见 5.3 节）。顾名思义，交易成本分析法就是比较渠道一体化决策和使用中间商分销这两种策略的交易成本，哪一种模式的交易成本更低，就选择哪一种模式。其中，渠道成员之间为了达成交易，需要针对彼此进行交易专有资产的投入，包括有形资产与无形资产。如果交易专有资产投入很大，为了防止发生渠道投机行为，企业更应该选择垂直一体化的渠道结构；反之，则可以考虑通过中间商来承担渠道功能。交易成本分析法看起来容易，由于对于交易成本难以精确计算，而只关注专有资产的投入又显得片面，因此该方法使用的可行性也不强。

（3）直接定性判断法

实践中，直接定性判断法是最常用的方法，由管理人员根据经验选择他们认为比较重要的决策因素对渠道结构进行评估。这些因素可能包括短期和长期的成本、收益和利润，企业的战略布局，应对竞争的需要，对于渠道的控制等。这种方法使用起来最为方便，但效果却因企业而异，取决于渠道管理者的经验和能力。

（4）重要因素权重法

虽然直接定性判断法使用起来最为方便，但是却显得缺少依据，重要因素权重法（weighted factor approach）[①] 则是一种基于直接定性判断法的改进方法，融入了可供量化的判断条件。具体而言，首先，由管理人员根据经验列出影响企业渠道建设的重要因素，并根据这些因素的重要性高低赋予权重（A）；其次，针对不同的渠道结构设计方案在每个因素的维度打分（B），并将每一种渠道结构设计方案所有维度的 A×B 相加，得出该方案的总分；最后，比较不同方案的总分，选择得分最高的方案予以采纳。值得注意的是，采用重要因素权重法时，选择的评价因素和评价标准应该尽可能地客观和全面，这样才能保证该方法的使用效果。

---

① KOTLER P. Marketing decision making: a model building approach [M]. New York: Holt, Rinehart, and Winston, 1972.

5.2 渠道成员的选择

5.2.1 选择渠道成员的重要性

选择渠道成员是渠道结构设计的最后一个步骤，对于企业的成功而言非常重要。当然如果企业拟采用直销渠道，则不需要进行渠道成员的选择。渠道成员是企业与其顾客之间连接的桥梁，一方面能帮助企业实现各种专业化的渠道功能，完成基本的分销任务；另一方面也能帮助企业获得顾客的好感，提升企业的竞争优势。因此，渠道成员选择得合适与否关系到企业的分销效率，以及企业的渠道目标最终能否顺利实现。值得注意的是，企业选择渠道成员并不是为了一笔或几笔短暂的交易，而是为了长期的战略性合作。

对于企业而言，在面临以下几种情况时也要进行渠道成员的选择：

①现有渠道成员流失，需要选择新的渠道成员填补空缺；

②现有渠道成员无法胜任当前的分销任务，需要选择新的渠道成员替代现有渠道成员；

③企业需要扩大现有市场的区域范围或者提高现有市场的覆盖率，即使渠道长度和中间商的类型不变，也有可能考虑物色更多的中间商来承担分销任务。

一般而言，渠道成员的重要性与企业的渠道宽度呈负相关，即企业的渠道越窄，其渠道成员的重要性越大；反之，则渠道成员的重要性越小。因此，渠道越窄的企业在选择渠道成员时越需要非常谨慎；而渠道较宽的企业，考虑到渠道成员的数量和多样性，在选择渠道成员时只要信用度满足要求，对渠道成员的其他方面的要求可以不必太苛刻。

5.2.2 渠道成员的选择过程

渠道成员的选择过程一般包括以下三个步骤，即发掘潜在的渠道成员，评估并确定合适的渠道成员，以及吸引并赢得渠道成员。

1）发掘潜在的渠道成员

通常情况下，企业的管理者在选择渠道成员之前，往往对行业内备选的渠道成员有一个大致的了解，并结合企业的渠道目标和渠道策略形成了初步意向。除了这些依靠行业内口碑发掘的潜在渠道成员之外，企业还可以通过行业中的协会、展销会、出版物、企业名录等，以及贸易展览、商品交易会、网站等常规途径去了解潜在的渠道成员。此外，如果企业预算充足，也可以通过广告的方式吸引潜在渠道成员联系企业进行洽谈。

2）评估并确定合适的渠道成员

在企业拟定了潜在渠道成员的名单后，接下来就是针对每一个潜在的渠道成员进行评估。常用的评估标准包括中间商的综合实力、合作诚意、市场声誉、市场覆盖和产品线结构。

（1）中间商的综合实力

中间商的综合实力对于能否有效且高效地履行分销任务至关重要，主要包括中间商营业时间的长短、经营表现、资金实力和财务状况、产品销售能力以及综合服务能力。

（2）中间商的合作诚意

除了中间商的综合实力中涉及的客观因素之外，中间商主观层面的合作意愿也很重要。中间商最好能认同企业的品牌、渠道目标和经营理念，并且具有与企业相似的企业文化，这样有助于发展长期战略合作伙伴关系，建立更稳固的渠道。

（3）中间商的市场声誉

企业可以通过市场口碑形成对中间商的初步意愿，这里的口碑就是市场声誉。市场声誉是衡量中间商信誉很好的指标，是行业中众多与之打过交道的企业共同贡献出的评价，具有一定的客观性与参考价值。一般而言，市场声誉会涉及中间商财务方面的信用度、交易过程中的各种行为评价等。市场声誉优良的企业更值得信赖，适合发展长期战略合作伙伴关系；而市场声誉不好的企业即使其经营状况良好，也有可能是通过不正当手段获得的，因此要予以规避。

（4）中间商的市场覆盖

中间商的市场覆盖是指其渠道覆盖的地理区域。对于这一指标的考量体现在两个方面，一是中间商所在的地理区域是否符合企业想要开发的市场区域，二是不同备选中间商的市场范围是否有重叠。一般而言，企业倾向于寻找目标市场区域与中间商的市场覆盖一致的中间商，以及选择市场覆盖之间重叠较少的多个中间商。

（5）中间商的产品线结构

中间商分销的产品线结构也是企业需要考察的因素之一，具体包括竞争性产品、相容性产品和补充性产品。一般而言，首先，企业会避免选择分销竞争性产品的中间商，尤其是当中间商对于企业而言很重要，比如当企业的渠道较窄时。其次，企业倾向于中间商分销相容性和互补性的产品，以增加产品之间的协同效应，吸引更多的消费者。

企业在考虑了上述评估标准之后，可以采用与渠道结构评估中类似的直接定性判断法和重要因素权重法，来针对企业关注的重要标准进行定性和定量的评估，并最终确定要选择的渠道成员。

3）吸引并赢得渠道成员

值得注意的是，选择的过程是双向的。企业在确定了拟选用的渠道成员之后，要确保这些渠道成员也愿意与自己合作，这并不是一项水到渠成的工作。尤其是那些公认的优质中间商，往往有众多生产商想要与之合作，企业试图与这样一类中间商合作时，难度会更大。但是，万变不离其宗，如果企业能给中间商带来满足其预期的收益和好处，那么就能赢得心仪的渠道成员。通常被企业采用的方式包括：

（1）提供让中间商获利的条件

中间商与企业合作最重要的目的就是盈利，因此提供让其获利的条件将是最好的激励方式，甚至可以作为唯一的条件帮助企业赢得中间商。能让中间商获利的条件包括提供有获利潜力的产品线、合理的利润分配方式、丰厚的奖励措施等。

（2）提供广告和促销上的支持

这项措施对于中间商的作用体现在两个方面，一是可使企业产品的销量和知名度增加，从而使中间商分得更多的收益；二是帮助中间商分摊分销风险，让中间商更有信心加入企业的渠道网络，尤其当企业选择中间商是为了分销新产品或进入新市场时，需要提供广告和促销上的支持帮助中间商打开市场。

（3）提供技术和管理上的支持

这项措施本质上是减少中间商的分销成本，提升其分销效率，这对于中小型中间商而言更有吸引力。技术和管理上的支持包括提供分销过程中使用的服务设备、产品的分销培训、库存管理系统、配备厂商的专业技术或营销人员等。

（4）提供公平友好合作关系的预期

渠道成员作为企业营销渠道的组成部分，会随着企业的获利而获利，也会因为企业的失利而蒙受损失。这种近乎共同体的关系不仅是一种业务关系，同时也是一种人际关系，适合发展成为公平友好的合作，而不是使用渠道权力的上下级关系。企业应该让中间商感受到尊重和信任，有助于在一定程度上弥补渠道关系中潜在的经济损失。在争取渠道成员时，让渠道成员形成与企业之间公平和友好关系的信号是非常重要的。

5.3　渠道纵向一体化决策

5.3.1　渠道纵向一体化的理论基础

1）古典经济学关于企业边界的解释

第 4 章中提到，专业化与劳动分工可以追溯到亚当·斯密的《国富论》。对于营销渠道而言，专业化和分工是企业纵向关系形成的基础，其中分工的程度代表了企业纵向一体化的程度。

在分析渠道纵向一体化决策之前，先来看看经济学里对企业边界的解释。古典经济学通过规模经济来解释生产企业扩张的机理，即企业规模越大，生产成本越低，生产效率越高，但同时企业内部的管理成本也越高。因此，当企业扩张所产生的内部管理成本大于其为生产带来的规模效应时，企业将停止扩张，企业的边界就此确定。现代经济学中则用"黑箱"来解释企业的边界，即企业生产的边际成本等于其边际利润时，企业实现利润最大化，达到最优的边界或规模。

上述有关生产企业边界的探讨与渠道中分工的程度本质上是类似的，不同之处在于渠道关注与分销相关的功能。当企业履行的渠道功能向上或向下延伸时，称为渠道的纵向一体化，例如生产商履行分销功能或是零售商履行批发的功能。简单来讲，企业渠道的纵向一体化决策是选择将分销活动由自己履行（自营）还是由市场履行（外包），而决策的依据是比较这两种方式的成本。

2）科斯的交易费用理论

1937 年，罗纳德·科斯（Ronald Coase）在其著作《企业的性质》（*The Nature of the Firm*）① 中首次使用交易成本（或交易费用）经济学（Transaction Cost Economics，TCE）解释了企业与市场之间的关系，阐述了企业存在的意义，才使得渠道纵向一体化的概念受到广泛关注。

科斯起初的观点是，市场和企业是两种可以相互替代的组织交易的主体，区别在于交易成本的大小。利用市场机制组织交易发生的成本包括交易前搜寻、谈判和签订合同等的成本，以及交易后监督和执行合同等的成本；在企业内部组织交易也会发生成本，主要包括企业的运营成本和管理成本等。当利用市场机制组织交易的成本大于在企业内部组织交易的成本时，企业就会选择渠道的纵向一体化，将交易内部化；反之，企业就会用市场机制替代企业机制，选择渠道的外包。科斯的理论同样可以用来解释企业的产生和企业的边界问题，即当企业进行管理、计划、协调、生产等各项活动的组织成本小于市场运行的交易成本时，企业才得以产生，企业的边界由交易成本决定。

所以，更深一步理解，所谓企业就是渠道纵向一体化的一种普遍的表现形式，研究企业存在的理由，就是探索渠道纵向一体化的成因，以及界定企业在纵向关系中合理的边界和适当的规模。企业的边界问题就是渠道纵向一体化到什么程度的问题。

3）威廉姆森的两组假设

科斯的交易成本理论提出后，企业在经济学文献中仍然被当作参与市场活动的一个"黑箱"。因为交易成本的概念太过抽象，并不能很好地指导企业在实际中的决策。转机来自科斯的学生约翰·威廉姆森（John Williamson）对于交易成本经济学的细化和完善。他率先提出了两组假设，包括对人类行为的假设（有限理性和投机行为）以及对交易特性的假设（资产专用性和不确定性）。

有限理性体现在管理者的决策受制于其有限的认知和理性，无法提前预知未来会发生的事情。因此，①一旦发生环境的不确定性，先前签订的渠道合同有可能无法满足当前的需求，考虑到这个因素，企业可能倾向于实施渠道纵向一体化策略。②行为的不确定性对渠道纵向一体化决策的影响体现在，当企业无法很好地衡量渠道成员的绩效时，也倾向于使用渠道纵向一体化。

投机行为是指只要存在机会，管理者就会以不惜牺牲他人利益的方式最大化自身的利益。因此，如果企业在与渠道成员的合作中投入的资产专用性越高，考虑到对方的投机行为，企业越倾向于实施渠道纵向一体化策略。

5.3.2　渠道纵向一体化的概念与性质

渠道纵向一体化是指在产品或服务的生产或分销过程中，企业参与其中两个或两个以上相继阶段的经营。例如，生产商向下游延伸形成产销一体化的渠道。提到

---

① COASE R H. The nature of the firm [J]. Economica, 1937, 4 (16)：386-405.

渠道纵向一体化，一般会涉及一体化的程度和一体化的方向两个方面的探讨。

1）渠道纵向一体化的程度

虽然理论上对于渠道纵向一体化决策的阐述非此即彼，但是在实际中，企业渠道的自营还是外包决策，即渠道纵向一体化决策却是一个"度"的问题[①]。企业可以根据实际的需求选择渠道一体化的程度，而渠道的完全自营和渠道的完全外包是可供企业选择的两个极端，中间还存在无限多的可能（如图 5-4 所示）。

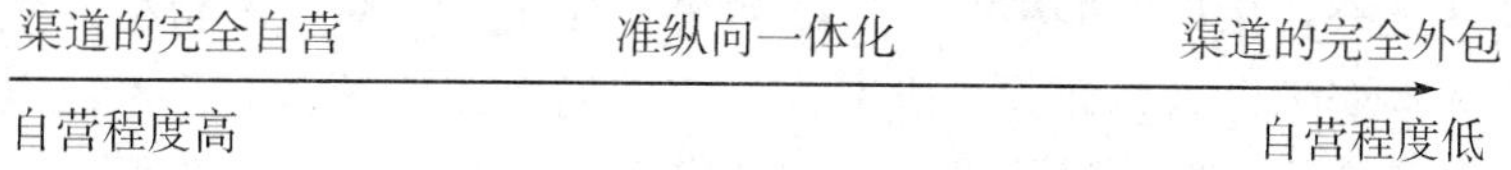

渠道的完全自营　　　　　　准纵向一体化　　　　　　渠道的完全外包

自营程度高　　　　　　　　　　　　　　　　　　　　自营程度低

图 5-4　准纵向一体化

一般而言，渠道的完全自营是指渠道中的所有参与者与企业之间在产权关系上属于同一个主体，而渠道的完全外包是指渠道中的所有参与者与企业之间在产权关系上是相互独立的。很显然，通过产权来控制渠道的纵向一体化，投入是很高的，即使是财力雄厚的企业，在投资自己并不擅长的领域时也会小心谨慎。因此，完全的渠道纵向一体化在现实中是比较少见的，为了在可接受的成本范围内获得渠道纵向一体化的优势，企业往往采用准纵向一体化的模式。

顾名思义，准纵向一体化是指企业通过投入一定的产权来获得渠道一定的控制权，而不是完全控制，这是更适合大部分想要加大渠道控制权的企业的做法。具体的实现形式包括投资或入股渠道成员所在的公司，同渠道成员一起投资成立新的公司来经营渠道，或者通过收购或兼并想要拥有控制权的公司等。

换一个角度来看，对于渠道纵向一体化程度的探讨，就是企业在进行一体化时考虑实施到哪个渠道环节的问题。如果生产商考虑实施到批发环节，而不包括零售环节，则是准纵向一体化；如果实施到所有环节，那么就是完全的纵向一体化。

2）渠道纵向一体化的方向

通常来讲，我们是站在生产商的角度讨论渠道，那么此时渠道纵向一体化的方向就是向着消费端，称为渠道的前向一体化。如果我们讨论的主体不同，比如站在批发商或零售商的角度，那么一体化的方向可以是后向一体化到生产端。实际上，渠道上的任何一个主体都具有实施渠道一体化的可能，因此渠道的纵向一体化还涉及方向的问题。例如，批发商可以向下游实施一体化进入零售环节，也可以向上游实施一体化进入生产环节。

渠道前向一体化：盒马鲜生的自有品牌策略

盒马鲜生作为一家集多种业态于一身的零售商，为了实现"商品力"的目标，逐步引入自有品牌商品。"自有品牌"也称为"商店品牌"，是由零售商，而不是生产商，持有的品牌。盒马鲜生自有品牌策略属于向上游的渠道一体化，也称为后向一体化。截至 2022 年年底，盒马鲜生自有品牌销售额占比已达 35%，达到了山姆会

---

① 张闯. 营销渠道管理［M］. 大连：东北财经大学出版社，2012.

员店的水平。

（资料来源：改编自《自有品牌占比 35% 盒马向商品要流量》，中国经营网，http://www.cb.com.cn/index/show/bzyc/cv/cv135172601640.）

5.3.3 渠道纵向一体化与渠道外包的优势对比

1）渠道纵向一体化的优势

如前所述，企业选择渠道纵向一体化的投入较大，这些成本包括建立并运营分销渠道所投入的资本、设备和人工成本，了解市场所花费的调研成本，以及资本和人员所投入的机会成本等。虽然进行渠道的纵向一体化投入较大，但是所带来的优势和好处同样具有吸引力。具体而言，渠道纵向一体化的优势主要体现在以下四个方面：

（1）对于分销过程的完全控制所带来的好处

企业能够制定统一的零售价格、服务标准、售后条例等，在当前全渠道环境下，这些是给用户提供一致服务体验的基础，关系到企业的全渠道战略能否实施成功。此外，对于渠道的高度控制能更好地执行企业的营销战略，有助于塑造企业的品牌形象和建立品牌的竞争优势。

（2）更好地了解终端需求所带来的好处

在中间商存在的情况下，企业远离需求端，因而对于需求的感知较弱且反应较慢。当企业通过自营渠道去与顾客接触，就能更好地收集与需求相关的数据，将其更好地运用到产品的研发、生产和渠道运营中去。

（3）额外的分销收益

企业在渠道外包的情况下，只赚取生产环节所带来的收益。如果企业通过渠道一体化进入分销领域，那么还可以额外获得分销所带来的收益。这一部分收益也体现在外包情形下中间商所赚取的差价。

（4）为其他企业提供分销服务所带来的收益

当企业建设好渠道并具备了专业化分销的能力之后，可以考虑向其他企业开放自己的渠道系统，为它们提供外包服务，一方面可以通过提升规模降低分销的单位成本，另一方面也能为企业带来额外的收益。

2）渠道外包的优势

前面阐述了渠道纵向一体化的优势，下面来探讨渠道外包的优势，具体包括以下三个方面：

（1）更低的渠道前期投入成本

渠道外包最显著的优势在于，企业可以不用建设自营的渠道通过中间商就能分销产品，因此节省了前期建设自营渠道的成本。

（2）中间商具有更专业的分销能力

中间商的专业能力能保证更好更稳定的分销效果；此外，企业将分销任务交给中间商，中间商能帮助企业分摊分销过程中可能发生的各项风险。

（3）中间商可以发挥规模效应和协同效应

中间商通过服务不同的企业以较大的规模来进行分销，从而能够发挥规模效应，降低分销的单位成本；此外，中间商分销的不同商品之间能发挥协同效应，给顾客提供更多样化的选择。

本章小结

1. 了解营销渠道结构设计的定义，并认识到营销渠道结构设计是营销渠道管理的主要内容之一。营销渠道结构设计是对新渠道的开发或对旧渠道的改进，本质上是渠道的功能在具体的渠道成员之间进行分配的过程。它是企业面临的一项重要管理决策，属于企业战略的一部分，能够为企业带来竞争优势。一般而言，营销渠道的结构包括渠道的长度、渠道的宽度和中间商的类型。其决策主体既可能是生产商也可能是中间商，不过通常情况下，我们是站在生产商的角度来进行营销渠道结构设计。此外，企业在进行渠道结构设计时，需要与营销组合中的其他三个（产品、价格和促销）决策相协同。

2. 掌握营销渠道结构设计的范式，包括识别渠道设计的需要、确定渠道的分销目标、明确具体的渠道任务、制定可行的渠道结构、评估影响渠道结构的因素和确定最佳的渠道结构六个步骤。

通常情况下，当新企业成立、市场变化、企业的营销目标或营销组合变化、现有渠道成员有碍于企业实现目标、竞争和宏观营销环节变化时，企业有必要进行营销渠道结构设计。接着，企业需要确定渠道的分销目标，并保证其与企业的战略目标以及其他营销组合策略相匹配，并将渠道的分销目标分解为具体的可供执行的渠道任务，在渠道成员之间分配。值得一提的是，电商的渠道任务相对于典型的渠道而言更复杂，主要体现在一对一订单履行时仓库的运作与配送环节。接下来，企业要基于渠道的任务安排制定可行的渠道结构，包括渠道的长度、宽度和中间商的类型。其中，渠道的长度（渠道的级数）是指中间商的层级数，渠道长度越长，渠道效率越低；渠道的宽度（渠道的密度）是企业渠道同一环节上中间商的数量，是渠道结构设计的重点，分为独家分销、密集分销和选择性分销三种模式；中间商的类型主要包括批发商、零售商、经销商、代理商和经纪人等。渠道结构的备选方案确定了之后，要评估影响渠道结构的因素，主要包括市场因素、产品因素、厂商因素、中间商因素、环境因素和行为因素。接着，企业可以采用财务方法、交易成本分析法、直接定性判断法和重要因素权重法来比较不同的备选方案，并最终确定最佳的渠道结构方案。

3. 如果企业选择了使用中间商的渠道结构，那么还将进行渠道成员的选择。值得一提的是，选择渠道成员的过程是双向的，企业应该提供具有吸引力的条件来赢得中间商。一般而言，除了在进行渠道结构设计时需要选择渠道成员外，企业在现有渠道成员流失、无法胜任分销任务和企业扩大市场区域或是提高市场覆盖率的情况下也需要选择渠道成员。值得注意的是，渠道成员的重要性与企业的渠道宽度呈负相关，因此渠道较窄的企业要谨慎选择渠道成员，而渠道较宽的企业在选择渠道成员时要求可以适当放低一些。渠道成员的选择过程包括发掘潜在的渠道成员、评估并确定合适的渠道成员和吸引并赢得渠道成员。其中常用的评估标准包括中间商的综合实力、合作诚意、市场声誉、市场覆盖和产品线结构；而常用的吸引渠道成员的手段包括提供让中间商获利的条件、提供广告和促销上的支持、提供技术和管理上的支持和提供公平友好合作关系的预期。

4. 理解渠道纵向一体化的概念与决策背后的理论依据，即交易成本（交易费用）经济学，并能够基于该理论进行渠道纵向一体化的分析；明确渠道纵向一体化（渠道自营）与使用中间商（渠道外包）各自的优势，能基于企业的战略目标进行决策选择。

渠道纵向一体化是指在产品或服务的生产或分销过程中，企业参与其中两个或两个以上相继阶段的经营。渠道纵向一体化是一个"度"的问题，除了渠道的完全自营和渠道的完全外包之外，还有准渠道纵向一体化。考虑到获得产权的成本，大部分企业对渠道自营望而却步，但是又想获得一定的渠道控制权，准渠道纵向一体化很好地解决了这一问题——企业通过投入一定的产权来获得渠道一定的控制权，而不是完全控制。站在不同渠道主体的角度，渠道纵向一体化还涉及方向的问题，分为前向一体化和后向一体化。

渠道自营与渠道外包各有优势，具体分析它们各自的优势有助于帮助企业进行渠道纵向一体化决策。渠道自营的优势在于，一是能完全控制整个分销过程包括制定统一的零售价格、服务标准和售后条例等，这对于全渠道战略的实施非常重要，同时也有助于塑造品牌形象和建立竞争优势；二是能更好地了解终端需求，通过直接收集需求数据，有效支撑产品的研发、生产和渠道运营；三是能够获得额外的分销收益，体现为外包情形下中间商所赚取的差价；四是通过产品化营销渠道，为其他企业提供分销服务来获得收益。渠道外包的优势在于，一是利用中间商分销产品，节省了建设自营渠道的成本；二是中间商具有更专业的分销能力，能带来更好的分销效果，并帮助企业分摊分销风险；三是中间商通过发挥规模效应和协同效应，提供更高效和顾客体验更好的分销结果。

了解了这些，我们接下来的章节将进入营销渠道的行为管理模块，让大家认识与渠道成员的行为相关的内容，包括渠道冲突、渠道权力、渠道依赖、渠道合作、渠道投机、渠道治理和渠道激励，并了解中国文化中特有的关系治理。

思考题

1. 营销渠道结构设计包括哪几个方面的内容？这些方面如何影响企业的分销效果？
2. 请列举一个实际的例子来阐述营销渠道结构设计的一般步骤。
3. 渠道成员对于企业的重要性由什么决定？企业如何选择合适的渠道成员？
4. 请阐述你对交易费用理论应用于渠道纵向一体化决策的理解。

5. 什么叫作准渠道纵向一体化？你能列举一些使用渠道纵向一体化、准渠道纵向一体化和渠道外包的实例吗？

案例阅读

五粮液系列酒渠道结构设计

五粮液系列酒是五粮液集团（以下简称"集团"）面向中低端市场推出的产品系列，品牌种类多达百余种，具有独特的风味特点，适合不同口味的消费者，如五粮人家、百家宴、友酒、六和液等。这些系列酒的价格大部分在 300 元/瓶以下，主要面向以自饮和宴席为主的大众消费市场。依托集团强大的品牌号召力和卓越的酿酒工艺，系列酒一经推出就广受市场消费者的喜爱。

（1）最初的大经销模式

最初，五粮液系列酒延续了集团以经销为主的渠道模式，由集团下设的三家销售子公司负责不同区域的产品销售和市场运营维护，整个渠道由多级经销商和零售商构成。随着时间的推移，上述经销模式的弊端逐渐显现：由于各区域经销商层级多、数量大，渠道资源被大经销商牢牢把控，集团在渠道中的话语权很弱，也无法准确把握终端的市场需求。

而如今，消费者可以利用互联网便捷地获取有关酒的各种信息，辨别能力大大提升，同时也拥有更多的品牌和渠道选择。如果集团始终远离消费者，无法获知消费者对于产品的反馈，长此以往，必将导致五粮液系列酒在激烈的市场竞争中丧失优势。因此，集团决定进行渠道变革，重新规划设计渠道结构，以提高集团对于渠道的控制，更好地服务消费者。

（2）渠道扁平化变革

为了更统一地进行渠道结构的重新设计，集团将三家销售子公司重组合并为一家公司。依托于集团的渠道目标，销售公司成立后第一步便是缩短渠道的长度，使其扁平化。具体措施包括取消经销商原有分级，仅保留省级经销商和市级经销商。然后，缩小渠道的宽度，将以往的密集性分销转变为选择性。通过重新评估经销商各方面的指标，剔除一部分不符合集团分销目标的经销商，减少每一级经销商的数量，方便管理。公司同步上线了全新的信息管理系统，以实时获知下游经销商的价格、销售和库存等信息。经由渠道结构的重新设计与调整，集团成功削弱了大经销商的渠道权力，能更好地控制渠道，也使得集团与消费者之间的信息沟通更加便利。

（3）开发线上渠道

如今已经是数字化时代，但是集团始终没有以自营模式布局互联网渠道，在这一点上集团的步伐明显落后了。于是，集团开始筹划布局线上渠道，与线下渠道形成相互协作的渠道格局。这一布局的集团的主要目标有两个，其一，通过线上直营渠道进一步拉近与顾客之间的距离，获取更准确的顾客反馈；其二，通过线上渠道向顾客传递更多有关集团和产品的公开信息，帮助规范市场，形成统一的品牌形象。

2020—2021 年，集团逐步建构了自己的线上渠道体系。首先，建立品牌微信公众号，发布与酒类和产品相关的知识帖类文章，并且不定期发放优惠礼券及活动信息。其次，与淘宝、京东和拼多多等各大电商平台合作，成立官方旗舰店。最后，与一些知名度较高的抖音、微博和小红书等网红合作，通过直播带货推进新品销售，加强品牌宣传。

事实证明，线上渠道的建设帮助集团进一步实现了渠道变革的目标。不仅为集团带来预料中的渠道价值，也让线下渠道的渠道成员感受到了危机，进一步提升了集团与经销商之间的议价能力。

（4）优化奖励机制

虽然集团的渠道结构调整初步告捷，但是在经销商网络中仍存在一些自恃手中客户资源多而不配合集团各项举措的渠道成员。例如，某经销商并未严格执行集团关于销售记录录入新系统的政策，将商品卖出后并没有将相关信息录入，导致集团从系统上查不出这些货物的流向。究其原因在于，这些经销商拒绝自己手中的终端资源流向厂家，而常规处罚措施对这样一些大经销商而言起不到任何作用。对于这样的一些经销商，集团是又爱又恨。爱的是他们确实销售量大，客户服务做得也好，是得力的渠道成员；恨的是集团对他们没有任何控制力，使得他们只为自身的利益考虑，而不去配合集团的大战略。

既然新系统的建立让这些老渠道成员认为有损他们的利益，那么就从优化奖励机制入手。以往的经销商奖励是根据动销情况发放，只关注销售额和库存，导致经销商目标与集团的战略目标并不一致，那么现在就改为 KPI 考核，动销考核只占六成，其余部分根据价格达标率、终端开发数量和开瓶扫码率等指标评判打分，并且其中大部分考评数据由公司直接从新系统导出。这样一来，不仅改变了经销商的目标，也使得他们不得不使用新系统。

（5）解决渠道冲突

不出所料，经销商对于实际奖励和称号都很看重，对集团工作的配合度也显著提高。但是他们同时也提出了自己的担忧，害怕线上渠道销售价格低会对自己的生意造成影响。考虑到这个问题，集团成立了线上俱乐部试点，月销量及价格达标的商家可以申请加入，加入后享受生日礼赠、回厂游等众多福利。但俱乐部成员也要签订协议，严格按照俱乐部规定实施统一的零售价格，执行统一的促销政策，一经发现违反规定则予以严惩。对于没有进入俱乐部的渠道商，一经发现有低价扰乱市场等情况，即停止供货。这一提议获得了经销商的一致支持，短短一年内，各地的线上俱乐部逐渐展开，取得了良好的效果。

（资料来源：改编自《分"酒"必合：五粮液集团中低端产品渠道变革之路》，陈婧等，中国管理案例共享中心，2022.）

参考文献

[1] 罗森布洛姆. 营销渠道：管理的视野：第 8 版 [M]. 宋华，等译. 北京：中国人民大学出版社，2018.

[2] 张闯. 营销渠道管理 [M]. 大连：东北财经大学出版社，2012.

[3] 庄贵军. 营销渠道管理 [M]. 3 版. 北京：北京大学出版社，2018.

[4] 施娟. 营销渠道管理 [M]. 上海：上海财经大学出版社，2019.

[5] 赵晓飞，李崇光. 农产品流通渠道变革：演进规律、动力机制与发展趋势 [J]. 管理世界，2012 (3)：81-95.

6　营销渠道的行为管理

学习目标

通过本章的学习，学生能够：

· 理解渠道冲突类型和根源，以及解决策略。

· 了解渠道权力、依赖与合作的关系。

· 理解渠道投机行为类型、原因及管理方式。

· 理解渠道治理机制和激励措施，以及中国文化中的关系治理。

开篇案例：家乐福的渠道冲突

欧洲最大的零售商家乐福自从在深圳南头开设分店以来，颇受消费者的青睐。然而，"有人欢喜有人忧"。众多的供货商却对它的一些市场策略大为恼火，甚至发展到一触即发的地步。冲突的症结在于：家乐福对供货商"盘剥"过多。

新春刚过，一位口香糖供货商收到来自家乐福南头分店的传真："为了双方更好的合作，家乐福南区杂货处商品部定于3月中旬之前完成合同续签工作，过时而未能续签者，我部将被迫终止与其的生意往来。"这份传真开列了如下合作基本条件：供货价再下浮5%；销售额中的2%为无条件退佣；四个节假日（元旦、五一、国庆节、春节）节庆费各1 000元；店庆费2 000元；其他还有入场费、堆头费、排面费等。这位供货商给记者算了一笔账：去年该公司在家乐福的销售额有3万多元，如果今年要达到这个水平，按照新的收费标准，实际上回收货款将减少1/3。这位人士很无奈地说，像他们这样的小公司，是根本没有办法同家乐福这样的大企业讲价钱的，如果家乐福要坚持这些条款的话，他们只好放弃在家乐福的生意了。

熟悉商场供货渠道的一位专业人士对此情况分析道，尽管家乐福条件苛刻，但是仍然有很多供货商蜂拥而至，原因在于：首先，"家乐福"这个品牌很有卖点，能吸引消费者，比较起来，供货商还是愿意进店的；其次，家乐福的进货批量较同行大，供货商很多抱有薄利多销的念头；最后，供货商生意不好做，使得供货商之间相互压价，"鹬蚌相争"，自然"渔翁得利"。家乐福之所以开出如此苛刻的条件，也是充分地利用了供货商之间的矛盾，这虽然无可厚非，但是也严重地影响了家乐福的商誉，深圳供货商中已有将家乐福列为"最狠的商家"的说法。面对众多的供货商的不满情绪，家乐福南头店店长代尔顿先生认为，商场收取相关费用的目的是帮助供货商提高市场占有率，供货商应早有考虑，在成本价中计入这些因素。

分析师认为，家乐福之所以会和制造商出现这样激烈的冲突，最根本的原因还在于，越来越多的制造商感觉到竞争威胁不仅来自行业内部对手的拼杀，而且来自巨型零售商的挤压，也就是人们经常说的"渠道大户"。这些零售终端的大户，诸如，沃尔玛、希尔斯、玩具反斗城、家乐福等"巨无霸"，凭借其敏锐的营销信息系统、密如蛛网的渠道网络及庞大的后勤系统与供应商讨价还价、平起平坐，甚至在他们的头上"作威作福"，这使供应商感到颇为难堪。"进 K/A（关键零售大卖场客户）是慢慢等死，不进 K/A 是立刻就死"成了本土企业的一个魔咒。

（资料来源：朱玉童. 采纳方法：化解渠道冲突［M］. 北京：企业管理出版社，2014.）

6.1　渠道冲突与合作

6.1.1　渠道冲突的概念和类型

渠道冲突（channel conflict）是指在营销渠道中，不同渠道成员之间由于目标、利益、权力、角色等方面的不一致性，出现摩擦、矛盾或竞争的现象。安妮·科赫兰（Anne T. Coughlan）等（2006）将渠道冲突定义为"渠道各成员之间的不和甚至对立状态"[1]。渠道冲突主要表现在两个方面：①一个渠道成员正在阻挠或干扰另一个渠道成员实现自己的目标或有效运作。这种情况下，冲突的来源可能是某个渠道成员对另一个渠道成员的目标或运作产生了干扰或阻碍，导致其他成员无法实现自己的目标或有效运作。②一个渠道成员正在从事某种会伤害、威胁另一个渠道成员的利益，或者以损害另一个渠道成员的利益为代价而获取稀缺资源的活动。这种情况下，冲突的来源可能是某个渠道成员为了获取稀缺资源或实现自身利益，而损害了其他渠道成员的利益，导致其他成员的利益受到威胁或损害。这两方面的区别在于，第一种情况是某个渠道成员单纯阻碍其他渠道成员实现利益，而第二种情况是某个渠道成员为了实现自身利益而损害他者利益。因此，企业和渠道管理者需要根据具体情况，分析冲突的根源，并采取相应的解决方法和策略，以避免冲突升级和对渠道造成不良影响。这些冲突可能涉及制造商、批发商、零售商、经销商、代理商等渠道成员之间的关系，也可能涉及不同渠道之间的竞争。

1）按照渠道成员关系划分

按照渠道成员之间的关系和冲突的来源来划分，渠道冲突可以分为水平渠道冲突、垂直渠道冲突和多渠道冲突（如图 6-1 所示）。

───────────────

① COUGHLAN A T, ANDERSON E, STERN L W, et al. Marketing channels［M］. 7th ed. Englewood：Prentice Hall, 2006.

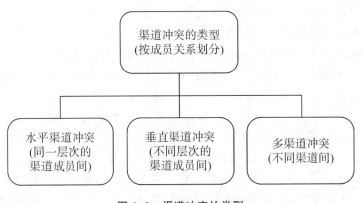

图 6-1　渠道冲突的类型

（1）水平渠道冲突

水平渠道冲突是发生在同一层次的渠道成员之间的冲突。这些渠道成员处于相同的级别，通常都是零售商或经销商。水平渠道冲突的主要原因通常是在竞争相同市场份额的情况下，彼此之间会产生冲突和竞争。例如，两个零售商争夺同一品牌产品的销售权，会导致水平渠道冲突。

（2）垂直渠道冲突

垂直渠道冲突是发生在不同层次的渠道成员之间的冲突。这些渠道成员处于上下游关系，例如制造商与零售商之间的冲突。垂直渠道冲突的主要原因通常涉及利益、权力和控制权的分配问题。例如，制造商希望通过直接销售与消费者建立更直接的联系，而零售商可能担心直销对其业务的影响。

（3）多渠道冲突

多渠道冲突是指一个制造商或品牌在多个渠道中销售其产品，不同渠道之间的竞争和冲突。多渠道冲突的主要原因是制造商试图拓展更广泛的市场份额和渠道多样性，但不同渠道之间可能会出现竞争和价格战。例如，一个品牌同时在实体零售店、在线电商平台和直营店销售，这些渠道之间可能会发生冲突，因为它们共同争夺相同的消费者。

2）按照渠道冲突发展程度划分

按发展程度划分，渠道冲突可以分为三个主要阶段：潜在冲突、显性冲突和危机性冲突。这种分类是基于渠道冲突的不同阶段和程度来划分的。

（1）潜在冲突

潜在冲突是指冲突的初期阶段，尚未显现出明显的矛盾和冲突，但潜在的冲突因素存在于渠道关系中。这些冲突因素可能涉及不同渠道成员的利益、目标、角色、资源分配等方面。在潜在冲突阶段，渠道成员可能还没有意识到潜在的冲突或者冲突因素还不够严重，不会直接影响渠道的稳定运作。

（2）显性冲突

显性冲突是指冲突的问题逐渐显现出来，渠道成员之间出现明显的矛盾和竞争。在这个阶段，渠道成员可能开始感受到彼此之间的冲突和摩擦，例如价格竞争、权力争夺、目标不一致等。显性冲突可能导致渠道合作受到影响，造成渠道成员之间的不满和紧张。

（3）危机性冲突

危机性冲突是指冲突达到了危机级别，严重影响渠道的稳定和运作。在这个阶段，冲突可能导致渠道成员之间的关系恶化，合作破裂，甚至出现合作伙伴的分裂或撤离。危机性冲突会对渠道的长期发展和业务运营产生负面影响，需要及时采取有效的冲突解决措施来缓解危机。

在渠道管理中，及早识别和解决潜在冲突是非常重要的，这可以避免冲突升级到显性和危机性阶段，有助于维持稳定和良好的渠道关系。同时，针对显性和危机性冲突，需要采取适当的冲突解决策略和措施，以恢复渠道合作和协调各方利益。

3）按渠道冲突的作用结果划分

按渠道冲突的作用结果划分，渠道冲突可以分为以下两种类型：

（1）建设性冲突

建设性冲突指渠道成员之间的冲突能够促进渠道创新和改进，对渠道绩效产生积极的促进作用。这种冲突不会破坏渠道合作关系，而是通过解决问题和促进沟通，提高渠道的效率和协作能力。建设性冲突可以帮助渠道成员更好地理解彼此的需求和利益，以达成共赢的目标。例如，渠道成员之间的竞争和比较，能够促进渠道成员提高服务和产品质量，从而提高渠道绩效。

（2）破坏性冲突

破坏性冲突指渠道成员之间的冲突对渠道绩效产生消极的负面影响，甚至可能导致渠道崩溃。这种冲突可能导致合作关系破裂，渠道成员之间产生严重的不信任和敌意，甚至会影响到整个渠道的稳定和运作。破坏性冲突会对渠道成员的声誉和形象造成负面影响，使得渠道运作受到严重威胁。例如，渠道成员之间的价格战、恶意竞争等可能会破坏渠道秩序和稳定，从而对渠道产生不良影响。

建设性冲突和破坏性冲突的划分可以帮助企业和渠道管理者更好地了解渠道冲突的作用和结果，从而采取相应的解决方法和策略。对于建设性冲突，可以采取适当的方法加以利用和引导，促进渠道的创新和改进；对于破坏性冲突，需要采取紧急措施加以解决和缓解，避免对渠道产生不良影响。

4）新零售时代的渠道冲突

在新零售时代，由于多种渠道销售模式的复杂性和数字化技术的影响，企业可能面临一系列新的渠道冲突。例如，一家电子消费品制造商利用互联网和数字化技术，采取了多种渠道销售策略，包括自家网站、大型电商平台和实体店。然而，制造商在自家网站上提供直销，可能提供较低的价格和独家优惠，这可能与其在电商平台上的合作伙伴产生定价冲突。另外，由于销售数据不同步，制造商可能在某个渠道中出现库存不足，同时在另一个渠道出现有库存积压的问题。这就可能导致在某些渠道中无法满足消费者需求，同时在其他渠道中产生过剩的库存。制造商的电商合作伙伴可能因为制造商自家网站的直销活动而感到不满，认为直销渠道蚕食了他们的销售机会，从而影响了合作伙伴关系。从这个例子可以看出，在新零售时代的背景下，渠道冲突出现一些新的特点（如图6-2所示）：

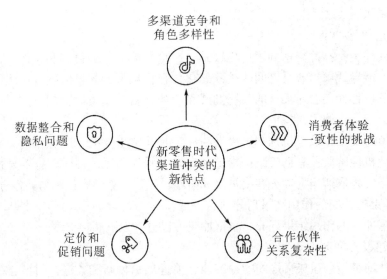

图 6-2　新零售时代渠道冲突的新特点

（资料来源：作者绘制）

（1）多渠道竞争和角色多样性

企业在新零售时代可能涉足多个渠道，如线上、线下、移动应用等，不同渠道可能有不同的合作伙伴和竞争对手，导致角色和合作关系更加多样化，同时可能引发角色竞争。

（2）数据整合和隐私问题

不同渠道收集了大量消费者数据，但数据整合困难，同时涉及数据隐私和安全问题。这可能导致数据共享受限，影响了消费者个性化体验和整合营销。

（3）定价和促销问题

不同渠道可能存在不同的定价和促销策略，在新零售时代，数字信息变得更加透明，消费者更容易比较不同渠道的价格，这个可能导致消费者对不同渠道价格和信息的困惑和不满。这可能影响品牌形象和消费者信任。

（4）合作伙伴关系复杂性

新零售时代的合作伙伴关系可能更加复杂，涉及线上平台、供应商、物流等多个方面。渠道冲突可能涉及不同合作伙伴之间的利益冲突，例如制造商与渠道合作伙伴之间的竞争和合作问题。

（5）消费者体验一致性的挑战

渠道之间的差异可能影响消费者的体验一致性，例如不同渠道的产品质量和服务质量可能存在差异。

总体而言，新零售时代渠道冲突更加复杂，涉及多渠道竞争、数据整合、定价、合作伙伴关系等多个方面，企业需要更加灵活和综合的策略来应对这些挑战。

6.1.2　渠道冲突的根源和原因

无论是传统的渠道冲突还是新零售时代背景下的渠道冲突，冲突产生的根源是相似的。一般来说，这些根源可以划分为结构性根源和非结构性根源两个大类。

1）渠道冲突的结构性根源

结构性根源是指存在于渠道结构和设计中的因素，导致渠道冲突的产生。这些因素通常与渠道的组织、功能和运作方式有关。一些常见的结构性根源包括：

（1）角色冲突

渠道成员之间在角色分配和责任划分上存在模糊或重叠，导致角色冲突。不清晰的角色定义可能使渠道成员不知道自己应该承担哪些责任，或者可能导致渠道成员之间互相指责、责任不明。

（2）利益冲突

不同渠道成员之间有着不同的利益追求，于是造成利益冲突。渠道成员可能追求不同的利润、市场份额、品牌形象等目标，导致彼此之间的利益冲突。

（3）目标不一致

渠道成员之间可能对于销售目标、市场份额和业绩目标的追求不一致，导致目标冲突。不同渠道成员可能有着不同的发展战略和目标，这可能导致彼此之间的目标冲突。

（4）决策权分歧

渠道成员之间在决策权方面存在分歧，如定价、促销等决策。决策权分歧可能导致一方渠道成员感觉决策被剥夺或者无法发挥作用，从而产生冲突。

（5）资源稀缺

有限的资源分配不足以满足所有渠道成员的需求，导致资源竞争和冲突。渠道成员之间可能争夺有限的资源，如广告支持、市场推广资金等。

例如，有一家制造商生产高端家电产品，通过两种渠道进行销售：一是通过专门的高端家电连锁店销售，二是通过大型综合性电商平台销售。在这个例子中，可能出现以下结构性根源导致渠道冲突：①角色冲突。高端家电连锁店可能希望独家代理制造商的产品，而制造商希望通过多个渠道进行销售，导致角色冲突。②利益冲突。电商平台可能希望以更大的折扣价格销售产品，以吸引更多顾客，而高端家电连锁店可能希望保持较高的产品价格和利润，导致利益冲突。③目标不一致。电商平台可能希望迅速增加销售量，而高端家电连锁店更注重品牌形象和客户服务，导致目标不一致。

2）渠道冲突的非结构性根源

非结构性根源是指与渠道成员之间的个人因素、心理因素和人际关系等有关的因素，导致渠道冲突的产生。这些因素可能与沟通、合作、信任等方面有关。一些常见的非结构性根源包括：

（1）观点差异

渠道成员之间对于市场趋势、产品定位、消费者需求等方面有不同的观点和看法。观点的差异可能导致渠道成员在合作中的决策和行动产生分歧，从而引发冲突。

（2）期望差异

不同渠道成员对于合作的期望可能存在差异，导致期望不一致。例如，一方渠道成员希望合作伙伴提供更多的支持和资源，而另一方渠道成员可能期望获得更多的独立空间和自主权。

（3）沟通困难

渠道成员之间的沟通不畅、信息传递不准确，可能导致误解和不满。沟通困难可能造成信息的不对称和不完全，增加了渠道成员之间产生冲突的可能性。

（4）信任问题

渠道成员之间的信任程度不高，可能导致合作关系不稳定。缺乏信任会使得渠道成员在合作中更加谨慎和警惕，不愿意分享资源和信息，增加了冲突发生的可能性。

（5）个人利益

个人利益和目标可能优先于渠道整体利益，导致冲突和竞争。某些渠道成员可能会为了自身利益而牺牲整体渠道的利益，从而引发冲突。

在渠道冲突管理中，了解渠道冲突的结构性根源和非结构性根源，有助于采取相应的冲突解决策略和渠道管理措施，促进渠道成员之间的合作和协调。例如，一家制造商与一家零售商合作销售其产品。制造商希望将产品定位为高品质的高端产品，并希望零售商在销售过程中提供更多的产品知识和专业知识。然而，零售商认为市场上的需求更多地偏向价格敏感型产品，他们希望提供更多的折扣和促销来吸引更多的顾客。由于双方对产品定位和市场需求有不同的观点，他们在销售策略和促销活动上产生了分歧。制造商希望零售商提供高端定位的体验，而零售商希望通过降低价格来增加销量。这导致了合作伙伴之间的观点差异，进而引发了渠道冲突。

6.1.3 渠道冲突的解决和预防策略

解决和预防渠道冲突的策略可以帮助渠道成员建立良好的合作关系，提高渠道的效率和竞争力。以下是一些解决和预防渠道冲突的策略：

1）解决渠道冲突的策略

（1）加强沟通

有效的沟通是解决渠道冲突的关键。渠道成员之间应该坦诚地交流彼此的观点、需求和利益，倾听对方的意见，并共同探讨解决方案。沟通有助于消除误解，建立信任，从而减少冲突的发生。例如，制造商与其分销商定期举行会议，共同讨论市场趋势、产品需求和销售策略，以确保彼此之间的信息传递和合作。

（2）设立冲突解决机制

建立一个有效的冲突解决机制，让渠道成员在发生冲突时能够寻求公正的解决办法。这可以包括第三方调解、仲裁机制或设立专门的冲突解决小组。例如，2017年在顺丰和菜鸟之间发生的渠道冲突案例。

渠道冲突：顺丰和菜鸟之间的冲突

顺丰和菜鸟的渠道冲突问题在2017年曾经引起广泛关注。为了解决这个问题，国家邮政局及时出面调停，双方经过充分沟通协商，暂时搁置争议，于2017年6月

3 日全面恢复业务合作至正常水平。之后，国家邮政局继续加强协调，推动双方就数据共享和信息安全保障进行深入交流。最终，在国家邮政局的积极干预和调解下，顺丰和菜鸟于 2017 年 7 月 3 日达成一致意见，双方本着对用户负责的态度，通过充分沟通协商，最终如约形成一致意见，实现数据接口的重新连接和互惠互利，为广大消费者提供更优质的服务。这次冲突的解决被认为是一个典型的事件，说明了在数字经济条件下，企业之间进行合作和共享数据是非常重要的，有助于促进电子商务与快递业的协同发展。

（资料来源：中新网，菜鸟网络和顺丰同意从今日 12 时起全面恢复数据传输，2017.）

（3）制定明确的合作协议

制定详细的合作协议，明确双方的权利和责任，规范渠道成员的行为和合作方式。协议中应包括定价、促销、市场支持等方面的规定，以防止冲突发生。例如下面中国移动和中国联通的合作协议。

渠道合作：中国移动和中国联通的合作协议

中国移动和中国联通作为中国两大主要电信运营商，在 5G 网络建设和发展过程中，面临着重要的竞争和合作机会。为了避免资源浪费、提高网络效率，并在 5G 时代更好地服务用户，两家公司决定制定明确的合作协议。

在 2019 年，中国移动和中国联通宣布达成一项合作框架协议，旨在 5G 网络建设方面合作，以降低成本、提高效率，同时避免不必要的渠道冲突。具体来说，这项合作协议包括以下内容：

①共享 5G 基站建设：中国移动和中国联通同意在某些地区共享 5G 基站建设，避免在同一区域内重复建设基站。这有助于减少资源浪费，降低网络建设成本，同时提高覆盖范围和服务质量。

②共享 5G 频段资源：双方同意在某些频段资源上进行共享，以优化频谱利用，减少相互之间的频谱争夺，从而更有效地提供稳定的 5G 网络服务。

③共同研发创新：中国移动和中国联通也计划在 5G 网络技术方面进行共同研发，以推动创新和发展。这种合作有助于提高整体行业水平，为用户带来更多创新性的 5G 应用和服务。

通过明确的合作协议，中国移动和中国联通在 5G 网络建设中实现了资源共享和协作，避免了过度竞争和冲突。这种合作不仅减少了重复建设和资源浪费，还有助于提高整体的网络服务质量和效率。这个案例表明，通过明确的合作协议，企业可以在竞争和合作之间找到平衡，为行业和用户创造更大的价值。

（资料来源：新华网，中国电信与中国联通开展 5G 网络共建共享，2019.）

（4）强化合作伙伴关系

建立良好的合作伙伴关系，增强信任和合作精神。共享信息、资源和技术，共同应对市场挑战，有助于减少冲突的发生。例如，美的与其供应链伙伴的合作案例。

合作伙伴关系：美的与供应链伙伴的合作

美的集团（Midea Group）是一家全球领先的家电制造商，涵盖了空调、冰箱、洗衣机、厨房电器等多个领域。在供应链合作中，可能会出现一些问题，如供应延迟、库存管理不当等，这可能导致渠道冲突和业务影响。为了解决这些问题，美的集团采取了一些强化合作伙伴关系的方式：

①共享信息和规划：美的集团与供应链合作伙伴共享信息，包括市场需求、销售预测等。这有助于供应链伙伴更准确地规划生产和库存，避免因供需不平衡导致的问题。

②定期沟通和协商：美的集团与供应链合作伙伴定期进行沟通和协商，讨论生产计划、交货期等事宜。这可以增进双方的理解和信任，及时解决问题，减少冲突的发生。

③共同目标和利益分配：美的集团与供应链合作伙伴确立共同的业务目标，通过合理的利益分配机制，激励合作伙伴与企业共同成长。这有助于减少不必要的竞争和冲突。

④技术支持和培训：美的集团为供应链合作伙伴提供技术支持和培训，帮助它们提升生产能力和质量管理水平。这有助于提高合作伙伴的综合竞争力，从而减少问题的发生。

通过这些强化合作伙伴关系的方式，美的集团能够更好地与供应链合作伙伴合作，解决渠道冲突和业务问题，共同推动业务的可持续发展。这种合作模式有助于建立长期稳定的合作关系，提升企业的整体效率和竞争力。

（资料来源：作者编写）

（5）管理冲突

管理冲突是指及时识别和解决冲突，采取措施减轻冲突的影响，并维护渠道成员之间的合作关系。有效的渠道管理是预防和解决渠道冲突的关键。

2）预防渠道冲突的策略

（1）确定共同目标

渠道成员应该共同明确目标和战略，建立共同的利益，并追求双赢的局面。明确共同目标，可以减少彼此之间的竞争和冲突。

（2）合理分配资源和责任

合理分配资源和责任，可避免资源稀缺和权力分歧导致的冲突，确保渠道成员之间的权利和责任相对均衡，共同分享风险和回报。

（3）选择合适的渠道结构

在渠道设计阶段，选择合适的渠道结构和合作伙伴，可避免直接竞争和冲突。

（4）建立透明的沟通和信息共享机制

建立透明的沟通和信息共享机制，让渠道成员了解彼此的行动和计划，避免信息不对称导致的冲突。

（5）定期评估和调整

定期评估渠道合作的效果，发现潜在问题并及时调整策略，避免冲突的积累。

综合运用上述解决和预防渠道冲突的策略，可以帮助渠道成员建立良好的合作关系，预防冲突的发生，并在冲突出现时有效地解决问题。这有助于提高渠道的效率和竞争力，实现更加稳定和长期的合作关系。

6.1.4 渠道权力、依赖与合作

在渠道管理中，渠道权力、依赖与合作是三个相互关联的概念，它们在渠道成员之间相互影响，对渠道合作关系的发展和稳定起着重要作用。

渠道权力是指渠道成员在渠道关系中所拥有的控制和影响其他成员行为的能力。权力可以来源于多方面，例如资源控制、决策权、信息掌握等。拥有更多权力的渠道成员通常能够在合作关系中对其他成员施加影响，推动其按照自己的意愿行事。权力在渠道中是不可避免的，不同渠道成员可能拥有不同的权力地位。制造商通常拥有产品资源和品牌优势，因此在渠道中拥有相对较强的权力；而经销商可能拥有丰富的市场信息和客户资源，因此也具有一定的权力。渠道权力的平衡与合理运用是渠道合作的关键，权力过度集中可能导致合作伙伴的不满和冲突，权力过于分散则可能影响渠道的整体协调性。

渠道依赖是指渠道成员在合作中所需要的对方的资源、技术、信息等，从而实现自身目标的程度。渠道依赖性越高，成员对合作伙伴的支持和资源就越依赖，合作关系也就越紧密。例如，制造商依赖经销商来扩大销售渠道和覆盖市场，而经销商则依赖制造商提供的产品和品牌资源。渠道依赖的存在会影响渠道成员之间的合作关系，高度依赖某一渠道成员可能会使其在渠道中拥有更大的话语权和谈判能力。

渠道合作是指渠道成员之间通过相互配合和协作来共同实现共同目标的行为。渠道合作需要建立在相互信任、理解和共赢的基础上，通过共同努力实现渠道整体效益的最大化。合作可以通过共享信息、资源和风险来提高渠道的运作效率和市场竞争力。在渠道合作中，权力和依赖关系的平衡是非常重要的，双方需要通过合作来实现互利共赢，确保各自的权益得到保障。

1）渠道权力的来源

约翰·弗伦奇（John R. P. French Ir）和伯特伦·雷文（Bertram Raven）等（1959）的经典研究提出了五种权力基础[①]，这些权力概念可以在不同的组织和社会环境中应用，例如企业、政府、非营利组织、社交网络等。在渠道管理中，这些权力可以被用来协调渠道合作伙伴的行为，以达到共同的目标。但在使用这些权力时，需要考虑到渠道合作伙伴的利益和需求，并采取适当的方式和程度来影响其行为，以避免破坏合作关系（如图6-3所示）。

① FRENCH J R，RAVEN B，CARTWRIGHT D. The bases of social power ［J］. Classics of organization theory，1959（7）：311-320.

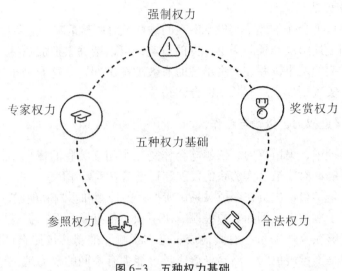

强制权力

专家权力　　　　　　奖赏权力

五种权力基础

参照权力　　　　　合法权力

图 6-3　五种权力基础

（1）奖赏权力（reward power）

奖赏权力是指渠道成员通过给予奖励或经济回报来影响其他渠道成员的行为和决策。例如，制造商向其渠道合作伙伴承诺提供丰厚的销售奖励和激励措施，例如高额的销售提成、奖金或特别优惠条件。这样的奖赏权力可以激励渠道成员更积极地推动制造商的产品销售，因为他们有望通过销售获得丰厚的奖励。

（2）强制权力（coercive power）

强制权力是指渠道成员通过威胁或施加惩罚来影响其他渠道成员的行为和决策。例如，一个零售商作为渠道中的主导成员，拥有更多的市场份额和销售份额，因此可以施加强大的压力和控制措施，要求其他渠道成员遵守其要求。比如，零售商可以威胁将合作伙伴的产品下架，如果他们不接受零售商的定价和销售条件。

（3）合法权力（legitimate power）

合法权力是指渠道成员基于其地位或职位所拥有的权力。例如，制造商作为渠道的管理者或所有者，有权制定渠道政策和规则。其他渠道成员会认可制造商的权威地位，因此遵循其规定和指示。

（4）参照权力（referent power）

参照权力是指渠道成员通过其吸引力、魅力或信誉来影响其他渠道成员的行为和决策。例如，某个渠道成员由于其优秀的业绩和声誉而受到其他成员的尊敬和信任。

（5）专家权力（expert power）

专家权力是指渠道成员基于其在某个领域拥有的专业知识和技能而影响其他渠道成员的行为和决策。例如，一家专业的物流公司，因其高效的物流管理和服务质量而成为其他制造商和零售商的首选合作伙伴。

2）渠道权力和依赖在渠道合作中的作用

渠道权力、依赖与合作是渠道管理中不可忽视的关键因素。它们相互影响和相互作用，对于渠道合作关系的发展和维系具有重要的影响。渠道管理者需要在权力分配、依赖关系和合作机制上进行适当的平衡和调整，以实现渠道的高效运作和共赢发展。

一方面，渠道依赖是促使渠道成员合作的重要动因。当渠道成员之间存在依赖关系时，他们倾向于共同协作以实现共同的目标。渠道成员之间的依赖程度会影响他们是否愿意进行合作，以及合作的程度。另一方面，渠道权力在一定程度上可以影响渠道成员之间的合作态度和行为。权力过大可能导致合作伙伴的抵触情绪，降低整体合作效率。而渠道权力的合理运用可以促使成员之间建立信任和合作的关系，共同追求长期稳定的合作伙伴关系。

在渠道合作中，认识权力和依赖的作用是非常重要的，因为它们是影响渠道关系稳定性和效果的关键因素。权力和依赖在以下方面对渠道合作产生影响：

（1）平衡权力关系

渠道中的不同成员可能拥有不同的资源和控制权力。认识权力的存在和分配，可以帮助渠道管理者平衡各个成员之间的权力关系，防止权力的过度集中，避免因权力不均衡导致合作关系不稳定和合作伙伴不满意。

（2）利用权力推动合作

权力在渠道合作中可以用来推动成员之间的合作。有时候，合作伙伴可能出于自身利益考虑而不愿意主动合作，这时候渠道管理者可以运用一定的权力，如资源分配、奖惩措施等，来促使合作伙伴积极参与合作，推动渠道合作的实现。

（3）确保依赖关系的平衡

依赖是渠道合作的另一个重要因素，各个渠道成员之间可能会相互依赖，共同实现业务目标。但过度依赖某一渠道成员可能带来风险，因为当该成员出现问题时，整个渠道合作可能受到影响。因此，认识依赖的存在并合理分散依赖关系，可以帮助渠道管理者降低风险，确保渠道合作的稳定性。

（4）建立信任关系

权力和依赖的认识有助于建立合作伙伴之间的信任关系。当渠道成员意识到彼此之间存在一定的权力平衡和相互依赖时，他们更容易相互信任，愿意开放信息、分享资源，共同合作解决问题，从而改善整个渠道合作的效果。

（5）指导决策

权力和依赖的认识可以为渠道管理者提供重要的信息，指导他们在决策时考虑不同成员之间的利益和地位。合理的权力分配和依赖管理有助于制定更合适的策略，推动渠道合作的实现。

总之，在渠道合作中，认识权力和依赖的作用是建立稳固合作关系和实现渠道共赢的基础。渠道管理者需要深入了解各个成员之间的权力和依赖关系，合理运用权力和管理依赖，以促进渠道合作的顺利开展和成功实现。

6.2 渠道投机行为与控制

6.2.1 渠道投机行为的定义及类型

渠道投机行为是指渠道成员为了谋求个人或特定群体的利益而采取的非合作性、不诚信或破坏性的行为。这些行为可能会导致渠道冲突、不公平竞争和合作关系破裂，影响整个供应链的稳定性和效率。以下是一些传统渠道中的投机行为：

（1）虚假宣传

虚假宣传是指渠道成员在宣传和广告中夸大或虚假地宣传产品的性能、效果或优势，以吸引消费者购买。这种行为可能误导消费者，导致其做出错误的购买决策，损害消费者权益。

（2）窜货

窜货是指渠道成员在未经授权的情况下，跨区域或跨渠道销售产品，违反了供应商或制造商与分销商之间的销售协议或区域限制。

（3）抢货

抢货是指渠道成员在供应有限的情况下，采取不正当手段争夺货物的行为。这可能导致其他渠道成员无法正常获取货物，影响供应链的稳定性。

（4）价格战

价格战是指渠道成员为了争夺市场份额，采取恶性竞争的方式，通过降低价格来获取竞争优势。价格战可能导致价格下滑，影响整个市场的盈利能力。

（5）违反渠道区域限制

违反渠道区域限制是指渠道成员未经授权，跨越了其分销区域销售产品，违反了合作协议或销售区域的限制。（虽然窜货和违反渠道区域限制都涉及跨越销售区域的行为，但它们的本质是不同的。窜货是指在不同区域之间销售相同的产品，而违反渠道区域限制是指在未经授权的情况下，跨越了其分销区域销售产品。对于渠道管理者来说，管理这两种行为可能需要不同的策略和控制措施。）

（6）故意夸大其他供应商的报价

渠道成员可能故意夸大竞争对手的报价或优势，以削弱竞争对手的竞争力，获取更多市场份额。

（7）违反排他性销售契约

排他性销售契约是指供应商与渠道成员签订的合同，要求渠道成员只销售供应商指定的产品，不得销售其他品牌。违反排他性销售契约是指渠道成员违反了此类合同的约定，销售其他品牌产品。

这些形式和分类并不是孤立的，可能会相互交织和叠加，造成更复杂的渠道投机行为。为了避免渠道投机行为的发生，供应链管理者需要加强渠道成员间的沟通合作，建立诚信、稳定的合作关系，并制定明确的渠道管理规范和奖惩机制，保持供应链的稳定和顺畅运作。

1）渠道投机行为的类型

根据肯尼思·瓦特内（Kenneth H. Wathne）和贾恩·海德（Jan B. Heide）
（2000）的研究[1]，营销渠道中的投机行为按照环境和行为可以分为四种类型：现有环
境下的被动投机行为——逃避；现有环境下的主动投机行为——违背；新环境下的被
动投机行为——拒绝适应；新环境下的主动投机行为——强制让步（见表6-1）。

表6-1　渠道投机行为的形式和可能结果

分类	现有环境	新的环境
被动行为	逃避（evasion） 成本效应：投机者短期成本下降，渠道伙伴长期成本增加 收益效应：渠道伙伴和整个系统长期受损	拒绝适应（refusal to adapt） 成本效应：很小 收益效应：投机者短期获益，渠道伙伴和整个系统长期受损
主动行为	违背（violation） 成本效应：渠道伙伴长期成本增加 收益效应：投机者短期获益，渠道伙伴和整个系统长期受损	强制让步（force renegotiation） 成本效应：渠道伙伴成本增加 收益效应：投机者短期获益，渠道伙伴和整个系统长期受损

（1）现有环境下的被动投机行为

在现有环境下，被动投机行为的一种表现是逃避。具体来说，这是指在环境没
有太大变化的情况下，渠道成员可能会采取回避责任或义务的行为，以避免承担风
险或责任。例如，在渠道中，某些供应商可能会逃避对环境和社会责任的承担，忽
略产品的质量和安全问题，以获得更高的利润。这种行为不仅有损渠道成员的声誉
和信誉，也会对整个渠道系统造成负面影响。

从成本效应和收益效应来分析这种逃避行为，可以考虑以下几个方面：

①成本效应。

·机会成本：逃避行为可能会使渠道成员失去更多的机会，例如失去客户、减
少销售额等。

·沉没成本：逃避行为可能会导致已经投入的成本无法收回，例如已经投入的
设备、材料等。

·交易成本：逃避行为可能会增加交易的成本，例如重新寻找合作伙伴、重新
建立关系等。

②收益效应。

·短期收益：逃避行为可能会使渠道成员在短期内获得更高的利润，例如通过
降低质量、减少环保投入等手段。

·长期收益：长期来看，逃避行为可能会影响渠道成员的声誉和信誉，导致客
户流失、市场萎缩等，从而影响长期的收益。

综合来看，逃避行为可能会在短期内降低成本，增加收益，但长期来看，这种

① WATHNE K H, HEIDE J B. Opportunism in interfirm relationships: forms, outcomes, and solutions [J]. Journal of marketing, 2000, 64 (4): 36-51.

行为可能会对渠道成员的声誉和信誉造成负面影响，并影响整个渠道系统长期的收益和发展。

（2）现有环境下的主动投机行为

在现有环境下，主动投机行为的一种表现是违背。具体来说，这是指渠道成员在商业交易中违反承诺、合同或法规，以获得更高的利益。例如，某些制造商可能会违反与供应商的合同，降低采购价格，以获取更多的利润。这种行为可能会对整个渠道系统造成负面影响，例如破坏信任关系、损害品牌形象等。因此，渠道成员需要遵守相关法律法规和商业道德，积极采取措施防止投机行为的发生，同时，监管部门和消费者也应该对这种行为进行监督和制约，以维护渠道系统的健康和可持续发展。

从成本效应和收益效应来分析这种违背行为，可以考虑以下几个方面：

①成本效应。

·违约成本：主动违背合同或承诺可能会带来违约成本，例如赔偿损失、承担法律责任等。

·品牌形象：主动违背行为可能会对渠道成员的声誉和品牌形象造成负面影响，导致客户流失、市场萎缩等。

·信任关系：主动违背行为可能会破坏渠道成员之间的信任关系，导致合作困难、矛盾冲突等。

②收益效应。

·短期收益：主动违背行为可能会使渠道成员在短期内获得更高的利润，例如通过降低质量、减少环保投入等手段。

·长期收益：长期来看，主动违背行为可能会影响渠道成员的声誉和信誉，导致客户流失、市场萎缩等，从而影响长期的收益。

（3）新环境下的被动投机行为

在新的竞争环境下，被动投机行为的表现是拒绝调整。具体来说，这是指渠道成员由于各种原因，不愿意适应新的市场环境或进行相应的调整，从而面临市场风险和损失。这种行为可能会对整个渠道系统造成负面影响，例如降低效率、浪费资源等。因此，渠道成员需要积极采取措施，适应市场变化并进行相应的调整，以降低市场风险和损失。

从成本效应和收益效应来分析拒绝调整这种行为，可以考虑以下几个方面：

①成本效应。

·调整成本：拒绝调整可能会导致渠道成员面临更高的调整成本，例如重新培训、重新谈判等。

·机会成本：拒绝调整可能会使渠道成员失去新的市场机会和收益，例如未能适应新的市场需求而导致的收益下降。

·风险成本：拒绝调整可能会使渠道成员面临更高的风险，例如未能适应市场变化而导致的损失。

②收益效应。

·既有收益：拒绝调整可能会使渠道成员继续获得既有的收益，例如由于现有市场稳定而获得的收益。

·长期收益：长期来看，拒绝调整可能会影响渠道成员的竞争力和市场份额，导致长期的收益下降。

（4）新环境下的主动投机行为

在新的环境下，主动投机行为的一种表现是强制让步。具体来说，这是指渠道成员通过强制手段，迫使其他成员接受自己的条件和要求，以获取更多的利益。这种行为可能会对整个渠道系统造成负面影响，例如破坏合作关系、降低效率等。因此，渠道成员需要采取措施，避免强制让步的行为，以维护渠道系统的健康和可持续发展。

从成本效应和收益效应来分析强制让步这种行为，可以考虑以下几个方面：

①成本效应。

·合作成本：强制让步可能会破坏渠道成员之间的合作关系，导致更高的合作成本，例如沟通困难、信任缺失等。

·品牌成本：强制让步可能会对渠道成员的品牌形象和声誉造成负面影响，导致更高的品牌成本。

·风险成本：强制让步可能会使渠道成员面临更高的风险，例如合作不稳定而导致的损失。

②收益效应。

·市场份额：强制让步可能会帮助渠道成员获得更多的市场份额，提高销售额和收益。

·利润提升：强制让步可能会使渠道成员获得更高的利润，提高盈利能力。

2）新零售时代的投机行为

在新零售时代的背景下，出现了一些新的渠道投机行为。这些行为可能是由多渠道销售、数字化技术以及消费者行为变化等因素引起的，比如在电商平台中，有些商家或个体卖家采取一些不正当手段，以获取不公平竞争优势或谋取不当利益的行为。这些行为可能会损害其他商家的权益，破坏电商平台的公平竞争环境，影响消费者的购物体验。以下是一些在电商平台中常见的投机行为：

（1）虚假宣传

商家在商品描述、图片、评价等方面夸大其词或提供虚假信息，以吸引买家购买，误导买家做出错误的购买决策。

（2）刷单和刷好评

商家雇佣刷单人员或使用机器人进行虚假交易和好评，提高自家商品的销量和评价，增加商品曝光和关注度。

（3）低价倾销

商家采用低价倾销策略，可能以亏本售卖产品，以吸引买家点击购买，后续可能追加其他费用。

（4）假冒伪劣

商家在电商平台上销售假冒伪劣商品，以低价吸引买家，影响买家的购物体验和权益。

（5）多重账号和刷信用

商家通过创建多个虚假账号进行交易，刷信用或评价，虚假增加其信誉，误导其他买家对其产生信任。

（6）跨区域销售

商家未经授权在其他地区销售产品，可能导致产品价格波动，影响市场价格的稳定性。

（7）违规促销和营销

商家发布违规促销活动，如散布虚假优惠信息、使用未经授权的商标等，违反平台规则和政策，干扰市场秩序。

（8）捆绑销售

商家将其他不相关的产品或服务强行捆绑销售给消费者，迫使消费者购买不需要的产品。

（9）超售

商家故意超售商品，导致部分消费者无法及时购买到产品，造成消费者不满和投诉。

同时，还有一些买家可能会采取一些投机行为，如恶意退货、恶意投诉等，以获取非法的利益。这些行为不仅影响了卖家的正常经营，也影响了平台的公平性和消费者权益。因此，平台应该加强监管和打击此类行为，维护市场秩序和消费者的权益。

6.2.2　渠道投机行为产生的原因及根源

1）渠道投机行为和机会主义

渠道投机行为属于机会主义的一种表现形式。机会主义指的是个体或组织在特定情况下利用机会谋求私利，无论这个机会是否道德或合法。机会主义者可能会利用他人的弱点、社会或市场上的空缺来获取利益，而不考虑是否对他人或社会造成损害。这种行为通常表现为利用不完善的制度、法律漏洞或他人的困境来谋取个人利益，而不顾及社会的整体利益。例如，一个人在社交网络上散布虚假信息，利用他人的恐惧心理或焦虑情绪，推销虚假的保健产品，以获取自己的利润。

渠道投机行为是指个体或组织在供应链或分销渠道中，利用不同环节之间的差价或供需失衡，以获取额外利润或回报的行为。这种行为通常在渠道的分销过程中发生，投机者可能通过购买产品或资源，然后以高价转售给最终消费者或其他渠道成员，以谋求个人或组织的利益。例如，在新冠疫情期间，某个卖家大量囤口罩和洗手液，然后以高价出售给消费者，以获取高额利润。这种行为是利用疫情导致供需失衡的情况，通过渠道投机行为获取额外利润。

因此，渠道投机行为是机会主义的一种具体表现，但并非机会主义的唯一形式。

机会主义是广义的概念，可以出现在社会的各个领域，涉及个人或组织的行为。而渠道投机行为是在供应链或分销渠道中出现的一种特定类型的机会主义行为，通常与市场的供需波动或不完善有关，目的是获取额外的利润或回报。两者都涉及谋求私利的行为，但发生的情境和领域略有不同。

（1）渠道投机行为和机会主义的相同点

①利益导向：两者都是以谋求个体或组织的利益为目的，追求私利而不顾他人或社会的整体利益。

②利用机遇：机会主义和渠道投机行为都是在特定的情况或机会下发生的行为，利用市场或社会的某种漏洞或失衡来获取利益。

③不道德性：这两种行为可能涉及不道德或不合法的手段，违背了诚信原则和公平竞争的理念。

（2）渠道投机行为和机会主义的区别

①发生领域：机会主义是一个广义的概念，可以在社会的各个领域发生，包括政治、经济、社会等；而渠道投机行为是发生在供应链或分销渠道中的一种特定类型的机会主义行为。

②行为对象：机会主义者可能利用不完善的制度、法律漏洞或他人的困境来谋取个人利益；而渠道投机行为通常涉及购买产品或资源，然后以高价转售给最终消费者或其他渠道成员，以获取额外利润。

③影响范围：机会主义者的行为可能对更广泛的人群或社会造成影响，而渠道投机行为通常影响较为局限，主要在渠道内部或供应链上产生影响。

④时间性：机会主义可能在各种情况下发生，而渠道投机行为通常发生在市场供需波动或特殊时期，如疫情期间等。

尽管机会主义和渠道投机行为有许多相似之处，但它们产生的原因略有不同。机会主义产生的原因主要有利益驱动、制度缺陷、情境压力和信息不对称等。机会主义者利用漏洞谋取私利，而渠道投机行为则通常发生于市场波动时。了解这些原因有助于渠道管理者采取相应措施，维护渠道的稳定与合作，实现利益最大化。

（3）机会主义产生的原因

①制度缺陷：机会主义往往利用制度的漏洞和不完善，寻找可以获得私利的机会。

②利益驱动：个体或组织在面对利益诱惑时，可能选择追求自身利益最大化而不顾他人利益或道德准则。

③情境压力：在特定情况下，面临压力或困境的个体或组织可能会选择机会主义行为以应对局势。

④信息不对称：信息不对称可能导致某些个体或组织利用信息优势，谋取不正当的利益。

（4）渠道投机行为产生的原因

①市场波动：渠道投机行为通常在市场供需波动较大的时期出现，投机者通过购买商品或资源，然后高价转售以获取额外利润。

②特殊时期：在特殊时期，如自然灾害、疫情等，部分商品或资源供应紧张，投机者借机囤货后高价出售。

③制度缺陷：某些渠道投机行为可能利用渠道合作协议的漏洞或不完善，谋取不当利益。

④利益驱动：投机者希望通过快速获取暂时的高额利润，追求短期利益最大化。

2）渠道投机行为产生的根源

从行为经济学的视角解释渠道投机行为产生的原因涉及以下一些理论和概念：

（1）有限理性

行为经济学认为人们在决策时往往具有有限的信息和认知能力，容易受到心理偏差的影响。在渠道投机行为中，卖家可能受到过度自信、过度乐观等心理偏差的影响，认为自己能够在市场中获得高额利润，从而产生投机行为。

（2）短视决策

行为经济学指出，人们在决策时往往更关注眼前的利益而忽视长期影响。在渠道投机行为中，卖家可能会因为眼前的高价销售机会而忽略了对品牌声誉、合作伙伴关系等长期影响的考虑。

（3）羊群效应

行为经济学中的羊群效应指的是人们在决策时会受到他人的行为影响，倾向于模仿他人的决策。在渠道投机行为中，一些卖家可能会跟风参与投机行为，因为其他卖家也在这样做，这会导致市场出现扭曲和过度投机。

（4）损失厌恶

行为经济学认为人们对于损失的厌恶程度大于同等数额的收益，导致他们在决策中避免损失为主。在渠道投机行为中，一些卖家可能因为害怕错失投机机会而进行过度投机，甚至冒着风险进行囤货，以避免损失。

（5）公平偏好

行为经济学指出人们对于公平和公正有较强的偏好。在渠道投机行为中，一些卖家可能会认为其他卖家进行投机行为是不公平的，从而感觉自己也有权利进行投机，形成恶性循环。

综上所述，行为经济学的视角可以帮助我们理解渠道投机行为产生的原因。有限理性、短视决策、羊群效应、损失厌恶和公平偏好等行为经济学的概念可能影响卖家在渠道中进行投机行为的决策过程。这些因素相互作用，共同导致渠道投机行为的出现和发展。需要指出的是，行为经济学的解释并不是单一的，不同的个体和情境可能会产生不同的决策行为。渠道投机行为的原因可能涉及上述多种理论的交织作用，也可能受到特定的市场环境和个体特征的影响。

从交易费用理论的视角来看，渠道投机行为的产生可能受到以下几个方面因素的影响：

（1）信息不对称

在渠道中，可能存在信息不对称的情况，即供应商和分销商之间的信息水平不同。一些卖家可能通过获取特殊信息或独特的资源，能够更早地发现供需情况的变化和市场机会，从而进行投机行为。这可能导致其他卖家在信息不足的情况下错失投机机会。

（2）交易的专用性投资

在交易过程中，一方可能会进行专用性投资，而这种投资可能会使它在未来一段时间内陷入困境，因此，它可能会采取投机行为来获取更多的利益。

（3）不确定性

在交易过程中，由于不确定性的存在，一方可能会采取投机行为来获取更多的利益。

总的来说，交易费用理论强调了市场交易中的各种成本和信息不对称对渠道投机行为的影响。渠道投机行为可能是为了获取更高的利润或适应不断变化的市场环境而采取的一种策略。理解这些因素有助于我们更好地解释渠道投机行为产生的原因和影响，并提出相应的管理和调控措施。

6.2.3　渠道投机行为的管理

针对前面提到的渠道投机行为，Wathne 和 Heide（2000）提出了四种管理方式：监督、激励、选择和社会化。在接下来的部分，我们将讨论如何使用监督、激励、选择和社会化来管理不同形式的机会主义。每种策略的有效性部分取决于如何管理潜在的漏洞来源。例如，监督的主要目的是减少信息不对称形式的脆弱性。较低水平的信息不对称可能会首先阻止机会主义。但如果投机行为的来源与信息无关（例如锁定），则监督可能不适合管理机会主义。这种情况可能需要采取一些策略，直接降低机会主义行为或抑制机会主义行为产生的可能性。

1）监督（monitoring）

监督是指对渠道中的各方行为进行跟踪和监控。通过建立有效的监控系统，渠道管理者可以及时发现渠道投机行为的迹象，识别问题，并采取相应的措施加以防范或应对。下面的案例是支付宝的渠道监督措施。

渠道监督：支付宝（Alipay）的渠道监督措施

支付宝是阿里巴巴集团旗下一家广泛使用的移动支付平台，用户可以通过它进行线上和线下的支付、转账、投资等。然而，由于支付宝的普及和用户基数庞大，一些淘宝商家和用户会滥用其系统，进行投机行为，例如刷单、虚假交易等。这些行为扰乱了支付宝的正常交易环境，损害了其他用户和合法商家的利益。为了应对这种情况，支付宝采取了一系列监督和管理措施：

（1）风控技术和算法：支付宝投入大量资源来开发和优化风控技术和算法，用于检测异常交易和投机行为。其利用大数据分析、机器学习等技术，识别和阻止潜在的违规行为。

（2）实名认证和信用体系：支付宝要求用户进行实名认证，这有助于建立用户的信用档案。同时，支付宝也建立了信用体系，对用户的行为和交易进行评估，从而防止投机行为。

（3）监督和举报机制：支付宝鼓励用户举报可疑的交易行为，提供举报通道。支付宝会对举报进行调查，并采取必要的措施来应对投机行为。

（4）合作与监管：支付宝与监管机构和执法部门合作，共同打击违规行为。它们在合规性、风险管理等方面积极配合，确保平台的正常运营和用户权益。

（资料来源：作者编写）

在这个案例中，支付宝借助这些监督措施，可以及时发现渠道投机行为并采取相应的措施加以制止。这些监督措施有效地管理和减少渠道投机行为，维护了支付宝交易环境的公平性和安全性，保障了用户和合法商家的利益。同时，这些措施也向不法商家和用户传递了一个明确的信息，即阿里巴巴集团对于渠道投机行为持零容忍态度，并将采取必要的措施来维护品牌的声誉和市场的秩序。

2）激励（incentive）

激励是指通过设定合理的奖惩机制来影响渠道成员的行为。对于积极合规的行为，可以给予奖励，例如提供更优惠的销售政策、额外的奖金或折扣等。而对于违规的投机行为，可以采取处罚措施，如降低其利润空间、取消一定的优惠条件或暂停合作关系等。例如，下面这个滴滴出行的案例。

渠道激励：滴滴出行的渠道激励策略

滴滴出行是中国领先的出行平台，提供打车、顺风车、租车、共享单车等多种出行服务。在过去，滴滴曾经面临一些司机存在的问题，如虚假订单、刷单、恶意取消等行为，这些行为扰乱了平台的正常运营和用户体验。为了应对这些问题，滴滴出行采取了一些激励方式来管理渠道投机行为：

①奖励制度：滴滴出行推出了奖励制度，鼓励司机提供真实有效的服务。例如，滴滴对于司机的好评、完成订单次数等指标进行监测，根据表现给予积分、奖金、礼品等奖励，激励司机提供优质服务。

②罚款制度：滴滴也设立了罚款制度，对于司机的违规行为进行处罚。例如，对于恶意取消订单、虚假投诉等行为，平台会扣除一定的信用分或进行罚款，以惩罚不当行为。

③实名认证和信用评价：滴滴要求司机进行实名认证，建立起司机的信用档案。用户可以对司机的服务进行评价，而这些评价也会影响司机的信用评级，从而鼓励司机提供更好的服务。

④监督与反馈机制：滴滴设立了举报和反馈渠道，允许乘客举报司机的不当行为。平台会对举报进行调查，并根据情况采取相应的措施，这样可以借助社会监督来管理投机行为。

（资料来源：作者编写）

通过这些激励方式，滴滴出行能够激励司机提供优质服务，同时通过惩罚机制来抑制投机行为。这种管理策略不仅有助于提升司机的服务质量，也能改善用户体验，同时维护了滴滴出行的声誉和用户信任。

3）选择（selection）

选择是指在建立或调整渠道关系时，选择合作伙伴时应对投机行为进行预防性的选择。渠道管理者可以借助市场调查、信誉评估、历史业绩等方式，评估潜在合作伙伴的诚信度和合规能力，避免选择可能进行投机行为的不良渠道伙伴。请见下面京东的渠道选择案例。

渠道选择：京东的渠道选择策略

京东是中国知名的电子商务平台，提供广泛的商品和服务，涵盖了从电子产品到家居用品的各个领域。在电子商务领域，存在一些投机行为，如虚假宣传、恶意退货等，这可能损害消费者的利益，也影响到平台的声誉。为了管理渠道投机行为，京东采取了一些选择性的方式：

①合作伙伴认证：京东对于商家进行严格的认证和筛选，只有通过审核的商家才能在平台上开店。在选择供应商时，京东会对其资质、信誉、产品质量、供应能力等方面进行严格的审核和评估，确保供应商的可靠性和稳定性。这样可以有效遏制一些不法商家和投机行为者进入平台，从源头上减少问题的发生。

②信用评级系统：京东建立了信用评级系统，对商家的经营行为进行评价。商家的信用评级会影响其在平台上的权益和推广优先级。这种评级系统鼓励商家提供诚信服务，减少不当行为。

③服务质量监控：京东对商家的服务质量进行监控，包括商品质量、发货速度、售后服务等。平台可以对不符合要求的商家进行限制，例如降低其在搜索结果中的展示优先级，从而鼓励商家提供更好的服务。

④用户评价和举报机制：京东允许用户对商家进行评价和举报。用户的评价可以为其他用户提供参考，同时也是对商家的监督。举报机制可以让用户举报不当行为，平台会根据情况采取相应措施。

（资料来源：作者编写）

以上这些对商家的筛选和管理机制使得京东能够更好地控制渠道，保障消费者的购买体验，并确保产品在合理价格下销售，同时也有助于消除不法经销商的投机行为。

4）社会化（socialization）

社会化是指通过加强渠道成员之间的合作和沟通，促进共识和理解，提高渠道成员的诚信意识和共同利益意识。建立良好的合作关系和合作文化有助于减少渠道投机行为的发生，增强渠道合作的稳定性和长期性。例如，下面这个小红书的社会化渠道治理案例。

社会化治理：小红书的社会化渠道治理

小红书是一个社交购物平台，用户可以在平台上分享购物心得、评价商品、推荐产品等。然而，随着平台的发展，一些商家可能会利用虚假信息、刷评、刷粉丝等方式进行投机行为，从而影响了平台的信誉和用户体验。为了应对这些问题，小红书采取了一些社会化的方式来管理渠道投机行为：

①建立用户社区监督制度。小红书建立了一个由社区用户组成的监督团队，通过用户自查和相互监督的方式，发现和举报违规行为，维护平台秩序。

②强化内容审核和管理。小红书采用了智能审核系统和人工审核相结合的方式，对平台上的内容进行严格审核，防止不良信息和不实评价的出现。同时，小红书还通过制定管理规定和社区准则，明确用户的行为规范和商业行为标准，约束平台上的投机行为。

③激励用户参与平台建设。小红书通过设立用户积分系统、荣誉体系等激励措施，鼓励用户积极参与平台建设、提供优质内容和举报违规行为，增强用户对平台的信任和参与度。

④加强与品牌合作。小红书积极与品牌合作，建立品牌认证体系，确保平台上销售的商品真实可靠，降低投机行为的风险。小红书为部分合作伙伴提供认证标识，以区分正规商家和不法商家。认证的合作伙伴可以获得更多曝光和信任，鼓励合法经营。

（资料来源：作者编写）

这些策略共同促进了小红书平台的健康发展，维护了用户体验和平台声誉，降低了投机行为的影响。这些方法的结合使得小红书能够在渠道管理方面取得成功，为其他类似平台提供了有益的借鉴。

综合运用这些管理方式，渠道管理者可以更好地应对渠道投机行为，维护渠道的稳定和可持续发展。同时，监督、激励、选择和社会化的策略也可相互结合，形成综合管理的机制，更有效地预防和解决渠道投机行为带来的问题。例如，一家电子产品制造商与各地的经销商建立了合作关系，负责销售其产品。在某个地区，制造商发现某个经销商在新冠疫情期间恶意囤积产品，导致其他经销商无法获得足够的库存来满足市场需求。为了解决这个问题，制作商建立了销售数据监控系统，定期跟踪各个经销商的库存和销售情况。当发现某个经销商的库存异常高，而销售量却很低时，制造商立即发出预警，对该经销商进行调查。此外，对于遵守合作协议，及时补货，且销售量稳定的经销商，制造商给予额外的销售奖励和提供更多的广告支持，鼓励其继续积极销售产品。在考虑引入新的经销商时，制造商对新的潜在经销商进行背景调查，了解其过去的经营记录和市场声誉。如果发现某个经销商曾有过投机行为的记录，制造商可能会选择不与其合作，寻找其他更可靠的合作伙伴。最后，制造商可以通过组织各地经销商会议，来分享市场信息和分析需求趋势。同时，鼓励经销商之间进行交流，达成共识，共同维护市场秩序和品牌形象。

6.3 渠道治理与激励

6.3.1 渠道治理机制

在渠道管理中，常见的治理机制包括权威治理机制、契约治理机制和规范治理机制，这些机制被用于管理和协调渠道中的各个成员，确保渠道运作有效和顺利

（见表6-2）。

表6-2 渠道关系治理机制

治理/协调方式	纵向整合的渠道	执行渠道功能的独立公司
权威	规则，政策，监督	渠道权力
契约	激励和报酬	合同条款和条件，特许条款
规范	公司文化	关系规范，信任

（资料来源：Barton A. Weitz and Sandy D. Jap（1995）.）

1）权威治理机制（authoritative control）

权威治理机制是指通过权威和强制来实现渠道内部的管理。在权威治理机制下，渠道的管理者或核心成员通常拥有相对较高的权威和决策权，他们通过规定规则、分配资源和制定政策来指导和约束渠道成员的行为。权威治理机制强调中央集权的管理模式，由管理者对渠道成员进行指导、控制和奖惩，以确保渠道的顺利运作和协调。这种治理方式适用于市场结构相对简单，成员之间的权力差异较大的渠道。

优势：权威治理机制以权力为基础，由渠道成员中的某一方或主导方行使权威来控制和管理其他成员。这种机制可以快速决策，对渠道成员的行为和合作进行直接约束和指导，有利于实现渠道整体目标。

劣势：权威治理可能导致渠道成员之间的不满和冲突，影响合作氛围。如果权威过于集中，可能导致信息不对称和渠道成员的不稳定。

适用场合：权威治理机制适用于渠道成员之间权力关系明确且能够接受领导指挥的情况，如上下游关系较为明确的垂直渠道。

2）契约治理机制（contractual control）

契约治理机制是指通过契约和合同来规范渠道成员之间的行为和义务。在契约治理机制下，渠道成员之间签订契约或合同，明确各方的权利、责任、义务和利益分配等内容。契约是渠道合作的法律依据，它规定了渠道成员之间的合作方式和要求，以确保各方遵守规则和履行责任。契约治理机制强调明确的规则和约束，让各个成员在契约框架内进行协作和合作，以避免不必要的冲突和争端。这种治理方式适用于渠道成员之间权力相对平衡、互相依存度高的情况，可以保障双方的权益和利益。

优势：契约治理机制是通过合同和协议明确规定渠道成员之间的权利和义务，确保双方按照约定的规则进行合作。这种机制有利于保护各方的利益，减少风险，建立长期稳定的渠道合作关系。

劣势：契约治理可能会增加交易成本，特别是在合作过程中需要频繁进行合同的修订和更新。同时，契约并不能完全解决信息不对称和合作中的行为不确定性。

适用场合：契约治理机制适用于渠道成员之间存在一定程度的互相依赖，需要确保长期稳定合作关系的情况，如复杂的多层次渠道。

3）规范治理机制（normative control）

规范治理机制是通过共享共识和价值观来管理渠道成员的行为。在这种治理机制下，渠道中的各个成员共同认同一套共享的价值观和准则，这些价值观和准则可以影响渠道成员的行为和决策。规范治理机制强调共同的利益和目标，渠道成员之间会积极合作，互相支持，以实现共赢。

优势：规范治理机制通过制定一系列规范、准则和标准，引导渠道成员的行为和决策。这种机制有助于建立共识，减少合作过程中的摩擦和冲突。

劣势：规范治理可能过于笼统，难以应对复杂多变的渠道环境。如果规范不明确或执行不到位，可能导致渠道成员的行为不稳定。

适用场合：规范治理机制适用于渠道成员之间需要共同遵循一些基本准则和规则，以维护整体渠道利益的情况，如行业组织或协会下的渠道。

在实际渠道管理中，通常会综合运用多种治理机制，根据渠道成员之间的关系和情况，灵活选择最适合的组合方式，以实现渠道的有效管理和优化绩效。权威治理机制、契约治理机制和规范治理机制可以相互结合，形成一个相对完善的渠道治理体系，以确保渠道的高效运作和可持续发展，同时实现渠道各方的利益最大化。

6.3.2 渠道激励

渠道激励是通过对渠道成员的激励措施，促使他们更加高效协同完成工作。渠道激励可分为企业内部的渠道激励和跨组织的渠道激励。企业内部的渠道激励是指通过企业管理者的领导指示和内部政策，激发一线工作者的主观能动性，以提高销量和工作绩效。跨组织的渠道激励是指在一个渠道中拥有强话语权的渠道成员，通过制定对外的渠道政策和本组织行为，来激励其他渠道成员的行动和合作。简言之，渠道激励是通过内部领导指示、政策和外部渠道政策来激发渠道成员的积极性，以增进渠道成员之间的协作和合作，从而提高整个渠道的工作效率和绩效。合理的激励机制可以促进渠道成员之间的合作和协调，形成良好的团队合作氛围，还可以增强渠道成员对渠道关系的信心，促使他们更加稳定地参与渠道合作。

1）渠道激励的挑战

相对于企业内部的激励策略，渠道激励策略的实施面临一些挑战，其中一些主要的挑战包括：

（1）多个利益相关方

在企业内部，激励策略主要面向员工，利益相关方相对较少，而在渠道中，激励策略涉及多个利益相关方，包括制造商、经销商、零售商等，每个成员都有自己的目标和利益，需要综合考虑和协调不同成员之间的利益关系。

（2）渠道复杂性

渠道结构通常比企业内部的组织结构复杂，涉及多个层级和多个渠道成员，每个成员都有不同的角色和责任。制定渠道激励策略时，需要考虑不同成员的贡献和影响，确保激励策略能够促进整个渠道的协同运作。

（3）不同目标和指标

渠道成员之间可能有不同的目标和指标，有的可能追求短期销售业绩，有的注重长期合作关系。因此，渠道激励策略需要综合考虑不同成员的目标和指标，以平衡整个渠道的利益。

（4）信息不对称

渠道成员之间的信息可能不对称，有些成员可能了解更多关于市场和产品的信息，而其他成员则相对不了解。这可能导致信息不对等，影响激励策略的有效性。

（5）依赖性

渠道成员之间通常存在一定程度的依赖性，特别是经销商和零售商依赖制造商提供产品和支持。这种依赖性可能导致渠道成员对制造商的激励策略有更高的期望和要求。

（6）绩效评估难度

渠道激励需要依赖绩效评估来决定激励水平，但对于某些渠道成员，绩效评估可能较为困难，特别是对于间接贡献较大的渠道成员。

面对这些挑战，制定有效的渠道激励策略需要深入了解渠道结构和渠道成员之间的关系，采用灵活的激励方式，确保激励策略能够激发渠道成员的积极性，增进彼此间的合作，从而实现整个渠道的成功和持续发展。

2）关于激励的理论

渠道激励策略的制定可以借鉴一般的激励理论。虽然渠道激励面对的是不同的参与主体，即渠道成员（如分销商、经销商、代理商等），但激励的本质是相通的：通过奖励和激励机制，激发其积极性，促使他们更加高效地完成工作，为渠道合作伙伴和整个渠道带来更好的绩效。

以下是一些激励理论在渠道激励中的借鉴方式：

（1）马斯洛需求层次理论（Maslow's Hierarchy of Needs）

马斯洛需求层次理论由心理学家亚伯拉罕·马斯洛提出，他认为人的需求可以按照层次结构排列，包括生理需求、安全需求、爱与归属需求、尊重需求和自我实现需求。这一理论认为，满足低层次需求后，人们才会追求更高层次的需求，因此可以通过激励满足员工的各类需求，从而提高工作动力和绩效（如图6-4所示）。

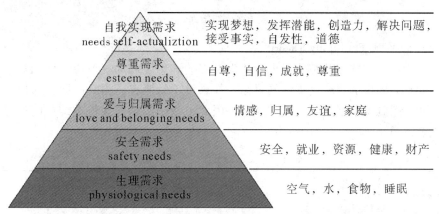

图6-4　马斯洛需求层次理论

（2）赫茨伯格双因素理论（Herzberg's Two-Factor Theory）

赫茨伯格双因素理论由弗雷德里克·赫茨伯格提出，将工作满意度的因素分为激励因素（例如工作成就、成长机会、责任感）和卫生因素（例如工作条件、薪酬、公司政策）。激励因素可以提升工作满意度和动力，而卫生因素只能避免工作不满意，但并不能提升工作满意度（如图 6-5 所示）。

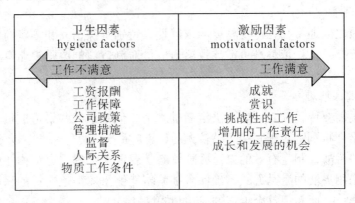

图 6-5 赫茨伯格双因素理论理论

（3）期望理论（Expectancy Theory）

期望理论由维克多·弗鲁兰克尔提出，认为员工的工作动力取决于他们对于努力工作、取得绩效和得到奖励之间关系的期望。员工会选择那些能够带来最大回报的行为，因此激励策略应该增强员工相信自己的努力会带来积极结果（如图 6-6 所示）。

图 6-6 期望理论

（4）公平理论（Equity Theory）

公平理论由约翰·斯特西提出，认为员工的满意度和动机取决于他们对于薪酬和奖励与其他同事的比较公平性的感知。如果员工认为自己得到的回报与付出不成比例，就会感到不公平，降低工作动力。因此，激励策略应该注重维持内外部公平性（见表 6-3）。

表 6-3 员工对分配公平的评价

感知的比例对比	员工 A 的评价
$\dfrac{A\text{的所得}}{A\text{的付出}} < \dfrac{B\text{的所得}}{B\text{的付出}}$	不公平 （报酬过低）
$\dfrac{A\text{的所得}}{A\text{的付出}} = \dfrac{B\text{的所得}}{B\text{的付出}}$	公平

表6-3（续）

感知的比例对比	员工 A 的评价
$\dfrac{A\text{的所得}}{A\text{的付出}} > \dfrac{B\text{的所得}}{B\text{的付出}}$	不公平 （报酬过高）

（5）目标设定理论（Goal Setting Theory）

目标设定理论是一种关于个体动机和绩效管理的心理学理论，最早由 Edwin A. Locke 和 Gary P. Latham 在 20 世纪 60 年代末和 20 世纪 70 年代初提出。该理论的核心观点是，设定具体、明确、具有挑战性的目标可以显著提高个体的绩效和动机。目标设定理论的五个原则分别是：明晰性、挑战性、承诺、反馈、任务复杂性。明晰性（clarity）是指目标应该清晰、明确，不容易产生歧义或误解。明确的目标让个体明白他们需要完成什么任务，因此他们更容易集中精力和资源，以实现这些目标。如果目标不明确，个体可能会感到困惑，难以制订有效的行动计划。挑战性（challenge）是指目标应该具有一定的难度和挑战性。过于容易的目标可能不足以激发个体的动力，而过于困难的目标可能会让个体感到沮丧和无能为力。适度的挑战性可以激发个体更努力地工作，以实现目标。承诺（commitment）是指个体对目标的承诺程度。当个体积极参与目标设定过程，并认为目标是公平和可接受的时候，他们更有可能全身心地致力于实现这些目标。承诺度高的个体通常会更加坚定地追求目标，即使面临困难或挫折。反馈（feedback）是指个体定期获取有关他们在实现目标方面的进展情况的信息。反馈可以告诉个体他们是否朝着目标前进，以及是否需要调整他们的行动计划。有效的反馈可以帮助个体保持动力，纠正错误，并改进他们的绩效。任务复杂性（task complexity）是指与目标相关的任务的难度和复杂性。某些任务可能比其他任务更加复杂，需要更多的时间和资源才能完成。个体需要考虑任务的复杂性来确定实现目标的合理性和可行性。对于复杂的任务，可能需要更长时间来实现目标。

这五个原则共同构成了目标设定理论的核心要点，用于指导如何制定和管理目标，以激发个体的动机，提高他们的绩效，并在组织和个人层面促进成功。

（6）强化理论（Reinforcement Theory）

强化理论强调通过奖励和惩罚来塑造员工的行为。员工通过正向反馈（奖励）来增加重复的行为，通过负向反馈（惩罚）来减少不希望出现的行为。激励策略应该建立奖励体系，以鼓励良好的绩效和行为（如图6-7所示）。

这些经典的激励理论为组织和管理者提供了指导和思考，帮助他们制定更有效的激励策略，从而激发员工的积极性、创造力和工作动力。

3）渠道激励的原则

制定渠道激励政策需要遵循一定的原则，因为合理的激励政策可以对渠道成员产生积极影响，推动他们更好地完成工作，进而促进整个渠道的良性运转和增长。以下是一些制定渠道激励政策的原则：

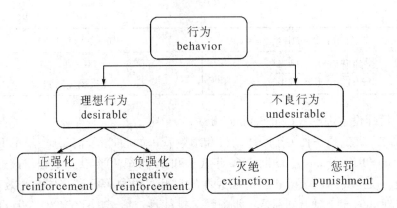

图 6-7　强化理论中四种改变行为的干预措施

（1）公平原则

激励政策应该公平合理，避免任何渠道成员因为不公平的激励政策而产生不满和抵触情绪。公平的激励政策能够增强渠道成员的凝聚力和团队合作意识。

（2）适应性原则

激励政策应该根据不同渠道成员的特点和需求进行个性化设计。不同的渠道成员可能有不同的动力和激励要求，因此激励策略需要灵活调整，以确保其适应性。

（3）激励一致性原则

渠道激励政策应与企业整体目标和战略保持一致。激励目标和激励方式应与企业的发展战略相匹配，避免产生冲突和偏差。

（4）激励可行性原则

激励政策应该是可行的，不仅从理论上可行，还要能够在实际操作中有效执行。否则，过于理想化的激励政策可能会产生不良后果。

（5）持续性原则

激励政策应该具有持续性，而不是短期的刺激措施。持续的激励政策可以维持渠道成员的长期积极性和忠诚度。

（6）鼓励协作原则

激励政策应该鼓励渠道成员之间的协作和合作，而不是促使他们之间进行竞争。合作的渠道成员能够形成强大的合力，共同推动渠道的发展。

（7）目标导向原则

激励政策应该明确设定具体的目标，使渠道成员清楚知道他们的努力方向和奖励标准，从而更加专注和努力地实现目标。

综合考虑以上原则，并根据特定的渠道结构和渠道成员的需求，制定合理的渠道激励策略，能够有效地激发渠道成员的积极性，增进彼此之间的合作，推动整个渠道向着共同目标前进。

4）渠道激励的方式

渠道激励通过各种手段来激励渠道成员，以促进他们更加积极地参与渠道活动，提高销售业绩和市场份额。具体的渠道激励方式包括：

（1）奖励与激励金

制造商向表现优秀的渠道成员提供奖励和激励金，可以是现金奖励、奖品、旅游奖励等，以激励他们的积极性和努力。

（2）业绩考核和排名

建立业绩考核体系，对渠道成员的业绩进行定期评估和排名，根据排名进行奖励和激励，同时为表现出色的渠道成员提供更多的支持和资源。

（3）促销活动支持

制造商向渠道成员提供促销活动的支持，包括广告、宣传材料、降价措施等，以提高他们的销售量和知名度。

（4）培训与支持

为渠道成员提供培训和支持，帮助他们提升销售技能和产品知识，增强渠道成员的专业水平和服务质量。

（5）推广费用返还

对于销售额较大的渠道成员，可以返还一定比例的推广费用，鼓励他们加大市场投入和推广力度。

（6）产品提供优先权

优先向表现良好的渠道成员提供新产品和独家产品，增加他们的竞争优势和销售机会。

（7）长期合作协议

与渠道成员签订长期合作协议，提供稳定的价格政策和支持，增强渠道成员的依赖性和忠诚度。

（8）渠道会议和交流

定期召开渠道会议，进行渠道成员之间的交流和经验分享，增进彼此之间的了解和合作。

（9）分级激励

根据渠道成员的不同级别和业务规模，设置不同的激励政策，让表现较好的渠道成员能够享受更多的激励措施。

（10）社会认可

通过向渠道成员展示他们的优秀业绩和表现，增加社会认可度，提高渠道成员的自豪感和归属感。

这些具体的渠道激励方式可以根据企业的实际情况和渠道成员的特点进行灵活组合和调整，以实现最大程度的激励效果。同时，激励政策的实施需要与渠道成员充分沟通和合作，共同制订出适合双方的激励方案。

6.3.3　中国文化中的关系治理

在中国文化中，"关系"是一个重要的概念，它指的是人际关系、社会关系和网络，是基于信任、互惠和长期合作的一种社会交往模式。在中国社会，关系是一种社会资本，被视为一种重要的资源，能够对人们的生活和事业产生深远影响。在建立和维护关系时，人们通常注重互助、亲密和信任，而不仅仅是利益交换。通过建立牢固的关系，人们可以获得资源、信息和支持，同时也需要给予回报和关心他人的需求。

另外，中国文化中强调尊重和礼仪，这使得人际关系更加注重互相尊重、关心和支持。在社会交往中，人们通常会表现出谦和、恭敬、彬彬有礼的态度，这有助于建立和谐的人际关系。在现代社会，随着社会结构和价值观的变化，人际关系也在不断演变。尽管如此，中国传统文化对于人际关系的影响仍然深远，并在当今社会中发挥着重要作用。

1) 中国文化中人际关系的类型

在中国文化中，人际关系的类型可以分为以下几种：

（1）亲情关系

中国社会非常重视家庭和亲属关系。亲情关系是中国社会中最为基础和重要的人际关系类型。家庭成员之间的关系非常紧密，尊重长辈、孝敬父母是中国文化的重要价值观。

（2）婚姻关系

婚姻是社会中另一种重要的人际关系类型。在中国传统文化中，婚姻被视为两个家庭的联合，而不仅仅是两个个体的结合。婚姻关系在中国社会中扮演着连接家族和社会的纽带的角色。

（3）友情关系

友情关系在中国社会中也是十分重要的。朋友之间的互助、信任和忠诚被认为是美德。友情关系通常是在学校、工作场所或社交活动中建立的，可以持续一生。

（4）师生关系

在中国文化中，师生关系被视为一种尊重和教养的关系。师生关系在教育过程中扮演着重要的角色，老师被视为学生的导师和榜样。

（5）同事关系

在职场上，同事关系是一种非常常见的人际关系。同事之间的相互合作、支持和理解对于工作的顺利进行非常重要。

（6）社会关系

社会关系是指在社会组织和社会团体中建立起来的关系，比如社团组织、慈善机构、义工团体等。社会关系的建立有助于人们在社会中发挥作用、拓展社交圈和传承文化。

关系文化在中国的各个领域都有显著的影响，尤其在商务、政治和社会交往中更为突出。在商务上，建立良好的关系可以帮助企业获得更多的商机和资源，促成合作和交易。在政治层面，关系网也是政府官员之间相互支持和合作的基础。在社会交往中，关系对于人际交往、社交活动和社会身份的塑造也具有重要意义。

2) 人际关系在商业交易中的作用

在中国社会中，人际关系在商业交易中扮演着非常重要的作用，特别是在 B2B（企业对企业）和 B2C（企业对消费者）交易中。以下是人际关系在商业交易中的

一些作用:

（1）建立信任

在中国文化中，人际关系是建立信任的基础。在商业交易中，买卖双方如果有一定的人际关系，会更容易相信对方的诚信和承诺，减少不确定性和风险。

（2）拓展商业机会

通过人际关系网络，商家可以更容易地找到新的商业机会和潜在客户。朋友、家人和同事之间的联系可能会带来商业合作的机会。

（3）提高交易效率

在中国社会中，人际关系有助于提高交易的效率。双方的熟悉和信任可以简化谈判和协商的过程，加快交易的达成。

（4）解决问题和纠纷

在商业交易中，难免会出现问题和纠纷。如果双方有较好的人际关系，他们更有可能通过友好协商来解决问题，避免产生长期的纠纷。

（5）增加销售机会

在 B2C 交易中，商家如果能够与消费者建立良好的人际关系，可以增加销售机会。消费者更愿意购买来自信任的商家的产品或服务。

（6）建立品牌忠诚度

通过人际关系，商家可以建立品牌忠诚度。消费者对于与其有亲密关系的商家更加忠诚，愿意长期购买其产品或服务。

尽管人际关系在商业交易中具有许多优势，但也需要注意不应过度依赖人际关系而忽视其他商业因素。商业交易仍然需要建立在合理的价格、高质量的产品和优质的服务的基础上。同时，应遵守法律法规，确保交易的合法性和诚信性。

3）人际关系作为一种渠道关系治理机制

在商业渠道中，人际关系可以被视为一种关系治理机制。关系治理机制是一种基于人际关系和信任的渠道管理方式，通过建立和维护紧密的人际关系网络来促进渠道合作和提高渠道绩效。人际关系作为一种渠道关系治理机制，具有以下特点:

（1）建立信任

人际关系的存在有助于建立渠道各方之间的信任。信任是渠道合作的基础，可以减少信息不对称和风险，促进合作的顺利进行。

（2）信息共享

通过人际关系网络，渠道成员可以更轻松地共享信息和知识。这些信息对于决策和规划渠道策略非常重要，可以提高渠道的敏捷性和适应性。

（3）快速解决问题

在人际关系紧密的渠道中，问题和纠纷可以更快速地得到解决。渠道成员之间可以通过直接沟通和协商解决问题，避免问题扩大化。

（4）提高合作效率

人际关系的存在可以促进渠道合作的高效进行。渠道成员之间的相互了解和默契可以使合作更加顺利，减少合作过程中的阻碍。

（5）增加稳定性

人际关系可以增加渠道的稳定性。渠道成员之间的紧密联系和信任可以减少合作伙伴的变动，提高渠道的稳定性和持续性。

然而，人际关系作为一种渠道关系治理机制也存在一些挑战和限制。首先，人际关系的建立需要时间和资源，不能够迅速形成。其次，过度依赖人际关系可能导致渠道过于封闭，难以吸引新的渠道成员。此外，人际关系的稳定性也可能受到外界因素的影响，如人员变动等。因此，在运用人际关系作为渠道关系治理机制时，需要在合理范围内加以运用，并与其他治理机制结合，以实现渠道的有效管理和绩效优化。

总体而言，关系文化在中国社会扮演着重要的角色，被广泛认可。这种人际关系的模式使得中国社会在许多方面表现出独有的特征和运作方式。

本章小结

1. 介绍了渠道管理的重要性以及渠道冲突的根源、解决策略和预防策略，同时讨论了渠道权力、依赖和合作之间的关系。渠道管理涉及制定和实施用于分销产品和服务的策略、活动和计划。合理管理渠道可以帮助企业扩大市场份额、提高效率和竞争力。渠道成员之间的合作和协调至关重要，以实现渠道的顺利运作和最终用户的满意。渠道冲突分为结构性和非结构性两类根源。结构性根源涉及资源分配、目标差异等，而非结构性根源涉及个人因素、心理因素、信任等。观点差异、期望差异、沟通困难、信任问题和个人利益都可能导致冲突。解决渠道冲突的策略包括加强沟通、设立冲突解决机制、制定明确的合作协议、强化合作伙伴关系以及及时管理冲突。预防渠道冲突的策略包括确定共同目标、合理分配资源和责任、选择合适的渠道结构、建立透明的沟通和信息共享机制，以及定期评估和调整。渠道权力包括奖赏权、强制权、合法权、感召权和专家权，它们影响渠道成员之间的行为和决策。渠道依赖是渠道成员在合作中互相需要资源、技术和信息的程度。权力和依赖相互影响，需要在渠道管理中平衡和调整，以实现稳定的合作关系。权力的合理运用可以推动合作，而依赖的平衡可以确保合作的稳定性。渠道合作需要建立在信任和互利共赢基础上，权力和依赖的认识有助于实现这一目标。

2. 通过深入剖析渠道合作和投机行为的多重影响因素，提供了全面的视角来理解渠道合作的利弊和投机行为的动因。这有助于企业更好地规划合作策略、预防投机行为的发生，并通过有效管理策略维护合作伙伴关系的稳定和可持续发展。首先，强调了渠道合作的优势，如资源互补、风险共担和市场扩展。这种合作有助于实现协同效应，提高市场竞争力。然而，我们也认识到合作中可能存在的潜在问题，如合作伙伴间的利益差异和信息不对称。这些问题可能导致信任破裂、合作关系紧张，甚至渠道投机行为的出现。其次，本章聚焦不同环境下的渠道投机行为和电商平台上的投机行为。渠道投机行为可能破坏合作伙伴间的关系，增加合作成本，并影响品牌形象和声誉。同时，电商平台上的投机行为多种多样，包括虚假宣传、刷单、低价倾销等。这些不正当手段可能扰乱市场秩序，损害消费者权益。因此，维护渠道合作伙伴的信任、消除强制让步，以及加强电商平台的监管，都是维护渠道健康发展的重要举措。最后，本章探讨了投机行为产生的原因，并从行为经济学和交易费用理论的角度深入分析了其心理和经济机制。行为经济学概念如有限理性、短视决策、羊群效应等揭示了投机行为背后的心理因素。交易费用理论则指出信息不对称、专用性投资等因素可能导致投机行为。此外，本章提出了多种管理策略，如监督、激励、选择和社会化，用于预防和应对投机行为。这些策略相互结合，可帮助渠道管理者有效降低投机行为的风险，保持渠道合作的稳定。

3. 探讨了在渠道管理中的不同治理机制、渠道激励方法，以及中国文化中的关系治理。这些方面共同构成了渠道运作的重要组成部分。首先，本章介绍了渠道管理中常见的三种治理机制：权威治理、契约治理和规范治理。这些机制确保渠道内部成员能够协调合作，实现高效运作。权威治理通过权威和强制管理来管理渠道，适用于权力关系明确的情况。契约治理基于契约和合同规范行为和义务，适用于权力平衡的情况。规范治理则以共识和价值观为基础，适用于需要共同遵循基本准则的渠道。这些治理机制各有优劣，实际应用中可以综合运用以实现最佳效果。其次，本章着重讨论了渠道激励的重要性以及相关的挑战、理论、原则和方式。渠道激励涉及企业内部和跨组织两种形式，通过合理的激励政策可以推动协同工作和绩效提升。本章列举了多种激励理论，如马斯洛的需求层次理论、赫茨伯格的双因素理论等，并强调了公平、适应性、一致性等激励原则的重要性。多种激励方式如奖励、业绩考核、培训等能够根据企业情况和渠道成员特点进行灵活组合，达到最佳效果。最后，着眼于中国文化中的关系治理。在中国文化中，"关系"是核心概念，代表基于信任、互惠和长期合作的社会交往方式。人际关系在中国社会中扮演重要角色，影响商务、政治和社会交往。人际关系在商业交易中建立信任、拓展机会、提升效率、解决问题、增加销售机会和品牌忠诚度。这些关系在渠道中也被视为治理机制，有助于建立信任、信息共享、问题解决等，但也需注意不宜过度依赖，以免封闭渠道和稳定性问题。

了解了这些，我们接下来的章节将深入介绍全渠道零售的核心概念与特征，让大家了解零售渠道发展的演进历程，分析驱动渠道变革的关键因素，同时阐述全渠道零售的内涵。比较全渠道与其他经营模式的差异，能够准确判别各种零售业态之间的差异与特点。

思考题

1. 在渠道冲突解决策略中，列举一些常见的解决渠道冲突的策略和预防渠道冲突的策略。
2. 在渠道合作中，权力和依赖分别扮演着什么样的角色？
3. 渠道投机行为产生的原因有哪些？
4. 渠道激励面临的挑战有哪些？根据渠道激励的原则，提出一些建议以应对这些挑战。

5. 在行业协会的会议上，经常听到"供应商不应该与比他们更强大的中介打交道"的论点。你如何看待这个观点？请分享你的观点和看法。

参考文献

［1］FRENCH J R，RAVEN B，CARTWRIGHT D. The bases of social power ［J］. Classics of organization theory. 1959，7（311-320）：1.

［2］COUGHLAN A T，ANDERSON E，STERN L W，et al. Marketing channels（7th ed.）［M］. Englewood：Prentice Hall，2006.

［3］WATHNE K H，HEIDE J B. Opportunism in interfirm relationships：forms，outcomes，and solutions ［J］. Journal of marketing，2000，64（4）：36-51.

［4］WEITZ B A，JAP S D. Relationship marketing and distribution channels ［J］. Journal of the academy of marketing science，1995（23）：305-320.

渠/道/管/理——新/零/售/时/代

7　全渠道的概念与特点

学习目标

通过本章的学习，学生能够：

· 了解渠道演进的各个阶段，以及推动渠道演进的关键因素。
· 理解全渠道相关概念和全渠道零售的特点。
· 了解新零售与全渠道零售的差异。
· 了解全渠道运营策略。

开篇案例：全渠道零售药房

2020年，新冠疫情暴发，各行各业都在承受着巨大压力，对于医药连锁公司泉源堂，却是不平凡的一年，泉源堂经营业绩大幅增长，充分利用自己全渠道零售的O2O优势，提高门店选址的精准度，扩大了业务覆盖范围，新开众多门店，实现跨越式发展。同年泉源堂完成5亿元的C轮融资，准备冲刺港股上市！

1902年，川西名医李希臣开设泉源堂医馆。2012年，医馆创立110年之后，第四代传人李总成立成都泉源堂大药房，进入医药零售领域。2014年，泉源堂开始进入医药电商领域，并很快在天猫、京东开设旗舰店，随着仓储、物流体站稳脚跟，2015年电商收入实现了从不足百万元上升至七千多万元的跨越，营收占比从2%上升至75%以上，全面转型为医药零售+互联网的创新型公司。2017年，泉源堂通过数字化手段以及完备的线上线下基础服务设施，致力于打造全渠道零售药房，涵盖了新零售业务（包括线下零售药房及O2O零售业务）和B2C零售业务（在B2C电商平台运营线上药房）。全渠道零售供应链的管理成为泉源堂发展的关键，截至2020年年底，按每月每间药房平均订单数计算，2020年泉源堂在中国所有的自营O2O及线下零售药房中排名第一。

2022年2月，距泉源堂进驻上海将至1周年之际，虎年迎新的喜劲还未散去，零星疫情开始在上海出现，并逐渐发展成大暴发趋势。泉源堂主动申请成为保供单位，利用全渠道模式优势协调管理药品资源，以每一家旗下门店为依托，通过门店完成药品的销售和配送，使各个门店都得以正常经营，保障药品的持续供应，酒精、口罩、防护服、消毒液等防疫物资从未断货。在疫情的压力测试下，泉源堂经受住此次大考，并交上一份合格的答卷。

（资料来源：改编自《全渠道零售药房的供应链探索：泉源堂的入沪战
"疫"》，戴勇 等，中国管理案例共享中心，2022.）

7.1 全渠道的形成

7.1.1 不同类型的渠道

渠道在商业领域一般认为是商品流向消费者所经过的路径或网络，具体表现为
消费者从生产厂商或经销商手里取得产品或服务的途径，它是一种架构，实现将有
形或无形产品从生产者或销售者到消费者的传输。斯科特·内斯林（Scott A.
Neslin）等（2006）将零售渠道定义为零售商搭建的顾客触点或者企业与消费者交
流的途径[①]。常见的渠道可以被笼统分为线上渠道与线下渠道两类。线上渠道一般
是通过信息通信技术，使人们能够远程完成购物的渠道，如电子商务渠道、移动终
端等。线下渠道主要是人们通过面对面实地咨询产品，体验服务而进行购物的渠道，
如实体店门店、目录销售等（如图 7-1 所示）。线上线下渠道各有特点、各有优势，
充分了解每种渠道的类型才能明确各渠道价值，更具体地可以将渠道划分为以下
类型。

图 7-1 不同类型的渠道

（1）实体门店

实体门店是最传统的零售渠道，即零售商通过开设实体店面展示商品，为消费
者提供浏览、咨询商品的服务，消费者通过线下面对面支付，购买商品，并将商品
取走。比如：超市、百货商店和专卖店。

（2）目录销售

目录销售是指消费者通过一些目录购物商家发行的商品目录，了解商品信息，
并通过拨打订购电话进行购买商品的方式。消费者在订购商品后，由商家通过快递
等方式送货上门，并在取货时进行付款。目前其已成为国际上比较流行的购物方式。

---

① NESLIN S A, GREWAL D, LEGHORN R, et al. Challenges and opportunities in multichannel customer man-
agement [J]. Journal of service research, 2006, 9 (2): 95-112.

（3）在线零售

随着互联网技术的发展与普及，20 世纪末出现了利用互联网买卖商品的现象，即电子商务。电子商务是指买卖双方使用互联网进行交易的商业活动，例如：亚马逊、阿里巴巴以及个人在线商店。互联网用户的快速增长以及消费者观念的转变使得电子商务实现了快速发展。2021 年年度中国电子商务交易额达 42.3 万亿元，同比增长 19.6%，全国网上零售额 13.09 万亿元，同比增长 14.1%，电子商务俨然已成为人们购物的重要渠道，且新冠疫情的暴发更是加速人们线上购物习惯的培育进程，在线渠道已然成为渠道中不可或缺的一环。

（4）移动终端购物

移动终端购物是指人们利用手机（APP）、平板电脑等移动智能设备进行购物的方式。随着移动互联网和手机技术的快速发展，人们很快进入了移动互联网时代，手机购物已成为主要购物方式之一。人们可以随时随地用手机查询、浏览、比较商品，也可以通过手机在线下单支付。

（5）社交电商

随着社交网络的发展与成熟，基于社交网络的零售渠道渐渐出现。社交媒体商务（social media commerce）主要指利用社交软件或平台销售商品的方式。社交电商利用社交关系进行传播商品信息，并将商品以快递的形式交付给消费者，或者利用社交网络传播商品信息及优惠活动等信息，吸引消费者从其线上平台或者实体店购买商品。

7.1.2 渠道的演进过程

20 世纪 90 年代，是"砖头加水泥"（brick-and-mortar）实体店铺的黄金时代，该时期下单渠道零售模式广泛存。企业通过一种渠道，如商店、电视、收音机等，把生产者的产品或服务提供给消费者，该模式使得企业能以较低成本快捷地进行部署，使得具有竞争优势的品牌能够快速垄断市场，提升利润。但同时，单渠道受服务范围的局限，只能为少数客户提供服务，严重限制了潜在客户的规模和多样性。随着竞争对手增多，商铺租金和人力成本持续上涨，实体店铺困境凸显。收入变化不显著，但是成本增加，导致实体店铺利润微薄，单渠道零售模式受到挑战。

实体店经营受困，而客户服务需求却在不断提高，两者之间的矛盾导致企业客户关系发生变化，并进而体现为渠道模式的转变。21 世纪互联网技术的发展给零售业模式发展带来机会，单渠道零售模式逐渐向互联网支持的双渠道零售模式转换，网上店铺时代到来。双渠道是指企业同时采用两种不同类型的销售渠道，通常包括线上渠道和线下渠道。企业可以通过自己的线上电商平台或通过第三方线上市场（如电商平台、社交媒体）销售产品，同时也在实体店铺进行销售。在此基础上，又发展出了多渠道零售模式。多渠道零售不仅包括线上和线下渠道，还可以涵盖其他数字化渠道，如社交媒体、移动应用、电话销售等。企业通过不同类型的可触达消费者的渠道或平台，在每一个单一平台中和消费者进行互动。从技术层面来看，多渠道又可以理解为多个单渠道的组合，每条渠道完成渠道的全部而非部分功能，相互之间并没有统一的操作标准和规范。因此，不同渠道通常服务不同类型的客户。多渠道模式有助于品牌开放市场，使其在营销活动中能够触达到更广泛、更多样化的受众，利用不同渠道的不同营销策略抓取更多的潜在需求。多渠道零售模式是单渠道零售模式质的飞跃，但仍然和客户保持了一定的距离，且相互独立的多类型渠道投入难以在企业运营效果上形成正向转化，不仅造成资源的浪费还极大地增加了企业的管理成本，最终使得企业效率和投资回报率下降。

　　面对多渠道战略的流行趋势，不仅传统的实体零售商要考虑是否应该在现有渠道组合中增加新渠道，新出现的线上零售商也需要考虑是否在线下布局的问题。然而，当面临多个零售渠道并存时，跨渠道客户的管理、多渠道零售组合的整合使得多渠道零售概念的范围再次被拓宽。

　　从多渠道到全渠道的发展，跨渠道是其中短暂但必经的阶段。当渠道之间的自然边界开始消失时，不同的渠道的差异变得模糊，且这种发展正在影响竞争战略，新的渠道整合将打破诸如地理位置和消费者固有偏好等旧的障碍。过去当面临多种渠道的选择时，消费者可能先在线下搜索，然后在网上购买，这种现象被称为"展厅现象"（showrooming），而随着跨渠道趋势的涌现，与之相反的"反展厅现象"（webrooming）也随之出现，越来越多的消费者会先在线上利用网络搜索浏览产品，然后再去线下实体店购买。该现象给零售商带来了新的机会——公司自身就可以提供这些无缝衔接的体验，比如在商店里提供移动设备，方便顾客寻找他们所需的产品信息并订购（例如苹果商店）。另外，通过店内 Wi-Fi 网络，商家也可以通过移动设备与顾客沟通，并跟踪他们的行为。销售企业逐渐认识到多渠道零售模式的问题，通过网络科技加持，不断打通多渠道之间的壁垒，全渠道零售模式逐渐成形。新型的全渠道模式，是从消费者角度出发的，商家更多考虑消费者的需求，为其提供消费者需要的服务。因此，在全渠道的零售模式下消费者有参与其中的感觉，其消费体验也更舒适。

　　比较而言，不难发现多渠道实际主要考虑的是渠道的增加，而全渠道环境则更加强调零售渠道与品牌的相互合作。在多渠道阶段，各个渠道还保持相对独立的状态，当渠道间开始联动便诞生了跨渠道的概念，而到了全渠道阶段，不仅拓宽了渠道的范围，而且整合了客户—品牌—零售渠道间的多重互动。这也意味着在全渠道的世界中，不同的渠道和接触点在企业和客户之间被不断地、交替地、同时地使用，以促进客户的零售体验，美好消费体验的最终目标效果是让用户感受到自己与品牌方之间的良性互动，而不单单只是与零售商店之间的互动。结合零售行业发展历史，零售渠道模式的演进历程可概括为四个阶段（如图 7-2 所示）：

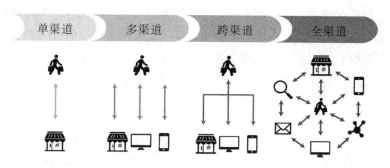

图 7-2 零售渠道模式的演进历程

（1）单渠道（single channel）

单渠道是指零售商只使用单一的渠道与消费者进行交互。例如，传统的零售商，通过自己的实体门店将商品销售给消费者。消费者浏览、咨询、体验商品、下单、支付和取货等活动都发生在实体店。类似地，只做电商的企业也属于单渠道零售。

（2）多渠道（multi-channel）

多渠道是在单渠道和双渠道基础上发展起来的一种零售策略，旨在通过整合和利用多种销售渠道，更好地满足消费者需求，提升销售额和品牌影响力。双渠道是指企业同时采用两种不同类型的销售渠道，通常包括线上渠道和线下渠道。多渠道零售不仅包括线上和线下渠道，还可以涵盖其他数字化渠道，如社交媒体、移动应用、电话销售等。这些渠道可以在同一时间并行存在，为消费者提供多样的购物方式和接触点。多渠道的目标是通过多样化的销售渠道，满足不同消费者的购物习惯，提升品牌的可见度和销售额。

（3）跨渠道（cross-channel）

跨渠道零售是介于单渠道和多渠道之间的一种零售模式。零售商使用多个渠道为消费者服务，但是，消费者通过某一个渠道只能完成购物的部分环节，需要同时使用多个渠道才能购买到商品。这种零售模式属于跨渠道零售模式。例如，有些零售商在线下开设体验店，消费者可以到店咨询商品，选择并体验商品，但是无法线下下单、支付并取货。消费者可以在线下选择商品后，去该线上平台下单支付，等待快递物流将商品送至手上。跨渠道零售往往会降低商家运行多个渠道的成本，同时为消费者提供相对完善的服务，满足消费者多种渠道的需求。

（4）全渠道（omni-channel）

在本书第 1 章我们介绍了全渠道是在多渠道、跨渠道的基础上发展起来的，是一种渠道涉及更广，渠道之间的联系更密切，消费者选择更自由的新型零售模式。全渠道致力于统筹使用各种渠道为消费者提供无缝的购物体验，不仅包括不同的销售渠道，还涵盖了供应链、库存管理、市场推广等各个环节。它的目标是在整个业务运作中实现协调一致，以提供更好的购物体验和更高的效率。全渠道零售模式下，消费者可以在任何时间、任何地点、通过任何渠道购买所有商品并接受服务。全渠道零售模式符合新环境下消费者的购物需求与行为特点，是每一个零售商未来获取竞争优势的可选方案。

总体来说,多渠道关注在多个销售渠道上推出产品,以获得更多的销售机会和更广泛的市场覆盖。跨渠道关注不同渠道之间的衔接和互动,强调一致的购物体验。全渠道强调在所有可用渠道中实现协调和整合,涵盖更广泛的业务运作范围。

7.1.3 推动因素

1)技术进步

回顾技术与零售业发展的历史,首先是生产力水平的提高,手工生产技术的进步为社会交换提供了基础,使得商人在社会分工中出现,零售的雏形就此诞生;随后工业革命进一步提升了生产力水平,交通通信技术的爆发带来了新的零售渠道;近代社会,信息技术革命拓宽了信息传播的渠道,消费者在购物过程中搜集、浏览、筛选、反馈商品信息的效率和频次也大大提高,可见信息渠道其实就是购物的渠道,因此信息技术革命催生的全渠道信息传递注定会引发全渠道消费群体的崛起。传统零售业在互联网信息时代得到了迅速的发展,信息技术在提升零售企业效率、降低经营成本方面发挥了重要作用,并且基于此搭建的交易平台也帮助传统零售商克服了空间上的阻碍。随着信息技术的进一步发展,以大数据为代表的数据处理技术更迭成为全渠道零售模式创新的主要驱动要素。数据分析帮助管理层快速精准地做出营销管理的决策,是科技赋能的目的所在。大数据的堆砌本身并没有太多意义,数据的战略价值体现在通过分析得出的顾客需求和偏好,基于此对产品研发、渠道营销、库存供应链管理等各运营环节提出精准的改进建议。由此可见,掌握了核心大数据分析技术的零售企业,更容易在新时代的全渠道零售变革中获取竞争优势。

2)消费需求升级

从单一渠道到全渠道的发展进化,把原来的单向价值链转化以顾客需求为中心的价值创造的过程,所有的价值创造环节均面向顾客,通过业务之间的充分融合的同时实现数据的采集,再利用先进的信息技术将资源与顾客需求充分匹配,将业务流程数字化以最大效率地创造并满足顾客的需求。新的信息技术创造新的需求,推动消费者需求的不断升级;而消费需求的升级又反过来促使零售商主动采用最新的信息技术来提升商业运营水平,以更好地满足消费需求。信息技术的发展触发了顾客全渠道购买的行为,进一步促使零售企业实施全渠道销售战略以更好地满足顾客的全渠道消费需求,零售企业采纳最新的技术制定适宜的采购和生产制度,以确保全渠道零售战略的实现。齐永智和张梦霞(2015)在研究全渠道零售的成因时认为,全渠道以消费者体验为中心,顾客需要更多的渠道去消费从而获取更好的购物体验,并非因为企业自身想布局更多的零售渠道才导致的这个结果。是信息渠道的变革使消费者培养了全渠道购物的消费习惯,进而促使零售企业实施全渠道战略,最终使得供应链上下游都纷纷转向采用适应全渠道零售的生产模式。

3)消费者行为的演变

消费者行为的演变一直是全渠道管理出现和演变的驱动力。第2章介绍了新零售时代的消费者行为特征,下面将探讨消费者不断变化的行为以及企业如何适应以满足他们的期望。

（1）消费者期望的转变

在当今数字化时代，消费者期望正在发生显著的转变，对零售行业提出了全新的挑战和机遇。随着智能手机、平板电脑以及高速互联网的普及，消费者享有了前所未有的数字赋权。这使得他们能够在瞬息万变的信息中获取所需，轻松地浏览产品、获取评论和信息。然而，这种数字化赋权也催生了消费者对跨渠道购物便利性和无缝交互的迫切需求。与此同时，通用的营销信息已不再引起消费者的兴趣，他们期望品牌能够真正理解他们的喜好，为他们提供独特的、个性化的购物体验。这一个性化的需求推动着企业不断投资于数据驱动的策略，以更好地满足消费者的期望。此外，消费者的购物旅程也发生了巨大变化，变得更加无缝和流动。现代消费者可能会在线上进行产品研究，但也可能在实体店铺中寻找真实的触摸和感觉体验。这种流动性的购物旅程要求零售商提供一致性和连贯性，使消费者无论在哪个环节都能享受到愉悦的购物体验。在这个充满变革和挑战的时代，零售业需要不断适应，以满足消费者不断变化的期望和需求。

（2）数字渠道的影响

数字化渠道的崛起彻底改变了消费者行为的游戏规则，重新定义了零售领域的格局。如今，我们正处在一个数字化、互联的时代，消费者的购买决策方式和行为模式都发生了深刻变化。在这个变革中，数字渠道扮演着举足轻重的角色，塑造着消费者的观念和选择（如图7-3所示）。

图 7-3 平台电商 VS 线上新渠道

（资料来源：来源于网络）

①在线研究：在线研究已成为消费者在购买前的标配。他们通过广泛的在线研究来获取关于产品和服务的信息，借此做出明智的购买决策。评论的阅读、价格的比较以及同行的建议，成为影响他们购买选择的重要因素，而这些决策将直接塑造市场格局。

②社交媒体影响：社交媒体已经迅速崛起，不仅改变了人们的社交方式，也深刻影响着消费者与品牌之间的互动。社交媒体平台不仅是消费者发现新产品的重要途径，而且是与品牌互动、分享购物体验的强大工具。积极的社交互动可以迅速传播宣传，而消极的反馈也可能在社交媒体上波及品牌的声誉，因此品牌管理在数字化渠道中显得尤为关键。

③移动购物：移动购物已成为现代消费者购物习惯中不可或缺的一部分。随着移动设备的普及，移动应用、响应式网站以及便捷的移动支付解决方案，已成为零

售企业不可或缺的一环。移动购物为消费者提供了随时随地进行购物的便利，也促使企业必须适应多样化的购物渠道，以满足消费者在数字世界中的需求。

总之，数字渠道的兴起不仅改变了消费者的购物行为，而且塑造了零售行业的新格局。企业必须积极拥抱数字化趋势，不断调整策略，以适应这个充满机遇和挑战的数字时代。

（3）全渠道对消费者行为的影响

全渠道策略的崛起正在引领着消费者行为的重大变革，不仅令企业能够更好地适应这些变化，还在很大程度上塑造了这些变化。我们正置身于数字化时代，全渠道策略的引入正是为了迎合这个日新月异的消费者行为趋势，并从中汲取启示。

①无缝过渡：如今，消费者对于线上和线下渠道之间的无缝过渡有了更高的期望。他们希望能够在一个渠道上启动一笔交易，并在另一个渠道上无缝完成，而不会出现中断。这种需求推动了企业不断创新，以提供更加一体化、流畅的购物体验，让消费者的购物旅程不再受限于渠道的界限。

②便利性：便利性成为塑造消费者行为的关键驱动因素。现代消费者不仅追求产品本身，而且注重购物的便捷和自主性。他们渴望在何时何地购物或与品牌互动，具备自主决策的能力。随着全渠道策略的推动，企业必须设法创造更多方便的选择，满足消费者个性化的购物方式。

③增强体验：增强体验是全渠道策略的又一显著特点。点击提货、基于浏览历史的个性化推荐等全渠道体验，显著提升了消费者对购物体验的期望。消费者渴望在购物过程中得到更多个性化的关注和服务，而全渠道策略正是在这方面发挥了巨大作用。

总之，了解消费者行为的变化对于企业全渠道战略的制定至关重要。随着消费者的习惯不断适应新技术和体验，企业必须灵活应对，以满足消费者不断变化的偏好和期望。对于这些行为变化的深入洞察，为成功设计和实施全渠道策略奠定了坚实的基础。这个充满机遇的时代需要企业紧密关注消费者的需求，持续创新，以确保能够创造出引人入胜的购物体验。请参见以下丝芙兰的全渠道运营案例。

全渠道运营：丝芙兰的全渠道运营

丝芙兰（Sephora）作为"全球化妆品的零售权威"，在全球 36 个国家拥有 2 600 家门店，店内销售超过 250 种品牌的产品，包括化妆用品、护肤品、香水、沐浴用品、洗发用品等。由于美妆行业消费者的购物习惯趋于全渠道化，在社交营销的驱动下，消费者对产品的真实评价、推送内容的真实性更加在意。对于主打高端的美妆零售商或品牌而言，如何时刻洞悉消费者诉求、与用户进行无缝双向沟通，并在多渠道内获得愉悦体验，成为品牌赢得消费者的关键。因此，早在 2013 年丝芙兰就将传统营销部和数字营销部合并，加强在数字化方面的投入。

2015 年，丝芙兰成立了创新实验室，开始为其全渠道零售布局做前期探索。该实验室由跨职能团队构成，主要用于探索能够提升线上线下融合购物体验的新兴技术。例如，丝芙兰的一款手机应用 Sephora to Go，能使消费者的购物体验无论是在

180

店内还是移动终端都得到提升，该应用在当年苹果应用商城 App Store 的购物类别中达到排名第 25 的好成绩。经过两年对线上线下融合购物体验的探索，丝芙兰于 2017 年 10 月合并了互相独立的线下实体店零售和数字零售团队，将其创建为全渠道零售部门，并重新制定全渠道零售战略，让线上线下共同为用户服务。此外，丝芙兰还开拓了私域渠道，以企业微信、小程序直播、微信社群等众多工具打破渠道界限，形成了官方网站、官方 APP、微信小程序、抖音小店、天猫旗舰店、天猫国际海外旗舰店、京东旗舰店、京东到家及美团外卖 9 大平台的全网电商矩阵，成为高端美妆行业的零售企业标杆。

在消费决策过程中，消费者会在各个渠道间跳转和互动，打破渠道界限，协力提升消费体验是全渠道的关键。为此，在完成渠道布局后，丝芙兰将手机作为运营核心，并以此连接所有渠道。当消费者进入线下店面时，丝芙兰 APP 中的信标定位功能会弹出系统提示，让其切换到"商店模式"，能够扫描商品并进行评分和评论，并能够查找过往购买的商品，查看愿望清单、会员卡和已保存的礼品卡，从而让顾客在结账时节省额外步骤。此外，渠道贯通使得丝芙兰能够将线上触点、商业触点、社交触点等渠道吸引来的种子用户引流至小程序。店铺中的美容顾问及数字化互动等特色虚拟服务，引导消费者进入品牌私域，体验线上延展服务，营销内容中附带小程序商城链接，方便用户及时下单；线上的公众号、官网、小红书等向丝芙兰小程序集中导流，培养用户的购物习惯。客户向私域的转化使得企业能够通过公众号、广告、视频号、直播、社群管理等方式强化用户连接力，从而增强品牌黏性。此外，社群还能以早中晚问候、产品推荐、优惠活动、晒单抽奖、无门槛抽奖等宠粉福利，有效提升用户参与热情与转化效率。灵活联动私域与线下门店，使得丝芙兰在实现与用户高效率连接的同时，还带动商品销售转化，降低新用户的转化成本。

在丝芙兰全渠道零售的转型之路上，数字技术的贡献不可忽视。在用户挖掘方面，丝芙兰建立 360° 画像和实施了个性化营销。自从线上线下团队合并后，丝芙兰开始构建用户画像，通过与 Google Analytics 36 的合作，可跟踪用户在线下店内购买、与销售人员的互动、在线浏览以及在线购买行为数据，有助于全面了解用户在各个渠道的购物历程。丝芙兰发现，有 70% 的消费者在前往丝芙兰线下门店购物时会提前在当天访问其官网，同时还能够确定哪些在线广告推动了店内购买。丝芙兰的用户运营策略由此实现了数据驱动，数字广告带来的销售额也猛增了 3 倍。结合用户画像及用户行为数据，丝芙兰推送个性化的营销资讯，有效有提升会员的复购率。在丝芙兰的网站上，首页上 Recommended For You（为您推荐）上展示的产品是根据消费者过去的购买和浏览活动生成的，通过 New For You（新品推介）向消费者整理上新的美妆产品，并依据 You May Also Like（你可能也喜欢）分析用户可能寻求的商品。为增强线上客户体验，丝芙兰推出 Pocket Contour Class 服务，为线上客户提供美妆步骤的教程指南，并在线下旗舰店内，提供了 Fragrance Studio 美力探氛站 2.0、Foundation Finder 底色由我的试色系统、Virtual Artist 虚拟系统等创新数智化美妆设备，以多元化服务满足消费者的个性化需求。

（资料来源：易观数科）

7.2 全渠道零售的内容与特点

7.2.1 全渠道零售的内容

在本书第3章，我们介绍了全渠道零售的起源和概念，需要指出的是，关于全渠道零售的定义，学术界并未形成统一的表述。但是，很多学者讨论并尝试给出了全渠道零售的内涵。例如，达雷尔·里格比（Darrell K. Rigby）（2011）最早提出全渠道零售的概念，并将全渠道零售定义为一种运作各种可获得的渠道，消除渠道间的差异，为消费者提供一个无缝的购物体验的零售模式[1]。彼得·范霍夫（Peter C. Verhoef）等人（2015）从多渠道向全渠道转变的角度，尝试给出了新的定义。他们认为全渠道零售是协同管理各种各样的渠道或者消费者触点，以使消费者跨渠道体验和最大化各渠道表现的一种零售方式[2]。通过综述已有文献关于全渠道零售的讨论发现，尽管不同学者给出的定义表述存在差异，但是关于全渠道零售的内涵基本一致。全渠道零售是统筹使用所有消费者可接触到的渠道，促进渠道之间的协同与合作，为顾客提供全新的、无缝的、统一的购物体验，以吸引更多消费者，增强企业竞争优势的一种新环境下的零售模式。全渠道零售的核心是渠道整合。渠道整合包含渠道各个属性的整合，满足消费者整个购物过程的整合。全渠道零售企业通过整合和组合尽可能多的不同类型零售渠道为消费者提供服务，尽可能满足客户购物、娱乐和社交的综合体验需求。可从零售商视角和消费者视角对全渠道模式进行识别。例如，从零售商视角来说，当其使用全部可获得渠道，并完全整合各渠道的价格、产品、库存等信息时，则是在实施全渠道零售；而从消费者视角来说，当全部渠道可以实现完全交互时，即可称为全渠道零售。

全渠道零售体现在消费者购买及零售商销售两个过程，其主要内容包含信息传播全渠道、订单处理全渠道、支付方式全渠道、仓储物流全渠道、支援服务全渠道及客户关系管理全渠道六个方面（如图7-4所示）。

（1）信息传播全渠道

消费本质上就是消费者与销售者之间的信息交流与沟通零售，当双方达成一致时，就会实现购买。不同渠道具有差异性，其在信息传递沟通方面有独一无二的性能优势，所以若将这些渠道合理搭配，则能实现总体沟通效果的优化。信息传播方式与渠道方式的转变本质上都是因为技术的快速发展，而信息技术的发展实现了二者发展方向的统一。传统零售所能提供的是实体店里一对一真实的体验，而电子商务所提供的是网络上海量、便捷的信息收集与对比服务，极大地提高了信息传递的广度与深度。但这两种信息传递方式并不是孤立的，而是将线上线下有机结合，丰富消费者的购物体验。例如：商家可以以顾客所在地理位置为圆心，将周边的优惠

① RIGBY D K. The future of shopping [J]. Harvard business review, 2011, 89（12）: 65-76.

② VERHOEF, P C, KANNAN P K, INMAN J J. From multi-channel retailing to omni-channel retailing: introduction to the special issue on multi-channel retailing [J]. Journal of retailing, 2015, 91（2）: 174-181.

信息推送到顾客手机上，也可在实体店内配备自助查询设备，让顾客自助查询商品信息、所在位置、商品评价等，实现随时随地线上线下多渠道信息收集，丰富消费者的购物体验。

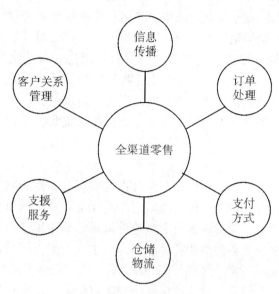

图 7-4　全渠道零售内容

（2）订单处理全渠道

全渠道的订单管理系统必须是一个能够实时共享渠道信息的统一的系统，能否实现多渠道协同是多渠道战略能否成功的核心。企业要想构建协同渠道，其必须搭建能够传递并整合各个渠道数据的计算机软件平台。订单管理平台接收来自各个渠道的销售订单，然后根据其所了解的各个仓库的货品情况，对不同订单进行调度、确认以及执行，所以能否实现渠道信息的共享决定了能否以更低成本、更高服务执行订单。如，苏宁、国美等都在线下实体店安装了移动终端，可以将很多因店面面积而无法摆设的产品放在线上，让顾客线上下单，订单后台集中处理并发货，这样充分利用线上线下两种渠道，尽可能多地留住客户，在提升整体绩效的同时也很好地避免了渠道间的冲突。

（3）支付方式全渠道

支付方式的多元化使消费者购物过程更加便捷，购物体验更好。随着技术的发展，未来一定会在目前电子支付、现金支付以及银行卡支付的基础上衍生出更方便的支付方式，支付方式的多元化虽然让消费者购物更加方便、便捷，但是产生了多支付工具以及账户的情况，且各个账户彼此独立无法实现信息共享，这不仅影响购物体验，而且使企业收集分析消费者购物信息变得更加困难。实现支付渠道的协同，将消费者的支付信息集中到一个购物账户中去是全渠道支付应该追求的目标。比如线下实体店可以使用唯一的工具为刷卡、电子支付或现金支付的顾客结算等。

（4）仓储物流全渠道

快递配送的质量直接影响顾客对产品销售的体验。以往的物流仓储为卖库存模式，即产品入大仓然后根据各区域的销售情况将货物调拨到区域仓，然后再由区域仓分发到终端仓。这种传统模式非常容易产生畅销产品断货，非畅销品积压在终端库的情况。全渠道的仓储物流改进了原有仓储物流的模式，将已有的终端仓库变为畅销品库，而非畅销品置于区域仓当中。当然快捷的物流是支撑区域仓库货物销售的基础。除此之外，全渠道还有一个非常明显的优势就是自营物流，自营物流相较于第三方物流更加快且便捷，更能满足消费者定制化、高速化的物流需求，且其"最后一公里"服务的效率直接影响消费者购物体验。另外在全渠道仓储物流体系中，线下实体店不再只有销售产品的功能，产品提货以及配送也将成为其非常重要的一项功能，消费者可以线上查看，线下体验付款及提货，或者线上付款，线下自取等。

（5）支援服务全渠道

支援服务是指消费者在购买产品的全过程包括售前、售中以及售后中所接受到的全部服务。各个渠道内以及渠道之间的支援服务质量是影响消费者体验的重要因素之一。现有研究发现全渠道顾客所创造的价值远远高于单渠道顾客。为此，在全渠道时代，零售企业应完善与消费者接触的每一个点的服务质量，时时刻刻满足消费者的消费需求，实现消费者终身价值的最大化。支援服务不只是简单的售后服务，而是销售的全过程，零售商可以借助信息化的客户信息，使客户每一次接受到的服务都优于上一次，除此之外，所有的销售渠道要实现由销售中心成为真正的体验中心，顾客可以在不同的渠道之间交叉体验、交叉购买，甚至交叉退换货物，即线上付款，线下提货甚至退换货，真正实现全渠道的销售、退换以及售后。另外，全渠道零售商应该搭建全渠道的申诉制度，降低交叉购买的风险，树立人们对全渠道的信心。

（6）客户关系管理全渠道

会员的增长速度以及数量是衡量一个企业客户关系管理质量的重要指标。对顾客信息集成的数据集合进行分析可以挖掘出顾客整体的购物偏好以及行为，而这些就是客户关系管理的基础和关键。就目前情况而言，大部分企业的信息管理系统均为单渠道而构建，同一顾客在不同渠道的购物数据处于分散的状态，无法很好地反映消费者的购物倾向，所以应建立统一平台，整合消费者在不同渠道上的消费信息，基于这些信息构建消费者画像，并对该顾客某段时间内的消费偏好进行预测，进行产品推送，进行精准营销，以此来与客户建立更加紧密的联系。

7.2.2 全渠道零售的特点

全渠道作为一种新兴的零售趋势，相比过去的单渠道、多渠道与跨渠道，具有以下特点：

（1）以消费者为中心

早期零售业的特征是以生产为主，市场态势是卖方市场，制造商与零售商有明显的优势。到后来以销售驱动需求，这一时期逐渐由卖方市场过渡到买方市场。现代营销是绝对的买方市场，主要是以消费者运营为核心。企业至关重要的是要理解顾客体验和客户随时间推移的感受。而零售业所处的环境不断变化，增加了管理顾客体验的复杂性，对企业提出了相应要求。零售商若要在激烈的市场中立足，则必须尽一切手段满足消费者全天候、多方位、个性化的购物需求，以及流畅与无缝的购物体验。

全渠道零售模式下，消费方式发生了转变，由传统的生产驱动消费，转变成消费需求逆向牵引生产。零售商致力于根据消费者偏好制定经营活动，通过利用云、端、网、3D/4D 打印、AR/VR、AI、移动支付、区块链等技术，以及营销方式、产品、服务等数字化、柔性化、扁平化、共享化和生态化，让消费者参与研发、设计，真正做到以消费者需求主导，逆向牵引生产方式。

（2）渠道的全面整合

多渠道零售模式是指消费者在购物时可在多种购物渠道之间进行选择，但是各渠道分属不同的系统，相互之间独立运作，分别进行订单处理、发货、配送等环节，不涉及或少数环节涉及渠道间的交互，只针对自身的市场进行需求预测以及制定自身的经营和库存管理策略。对于消费者来说，他们不再局限于单一渠道，而是交替出现在实体店、移动商店、社交媒体、官网等渠道中，可以利用移动终端、商品导航仪等快速获取所需商品的基本信息介绍、使用方法等，甚至可以线上线下模拟试用商品。在此背景下，全渠道零售商整合实体店位置，以及移动 web、移动设备、移动应用程序、聊天机器人、社交媒体平台等其他虚拟渠道，建立充分的渠道数量、优化渠道间的融合沟通，以满足全渠道购物者的需求。这种模式能促进零售商与消费者之间形成一种长期关系，激发消费者的持续购买行为，达到关系营销效果。信息技术革命最终催生了全渠道零售。在消费者购买决策中，几乎所有环节都涉及信息的搜寻、分析、比较及提交指令等行为。因此，零售渠道的整合实际上就是信息渠道的整合，即信息传播路径的拓展与融合。例如，在购前阶段，消费者可以通过社交媒体、网上商店等不同的渠道类型收集有关产品的信息，支付阶段可以通过拨打电话、询问实体商店收银员、网上商店客服等，配送阶段可以选择线下自提、物流配送，售后阶段亦可以选择物流退换、实体商店退换等方式。

（3）店仓一体化

全渠道零售模式下，线下零售店铺除需满足线下到店的消费需求之外，被赋予了新的仓储功能，其存储的商品还需满足线上消费者的"店铺配送"和"到店取货"这两种服务模式，该履约模式能够使得订单得到快速响应，节省履约时间，提升客户体验。

双渠道模式下，线上的消费者需求由位置相对较远的配送中心负责，而全渠道模式下一部分的线上需求由店铺履约，店铺的位置大多在人群聚集的市区，店铺租金较高，自然带来高库存成本。同时，由于线下门店需要满足线下消费者和部分线上消费者的需求，总体需求量大大上升，一方面，在场地不变的情况下能够充分利用仓储空间，提高空间周转率；另一方面，增大的需求、有限的存储空间、高昂的场地租金给全渠道零售商的库存管理带来较大的压力，同时又要保持较高的服务水平，因此全渠道零售商的库存控制尤为重要。

（4）具有强大的信息和协调分析能力

要实现渠道间融合、库存共享的全渠道服务模式，就必须有统一的订单、库存和管理系统来全面实现信息协同，以支撑信息在供应链各环节和渠道间快速传递和处理。强大的信息处理能力能够在补货周期，将库存在各个店铺、各种库存之间进行合理分配。同时，在需求周期中有订单到达时，能快速分析处理库存以更高效率履约，提升消费者满意度。

（5）贯穿消费者的整个购物过程

消费者的购物过程基本可以划分为三个阶段：售前、售中、售后。其中，售前阶段的关键在于通过多种渠道搜集商品信息，确定所要购买的商品；在售中阶段，消费者完成采购商品的具体属性确定及商品规格、尺码、颜色等选择，并通过交易获得商品；售后主要是消费者经过产品的使用，获得使用经验，如合适则再持有商品，不合适则进行退换货。全渠道策略对各渠道的整合就是在各渠道购物流程优化的基础上，对消费者在整个购物过程中所涉及渠道的协同功能再整合，以提升购物体验。由此可见，全渠道并不是渠道营销手法的简单进化，而是"终极的顾客战略"，是全新的商业模式构建，并根据以下"三全"进行内部资源的设计。

①全程：各关键节点均与顾客保持全程、零距离的接触和互动。

②全线：实体渠道、电子商务渠道、移动商务渠道的线上与线下的融合。

③全面：实时跟踪和积累顾客购物全过程全场景的数据，精准、友好、智能、及时地与顾客互动。

7.2.3　新零售与全渠道零售的区别

新零售（new retail）和全渠道零售（omni-channel retail）是两种零售业务模式，它们在整合线上和线下渠道、优化消费者体验方面有一些共同之处，但也存在一些区别。新零售（new retail）：其是由中国阿里巴巴集团提出的概念，强调通过科技手段，将线上、线下和物流等多个环节整合在一起，实现消费者与产品、服务之间的无缝连接，以创造更好的购物体验和提高效率。全渠道零售（omni-channel retail）：其强调在多个销售渠道（如实体店铺、在线商店、移动应用等）之间无缝衔接，使消费者能够在不同渠道之间自由切换，获得一致的购物体验。它们的区别体现在以下几个方面：

（1）焦点

新零售更侧重于利用先进的科技手段，如AI、大数据分析、物联网等，来重新定义零售体验，提高效率，拓展商业模式。全渠道零售更侧重为消费者提供多样的购物渠道，使他们可以随时随地购买产品，无论是在线购物还是线下购物。

（2）技术应用

新零售通常采用AI、虚拟现实、增强现实等技术，用于提供个性化的购物建议、智能支付、虚拟试衣等。全渠道零售强调各个渠道之间的无缝连接，例如通过在线订购后在实体店取货，或在线下实体店购物后在网上追踪订单状态。

（3）商业模式

新零售通常涉及线下实体店铺的升级，将其与在线购物相结合，通过数据驱动的方式来更好地满足消费者需求。全渠道零售更注重在不同销售渠道之间创建无缝的购物体验，使消费者可以根据自己的需求和喜好选择购物方式。

（4）代表公司

新零售的代表公司主要是中国的阿里巴巴集团，其通过淘宝、天猫、盒马等业务实践了新零售理念。全渠道零售的概念较为广泛，许多零售公司都在努力将多个销售渠道整合起来，以提供一致的购物体验。

综上所述，新零售和全渠道零售都在探索如何更好地满足现代消费者的需求，但它们的侧重点和技术应用有所不同。新零售更强调科技创新和整合，而全渠道零售更强调多样的销售渠道之间的无缝衔接。请参见下面罗森的案例。

新零售战略：罗森的新零售战略

罗森于1939年在美国成立，1975年在日本开出第一家店铺，作为一家专业的连锁便利店公司在日本全面开展业务，并于1996年进入中国上海，成为最早进入中国市场的外资便利店之一。此后，罗森不断拓展，在中国多个城市全面开展业务，并于2022年突破5 000家门店。随着电子商务和现代化技术的发展，实体零售和线上平台的合作成为零售行业的重要发展方向。伴随着新零售的浪潮，中国零售行业正处于将全渠道零售的理论转为实践的关键时刻，罗森在2017年发生了股权变动，将公司更名为"上海罗森便利有限公司"，力保自己的优势地位，开始进行全渠道改造和升级。

初期阶段，围绕以消费者为中心的核心定位，开始完成由"场、货、人"到"人、货、场"的转变。为此，罗森重新定义目标客群，围绕消费者需求，从"营销精准化、产品精致化、管理精细化"三个角度用心做企业。首先，罗森从"人"出发，将年轻的一代"00后"定义为目标客群，选择年轻人作为目标客群，通过培养年轻人的购物偏好以此达到占领未来消费市场的目的。其次，为满足个性化需求，进行精准营销，通过打造特色主题店，比如南京的泰迪珍藏主题店、上海的足球主题店、长沙的"Love Live!"限时主题店、沈阳的航海王主题店等，满足了动漫和游戏爱好者，且在IP的选择上，罗森将结合网络热点话题并及时推陈出新，每年都会设计二十多款全新活动，从而保证新鲜度。在"货"的角度，罗森开始围绕年轻消费者需求进行自有产品的开发。罗森致力于开发食品，在产品研发上耗费了大量时间和精力，不断结合产品生产工艺、考究原材料来源、调查客户体验等全力研发出独特并且能够吸引消费者的食品，并推出了一系列的网红产品，例如香蕉奶昔蛋糕、木糖醇节日蛋糕等。另外，为保障产品及时有效的供应，罗森对供应链管理和运营管理进行了精细化设计。为保证效率，缩小供应范围，在上海闵行和金山、江苏江阴以及浙江萧山建有仓库，自称是"小商圈制造型零售企业"。为保障食品新鲜，制定了一系列运营管理规定，分类管理常规产品，实行自动订货、库存预警、实时远程监控系统、两定两分的管理方式。

187

在全渠道战略的深入期，罗森开始借助数字化"新"技术打造线上线下"新"场景，助推全渠道升级。首先，罗森聚焦于数字化基础设施建设，开发数据搜集接口，搭建消费者信息数据库。罗森早在2014年便开始开发"罗森点点"APP，是行业内第一家拥有手机会员系统的便利店。目前在"罗森点点"进行注册的会员人数已经突破了1 000万，通过"罗森点点"扫描界面的会员条码能够累计积分，可以为顾客提供专属礼券和会员价格服务，还可以对会员的消费行为进行记录，庞大的活跃会员群体提供了大量的数据，方便罗森构造消费者面貌画像，从而为消费者与供应商之间搭建桥梁。其次，罗森针对线下店面来客量趋于饱和难以继续提升的情况，选择开拓线上渠道，并增设了网上购买配送到家和预售制两种新的消费渠道。前者是开设线上渠道的具体体现，让消费者足不出户就能购买到需要的商品；后者是线上线下渠道相融合的具体体现，消费者在线上进行商品预定，再前往店面自取，实现了从应急性购买向计划性购买的转变。最后，罗森以"罗森点点"为核心，搭建了以消费者为核心、消费场景相互联通的数字化商务模式，实现了供应链的网状互联，并形成了以SCM-CRM为轴心的商务模式。使得罗森能够基于积累的消费者需求数据和对市场风向的预判，总结消费者购买动向，进行产品的设计研发和供应商合作内容的筛选。

（资料来源：改编自《潜龙出海——外资便利店罗森的新零售战略探索》，赵青等，中国管理案例共享中心，2023.）

7.3 全渠道运营策略与挑战

7.3.1 全渠道运营策略

零售企业在内外部环境压力的驱动下，需要获得外部资源支持，并进行内部资源整合，最终实现全渠道效果。企业在向全渠道零售的转型过程中，可以结合客户需求，保证全流程的用户体验，在供应链的各个环节并行推进转型，其成长路径必须具有渐进性和可操作性。在具体实践中，依据全渠道零售的实践要求，可从企业内、外部两方面进行战略调整，并遵循先开展内部匹配，后开展外部匹配，最终达到渠道互相促进带动的全渠道运营三步走思路。

1）内部匹配环节策略

（1）拥有线上线下渠道

如果企业已有线上渠道，则着手建设线下渠道；如果企业已有线下渠道，则着手建设线上渠道。目前，国内大多数零售企业以建设线下渠道为主。中国商业联合会、中华全国商业信息中心联合发布的《2020年中国零售百强排行榜》显示，零售行业百强企业中，有95家企业以实体经营为主。因此，同步建设线上渠道是我国零售企业开展全渠道运营的发力方向。

（2）建设信息平台

内部信息全部交叉共享工作量大，且难以甄别有效信息，对于A部门有价值的信息，不一定对 B 部门有价值。企业可在官网的内部可视界面上开发类似百度网盘的信息分享平台，并为每个部门建立"文件夹"，部门将整理好的信息文件上传到本部门文件夹中，其他部门有需要时进行取用即可。在整理过程中，部门对存档进行再检查，过滤掉过期、无效信息，可提高日后检索时的工作效率；同时，在线上传、下载信息的过程全部有迹可循，能够大大提升企业电子化、规范化办公水平。

（3）渠道间部门整合

零售企业线上线下业务统一的难点在于：①产品进货渠道统一；②产品品类统一；③产品价格统一；④会员信息、优惠系统、订单信息等统一。以上问题与线上线下部门各自独立的情况互为因果，虽然可成立跨部门职能小组，但难以达到百分之百且及时的互认。因此，要实现业务层面的配合，必须进行部门整合，实现渠道间的联合管理。

全渠道整合的目标是实现一致性、协同性、互补性和共享性。渠道的一致性指不同的渠道为客户提供的产品信息、服务信息、促销信息等内容应保持一致，客户在不同渠道所获得的消费体验应相同。其具体表现为客户无论在线上渠道还是在线下渠道接收到的产品信息（标识、规格、价格、包装等）、服务信息（服务价格、服务质量、服务形象等）、促销信息（促销产品的描述、促销价格、优惠措施等）都是相同的。渠道的协同性指为了给客户提供不同渠道之间无缝衔接的消费体验，各渠道相互协调配合，以实现不同的渠道功能，并确保全渠道业务的顺畅实施。其具体表现在跨渠道履行客户订单、跨区域发货、线上查询线下服务网点、积分或优惠券跨渠道使用等。渠道的互补性指不同渠道的功能、资源和优势渠道之间相互取长补短。其具体表现在线下渠道为线上渠道提供客户体验功能，线上渠道为线下渠道提供全天候客户咨询，线下渠道为线上渠道提供检测和售后维修等。渠道的共享性指不同渠道收集到的信息或渠道资源可实现全渠道共享。其具体表现在会员信息、库存信息、物流信息等信息实现全渠道成员的共享；不同渠道实现共享库存，比如线上渠道可调拨使用线下渠道的库存或同一区域线下不同实体店可共享库存等。

企业具体的整合策略可以分解为产品整合、服务整合、支付方式整合、信息整合等方面。其中，从产品整合的角度来看，全渠道上一致的购物体验就是要求每个渠道对外公布的产品信息保持一致，具体包含产品品牌信息一致、产品的描述要相同、优惠活动相同、定价策略相同等。服务整合主要是对所有渠道的服务项目、服务内容、服务价格、服务时间等进行整合，实现服务标准化，让客户在每一个渠道都能拥有无差别的服务体验。支付方式整合是指企业能够以客户为中心，为客户提供客户愿意的支付方式。全渠道信息整合一方面是为了让消费者在所有渠道上接收到相同的企业营销信息和传播信息，以便增强消费者对企业和品牌的信任度。另一方面是为了渠道成员共享信息，有助于实现跨渠道协同。评估全渠道信息整合的两个维度就是信息的一致性和共享性。

2）外部匹配环节策略

内部匹配完成后，企业可推进面向消费者的产品与服务全渠道化。首先可统一价格和产品品类，两个步骤的顺序可视企业具体情况调整；随后统一对外信息，统一售后、物流等配套服务；最终达到最优结果——渠道间联动，业务间互相促进。

（1）渠道间产品价格统一

渠道间价格统一指企业定标价相同，不包括外在因素影响后的价格。商业活动聚集效应日渐增强，企业需要依靠周边商业环境的带动作用，同时也需相应活动。当线下店铺所在的商圈开展促销活动，线下店铺因此跟随进行满减，导致线下店铺的产品价格在一定时间段内低于线上店铺的产品价格，不应该被看作是价格的不一致。同理，当线上店铺跟随所在平台开展"618""双十一"等活动，产品价格也会在一定时间段内低于线下店铺的价格。企业应当控制价格变动的时间段和幅度，正确看待外在因素影响下的变动。

（2）渠道间产品品类统一

渠道间产品品类统一指保持产品大类一致。以苏宁易购的洗衣机产品为例，线上线下产品所覆盖的品牌、洗衣机类型、洗涤容量、价格区间应保持一致，如洗衣机价格科目，无论是线上还是线下的苏宁易购商铺，都应包含各个价格区间的洗衣机，不应当出现线上没有 8 000 元以上的洗衣机或线下没有 600~1 000 元的洗衣机的情况。对于某些特殊产品，不能强行要求线上线下供货一致。例如，储存条件要求高的生鲜产品，其线下卖场往往位于市中心，距离消费者距离近，且冷藏、冷冻设施完善，但线上渠道建设时间短，运送距离长。因此，企业应当视产品品类进行灵活调整。

（3）渠道间信息统一

在内部运营信息平台建立、信息共享的基础上，零售企业可实现对外经营信息的统一，具体表现为会员优惠、积分、历史订单情况等消费者数据在各渠道上的互通。例如，麦当劳借助阿里云数据中台，开展精准营销活动。根据人民咨询的报道，截至 2021 年第一季度末，麦当劳在中国的注册会员人数已超过 1.7 亿，无论通过何种渠道、何种方式注册会员，会员信息都统一储存在麦当劳的 CRM 数据库中。当会员通过手机客户端应用、手机小程序、实体店等不同的渠道端消费，进行会员登记认证时，手机号码或身份证号码为必填项，即使消费者通过不同的渠道端登录，也可凭借唯一身份信息将消费情况归至名下。由此，消费者无论在线上还是线下渠道消费，都可使用会员账户里的优惠券；订单完成后，会员账户都可获得相同积分标准的积分。这既保障了消费者购物过程中和购物后可以享受应有的权益，也可避免消费者利用多个账号多次使用新会员优惠，给企业带来损失。

（4）渠道间配套服务统一

当今零售市场的进货渠道、产品种类趋同，企业提升自身竞争优势的一大关键点是完善配套服务。其中，提升售后服务质量为紧要必需项，目前，零售企业大多提供"如有质量问题可退换"的售后服务，可进一步推广渠道间退换货互认，即在线上购买的商品可到实体店退换，在实体店购买的商品可直接寄回退换。在物流服务方面，目前，零售企业大多提供免配送费或达到门槛消费额减免配送费的服务，可进一步推广：①渠道间取货互认，即在线上下单后，可在实体店取货，或在实体店下单可提供配送服务；②根据产品特性进行服务升级，如苏宁易购针对装送难的大件商品，带头推出了"送装一体"和"送新取旧"服务。

3）渠道间互促环节策略

线上线下平台只是全渠道战略的起点，要吸引消费者，关键在于发挥品牌特色和渠道特色。单个渠道运营方面，线上渠道具有广泛触达、无时间和地域限制以及高技术支持等优势。零售企业可以利用线上交易中收集的消费者偏好数据，推断他们可能感兴趣的商品，并在线上渠道增加推广频次，然后在实体店铺进行详细介绍和重点推广，帮助消费者了解产品。实体渠道则以出色的消费体验、强烈的场景感和商圈带动效应为特点，可以通过商品体验和到店打卡即享优惠等活动来增加客流量。此外，利用实体店面的良好触达效果，可以根据季节、节日等因素布置店面，观察对消费者有较强吸引力的视觉元素，并应用于线上店铺设计。全渠道运营的理想效果在于统筹管理线上线下渠道，例如通过线上推送吸引消费者到店，再依靠线下实景展示促使消费者购买商品。同时，向消费者宣传线上和线下渠道针对不同产品的优惠券，既为线上线下带来客流量，又避免了渠道间的资源竞争。总体而言，零售企业的全渠道路径应遵循从"内部匹配"到"外部无差别"再到"外部人性化"的思路。

7.3.2 技术与基础设施壁垒

信息技术是从传统渠道模式向全渠道零售模式转型中的最核心的要素，同时也是企业面临的主要壁垒。由于原有系统是在不同的阶段建设完成的，系统架构、开发平台等存在不一致的问题，导致传统信息化架构普遍存在数据不打通、信息不共享等问题，形成多个信息孤岛。先进的信息系统架构是保障企业在全渠道战略下有效进行渠道管理并改善消费者体验的关键技术支撑。因此，构建先进的信息系统，打破技术壁垒是企业实现全渠道运营的关键。在全渠道战略转型中，企业可能面临的具体的技术问题包括以下六个方面（如图 7-5 所示）：

图 7-5 全渠道战略面临的技术问题

（1）基础设施云化

企业需要将基础设施迁移到云平台，以适应互联网时代的发展。云化程度代表着企业是否能够跟上时代发展。

（2）触点数字化

企业可通过移动互联网、物联网等技术，实现与消费者的广泛链接。消费者在门店内的行为数据，如停留时间、感兴趣的产品等，需要通过视频智能等 AI 技术进行采集、存储和分析。线上线下的消费者数据需要实现共享和打通，实现互相引流。

（3）核心业务在线化

消除核心业务无信息化的盲点，真正实现核心业务全部在线化，实现整个企业运营过程数据的全部留存，优化企业的数据中台，将公司数据与消费者相关数据沉淀为数据资产。

（4）运营数字化

在未来的全渠道管理运营中，需要以数据驱动优化业务发展模式，实现各业务的数字化运营，企业可从以下几个方面进行改造：

①商品数字化。为每个产品印制二维码，使顾客可以通过扫描二维码对商品的颜色、尺寸、价格等进行比较，还能为顾客提供更多精准优质的产品推荐。

②会员数字化。顾客可以通过小程序开通会员，系统会根据顾客的注册资料和位置信息，自动绑定就近的门店为其提供服务，无论在哪个渠道消费，会员都能享受一致的会员权益。

③场景数字化。线下门店可以通过安装语音识别、人脸识别等数字化智能设备，获取顾客的行为数据，系统通过对顾客数据的搜集和分析形成用户画像，门店根据用户标签，科学而人性化地进行门店的场景化陈列，吸引并打动潜在的消费者。

④营销数字化。企业可以通过抖音、小红书、快手、哔哩哔哩等网络社交平台进行自媒体营销和传播式营销，通过微信群来打造私域流量池，结合微信秒杀和直播带货等方式进行活动爆破。

（5）服务数字化

企业可利用移动小程序，让每一个线下门店都拥有属于自己的线上旗舰店，使得门店内的导购员能够一对一地维护离店顾客，进行一对多的朋友圈宣传，让老客户成为产品的代言人或品牌推销员。通过拍摄产品使用、故障判断、简单维修等小视频，上传至各视频平台，并由店内服务工程师进行直播，向用户科普产品的正确操作方式，通过视频指导的方式协助用户解决售后难题。利用数智技术，从商品数字化、会员数字化、场景数字化、营销数字化和服务数字化等方面对线下门店进行升级再造，打造数字化渠道，为消费者营造无缝融合的数字化体验。

（6）决策智能化

优化企业的"决策大脑"，是企业数字化转型的重要一步。只有通过网络协同和数据智能两方面的联合发力，才能真正帮助企业在云时代的背景下，迈出从传统零售的模式向全渠道模式全面转型的重要一步。

以上技术问题都是企业在全渠道战略转型中需要面对的关键挑战，只有有效解决这些问题，企业才能实现数字化转型，并顺利迈向全渠道模式。

7.3.3 组织与文化壁垒

全渠道战略的核心本质是为消费者提供最优购物体验，为实现这一终极目标，企业需要设立信息交互中心，并进行全范围的文化转型。高层管理者必须达成统一的目标，形成自上而下的推动力，主动打破阻碍全渠道交互的通信及组织壁垒。为保证企业全渠道零售战略的顺利实施，首先，企业可通过制定完善的渠道管理制度，将优化措施通过制度形式固定下来，形成明确的成文规定，以此约束员工行为，保障企业全渠道零售模式优化措施的坚决贯彻落实。其次，企业还应该对公司原有的制度体系进行重新梳理和升级，特别是对于新的渠道管理策略，要有新的绩效管理制度、薪酬管理制度、组织管理制度与其相配合，从而最大限度发挥公司制度对员工行为的激励性。最后，企业应该将渠道管理意识融入企业文化建设中，在企业文化的内容中加入保护客户信息，提高渠道防范意识的理念，将安全、高效作为企业产品与服务的文化特征，努力在员工心中树立起注重服务质量、用户体验、和渠道协助的意识。具体而言，企业可尝试从以下几个方面进行突破：

（1）建立全渠道零售协同机制

实施全渠道零售需要打破各部门过去各自为政的不利局面，建立以消费者为中心的协同机制，减少各事业部因文化不同对组织成员发挥活力与创造力的阻碍，树立全渠道意识，让整个组织所有员工都能从全渠道零售的视角思考并解决问题，从而确保全渠道零售的战略实施。现分别从组织协同和渠道协同来落实协同管理制度，具体包含：

①定期组织并召开线上线下协同会，通过信息共享强化线上与线下渠道间的信任关系。同时，建立线上线下各业务关联部门双向考核的评价机制，确保公司利益最大化。

②渠道协同由企业推动，联合线上、线下所有渠道，形成一个资源共享的统一大渠道。针对每个渠道特点，确定每个渠道的产品品牌、机型及库存，维持稳定的价格体系，在促销频次、促销节奏及促销形式方面保持统一，通过实现各渠道的产品、价格、促销的协同，为消费者提供全渠道的购物体验。

（2）构建全渠道零售中台

以全渠道零售业务融合为基准，构建全渠道零售中台。全渠道零售中台主要为全渠道零售业务融合过程中产生的复杂的业务逻辑、创新的业务功能，开发的性能要求提供解决方案。同时，借助全渠道零售中台，开展统一的全渠道零售运营管理，打破渠道与渠道间的信息孤岛，打通各事业部的商品信息，对订单进行集中处理与分配，将商品存库、配送、客服、售后、会员管理、营销、数据分析等工作集中在一起，并可从以下方面做好统筹：

①对于全渠道零售业务的开展必须进行整体规划，针对各核心业务建立管理平台，与各事业部内销的前端业务（销售部）做好对接，并及时响应后端的管理需求。

②在全渠道零售业务平台中对新业务规则、业务模型、业务策略做好维护，适应各种变化。

③线下渠道连锁体系以及自营门店的系统服务要保持原有的通路不变，未来，以线上、线下业务融合需求为依据，将有共享需要的管理功能逐渐转移到管理枢纽

平台上。

（3）建立全渠道零售激励制度

线上线下渠道的整合能否实现，关键在于能否用健全的激励制度来规避渠道间的冲突。保证每一个事业部在任何一个渠道的运营上都可以群策群力，让消费者享受最优质的体验和服务。高层管理者在进行全渠道零售顶层设计的同时，需要健全全渠道零售的激励机制，制定线上线下渠道间在责任、权利、利益等方面的分配制度，以加强渠道间的融合和协作，避免渠道间的冲突、各事业部间的内耗带来的负面效应。建立全渠道激励机制主要包括：

①协同各零售渠道和各业务模块形成合力。根据不同渠道、不同业务模块间的业务范围、责任和权限做好明确的管理规划，并设置关键的绩效指标对各事业部的执行力和效率进行通报及考核，做到有据可依，赏罚分明。

②践行以消费者为中心的文化理念，对于在渠道融合和协同创新中有突出贡献的事业部或组织成员，可以以公文通报、职级晋升、期权激励等方式进行激励，充分突出不同的贡献在荣誉、薪酬等方面的标杆作用，从而激励组织成员不断创新、不断前进。

总结来说，全渠道零售战略的核心目标是为消费者提供最佳购物体验。为实现这一目标，企业需要建立信息交互中心，并进行全方位的文化转型。高层管理者应当统一目标，打破通信和组织壁垒，推动全渠道交互。为确保全渠道零售战略的成功实施，企业可以通过完善的渠道管理制度、重塑制度体系，以及融入渠道管理观念到企业文化中等方式来突破。具体策略包括建立全渠道零售协同机制，构建全渠道零售中台，以及建立全渠道零售激励制度。这些措施有助于促进各渠道的协同合作，加强业务整合，以消费者为中心，为企业的全渠道零售战略实施奠定坚实基础。

本章小结

1. 在商业领域，渠道在将商品从生产者传递至消费者过程中扮演着至关重要的角色。本章通过对不同类型的渠道进行探讨，清晰地阐述了渠道的定义与作用。不仅对线上与线下渠道的区别进行了说明，还详细介绍了实体门店、目录销售、在线零售、移动终端购物和社交商店等不同类型的渠道。传统实体门店提供了面对面的购物体验，目录销售以及在线零售则借助电话和互联网技术，满足了消费者远程购物的需求。随着互联网技术的发展，在线零售已成为重要的购物方式。移动终端购物的兴起使消费者能够随时随地进行购物，而社交商店则通过社交网络传播商品信息，创造了更丰富的购物体验。总体而言，各种渠道在满足消费者需求、创造购物便利等方面都发挥着独特的作用。随着技术和消费者行为的不断变化，渠道的多样性和创新将持续对商业发展产生影响。从技术进步、消费需求升级到消费者行为的演变，这些因素共同推动了全渠道零售的发展。技术进步催生了零售业的数字化转型，消费者的需求升级促使零售商不断适应新技术，而消费者行为的演变则引导着零售企业调整策略，以创造更具吸引力的购物体验。在这个充满机遇和挑战的数字化时代，企业需要灵活应对，以满足不断变化的消费者需求，并在全渠道的格局下实现竞争优势。

2. 探讨了全渠道零售的核心内容及特点。在消费者购买和零售商销售的过程中，全渠道零售在信息传播、订单处理、支付方式、仓储物流、支援服务以及客户关系管理六个方面起到了重要作用，旨在消除渠道差异，为消费者提供无缝的购物体验。全渠道零售的特点包括以消费者为中心，渠道整合，店仓一体化，强大的信息和协调分析能力，贯穿整个购物过程。这些特点共同构成了全渠道零售的丰富内容，推动零售业朝着综合和多元的方向发展。此外，还讨论了新零售与全渠道零售之间的区别。新零售强调科技手段的整合，致力于通过 AI、虚拟现实等技术重新定义购物体验和效率。而全渠道零售强调不同销售渠道之间的无缝衔接，使消费者能够自由切换并获得一致的购物体验。两者的区别体现在焦点、技术应用、商业模式和代表公司等方面。总之，新零售和全渠道零售都在满足现代消费者需求方面发挥了作用，但侧重点和技术应用存在差异。

3. 综合了对全渠道运营策略的深入探讨，为零售企业在转型过程中所面临的内外部压力提供了解决方案。为实现全渠道效果，企业需要整合外部资源并优化内部资源。在这一转型过程中，关注客户需求、保障用户体验以及同时推进供应链的各环节至关重要。全渠道转型应遵循渐进性和可操作性的原则。战略调整需要同时从内部和外部两方面着手，而最终实现渠道互促的全渠道运营。内部匹配策略包括建设线上线下渠道、构建信息平台和渠道部门整合。外部匹配策略涵盖统一产品价格和品类、信息共享、售后服务和物流的一致性。这些策略有助于消除差异、提升购物体验、保障消费者权益以及提升整体服务质量。通过从内部匹配到外部无差别，再到外部人性化的路径，零售企业可以最终实现全渠道运营的目标，满足多样化的消费者需求。

195

同时，还深入探讨了技术和基础设施壁垒对于全渠道零售转型的关键作用。信息技术在转型中扮演核心角色，但也带来挑战。一方面，通过解决基础设施云化、触点数字化、核心业务在线化、运营数字化和决策智能化等技术问题，企业可以实现数字化转型，顺利过渡到全渠道模式。另一方面，强调了组织和文化壁垒在全渠道零售转型中的关键作用。为实现优质购物体验，企业需要建立信息交互中心并进行全方位的文化转型。通过制定渠道管理制度、重塑制度体系，以及融入渠道管理观念到企业文化中等方式，企业可以克服这些障碍，为全渠道战略的实施奠定坚实基础。

了解了这些，我们接下来的章节将进一步探讨全渠道战略的实施，让大家能够更好地把握全渠道战略的实施目标，进一步了解不同渠道的优势与限制。我们还将详细探讨渠道整合策略的具体要点，并探讨大数据在这一过程中的应用。

思考题

1. 你认为哪些因素推动了零售模式的变革？
2. 全渠道零售与其他零售模式相比，具有哪些特点及优势？
3. 你认为企业实施全渠道零售战略需要具备什么样的条件，以及采取什么样的战略？
4. 你还观察到哪些不同业态的企业运用了全渠道商业模式，该战略是否为该企业创建了比较优势？

案例阅读

联想智慧零售：以消费者为中心的全渠道创新

在移动互联逐渐发展的今天，PC 行业的寒冬已经到来，全球的 PC 市场出货量正在逐渐缩减，而 PC 业务仍然是联想的支柱业务，占整体营收的 66%。创新性不足以及战略的不连续性极大阻碍了联想企业的发展，在 2018 年 5 月 4 日恒生指数发布公告，称自 6 月 4 日起联想集团将从恒生指数 50 支成分股中被剔除，其市值蒸发近 60%，被外媒评为"最差科技股"，其最引以为豪的 PC 业务也在 2017 年被惠普反超。其创始人柳传志提出联想集团正面临第四道坎，也就是在 PC 业务作为最大营收支柱的情况下，新的支柱业务如何建立以支撑企业发展。面对智能设备和新零售的浪潮，这一次联想敢为人先，率先进行了商业模式和组织架构的变革，用创新重新定位自己，以迎接即将到来的智能风潮。2017 年 12 月 18 日，联想成立了名为"天禧传奇"的新零售公司，这家公司由联想控股、创始团队持股，未来还会引进战略投资方。"天禧"是联想第一代互联网电脑的系列名称，而"传奇"（legend）是最早联想的英文名称。"天禧传奇"这个名字承载着联想的过去，也将担负起联想的将来，负责联想的全渠道零售业务。与传统零售相比，如何结合线上线下各渠道的优点，给消费者带来更优质的体验是"新"模式的所在之处，联想通过渠道整合、场景化和提高物流效率提交了自己的答卷。

首先，联想对线上、线下渠道进行了整合。在传统零售中，线上线下两个渠道是割裂的，这是由零售的历史发展进程决定的，这种状况便于企业进行管理。就拿 PC 业务来说，一般情况下线下的门店是由经过授权的经销商在经营，而线上的旗舰店却是由厂家直营。由于线下渠道的成本远高于线上，因此线下购买的商品价格一般会高于线上，促使消费者产生线上购物行为。不过如果消费者选择在线上购买，所获得的服务就会大打折扣，同时，也可能会由产品知识储备不足导致消费者选择的产品并不符合购物预期。而且，有时经销商出于己方利益考虑，可能会做出一些不符合品牌定位和企业长期战略的行为。这时，整合线上、线下渠道，让顾客既可以享受到更优质的服务，又可以购买到统一价格的产品就成为一个零售模式的创新重点。

联想通过来酷（Lecoo）商和智慧门店实现了线上线下两个渠道的整合。联想智慧门店所有的价签都是水墨价签，门店和网店同价，线上是什么价格，实体店也是什么价格，还能通过后台进行全国统一调价。消费者只需扫描价签上的二维码，就可以查看产品详情，而店面工作人员可以通过"水墨价签"的条形码获得所有就近店面和仓库产品的实时库存。顾客可以选择在线下门店在店员的帮助下进行商品的挑选，之后可以选择在实体店或者网店进行购买，如果库存不足，还可以选择在网上预订。同时，也可以随时选择到实体店寻求帮助，会员还可以享受服务人员的上门服务，解决智能商品使用过程中的烦恼，甚至接受培训。渠道整合听起来好像很简单，但是实际上涉及了很多问题，店铺业绩、店员绩效、库存管理、物流管理都需要进行重新的整合。在线上线下整合的过程中，联想致力于让这些环节系统化、规范化。

其次，联想将购物过程场景化。在传统零售中，企业仅仅注重产品的售卖，向消费者介绍的仅仅是一种功能性的工具，销售的是产品的实用功能。而在全渠道零售中，企业销售的其实是一种理想的生活场景，一种生活方式，一个具有情感特色的场景故事。成功地塑造出场景，既能使产品有温度，也能激发出消费者更多的需求。联想智生活门店就是通过场景化的展示跟消费者建立情感上的联系。比如，传统零售模式中售卖电脑及其零配件只是根据价格或者功能进行简单的摆放，仅为展示产品的功能和外观；而在智生活门店中，联想最新型的一体机前摆着微软的人体工学键盘和人体工学鼠标，不同品牌的产品共同营造出一种具有设计感的消费场景。消费者可能仅仅想试验一下联想的 PC 产品，但却被这些精巧的配件所吸引，从而产生了购买行为。不拘泥于品类，也不拘泥于品牌，"场景化"的销售重点在于场景的塑造。

同时，智生活门店还进行了智能的动线设计。带标识的产品展示方式引导客户的流动方向。联想依托热力图，每天检测人流量以及人流的走向，根据分析结果，做出更合理和更高效的区域分布、产品摆放。比如，在店门口摆放耳机、鼠标等小型的智能配件，这种配件单价较低，更换频率较高，更容易吸引客户进店参观；而笔记本、台式机等较大的设备放在店面内部，供有确切需求的顾客进行选购。

此外，联想着力提高物流效率。在电商为主的零售模式中，物流效率已经实现了大幅度的提升，由以前的一周以上缩减到如今的 2~3 天。不过，消费者通过电商购买商品，2~3 天之后才可以看到实物，购物激情和对产品的喜爱程度随着时间的流逝可能有所减退，得不到及时的回馈，这也是线上购物相比线下购物的不足之处。而新零售就是要打破线上线下的隔阂，吸取二者的长处，带给消费者更好的购物体验，所以，对物流也提出了新的要求。联想智慧零售的系统正在与全国配送体系进行对接，当系统设计完成时，只要系统能够对接，就可以借助京东物流、菜鸟等物流体系的现有配送系统进行配送，力求以更快的速度将商品送到消费者手中。联想还在做服务升级，"联想智圆"就是以智生活门店为中心，5 千米半径内实现"送+装+培+诊+荐"一套完整的智慧家庭一体化解决方案。也就是说，联想不仅快速提供配送服务，还提供智慧设备的一切上门服务。消费者无论有任何的问题，不论是不会选品、不会安装、不会使用还是现有的智能设备出现问题，都可以联系联想，联想会派员工上门进行服务。为此，联想还成立了阳光雨露信息技术服务（北京）有限公司，致力于提供 IT 产品和系统设备的维修维护、信息系统的运营支持及 IT 外包服务。

最后，全渠道零售核心的内涵还是"以消费者为中心"。提高消费者体验、提升零售效率是新零售的本质目的，而 AI、大数据是达到目的的手段。为此，联想的智生活门店，延续了 4S 店的服务内涵，即销售（sales）、服务（service）、展示（show）及社交（social），以期为消费者带来更好的体验。

（资料来源：改编自《联想新零售业务再造新传奇》，郭佳 等，中国管理案例共享中心，2018.）

参考文献

［1］NESLIN S A，GREWAL D，LEGHORN R，et al. Challenges and opportunities in multi-channel customer management［J］. Journal of service research，2006，9（2）：95-112.

［2］齐永智，张梦霞. Solomo 消费驱动下零售企业渠道演化选择：全渠道零售［J］. 经济与管理研究，2015，36（7）：8.

［3］RIGBY D. The future of shopping［J］. Harvard business review，2011，89（12）：65-76.

［4］VERHOEF P C，KANNAN P K，INMAN J J. From multi-channel retailing to omni-channel retailing：introduction to the special issue on multi-channel retailing［J］. Journal of retailing，2015，91（2）：174-181.

8　全渠道战略的制定与实施

学习目标

通过本章的学习，学生能够：

·理解全渠道战略的实施目标。

·了解各渠道的优势及限制。

·理解渠道整合策略的具体内容。

·了解全渠道管理中的大数据应用，理解数据驱动的决策制定与优化。

开篇案例：良品铺子疫情下的全渠道建设

2020 年，新冠疫情的阴霾始终笼罩在众多企业之上，挥之不去。这场突发的"黑天鹅"事件严重影响了企业销售业务、现金流管理、供应链及物流等诸多方面，餐饮、零售、旅游等服务业更是面临着前所未有的挑战。在这段时间里，不少企业已经按下暂停键，但有一家总部位于武汉的零食品牌公司，却一直活跃在抗疫一线与日常消费场景中，逆势倔强生长，它就是良品铺子。良品铺子 CEO 杨银芬在做回顾总结时强调了在非常时期全渠道布局的重要价值，表示正是因为实施了全渠道布局，才能在疫情中逆流而上，全渠道和数字化是企业应对疫情的"免疫力"，更是企业走出疫情的"恢复力"。

在全渠道转型前，良品铺子采取了多渠道的营销模式，然而多渠道的碎片化运营不仅无法很好地满足消费者需求，造就了消费端不便，也为良品铺子的精准营销制造了障碍。管理层人员察觉到市场变化，并看重全渠道战略能够实现降本增效及增加与顾客触点的能力，毅然带领企业开始全渠道建设之路。在多年的渠道拓展下，良品铺子在线上、线下已拥有多个销售渠道，渠道虽多，却犹如信息"孤岛"。为此，企业以打通线上线下壁垒、整合资源为目的，率先在内部成立了全渠道销售管理的专门组织，对其不同渠道下商品采购、库存周转、销售终端、订单处理、会员数据都进行了标准化处理，建立起以用户为中心的深度融合的渠道网络。借助全渠道信息化应用平台的搭建，良品铺子实现了线下门店、外卖平台、自营 APP、社交平台、互联网平台等全渠道用户数据及消费数据的高效的打通整合。在全渠道管理下，不同的客户接触点被打通，使消费者在各个渠道上的消费体验也趋于一致。用

199

户不论在哪个平台上登录自己的账号，都能凭借 ID 信息被成功识别，从而可以查看自己的交易记录，获得一致的购物推荐，享有同样的折扣优惠；注册成为良品铺子的会员后，不同平台的消费都可以进行积分兑换共享，会员权益也能互相通用，消费体验瞬间大大优化。

（资料来源：改编自《逆势增长，渠道为王：良品铺子疫情下的全渠道建设》，曹麒麟 等，中国管理案例共享中心，2022.）

8.1　全渠道战略的制定

8.1.1　环境分析

1）企业环境分析的必要性

企业环境是指与企业生产经营有关的所有因素的总和，可分为外部环境和内部环境两大类。企业外部环境是影响企业生存和发展的各种外部因素的总和；企业内部环境是企业内部物质和文化因素的总和。宏观环境因素包括政治环境、经济环境、技术环境、社会文化环境。这些因素对企业及其微观环境的影响较大，一般都是通过微观环境对企业间接产生影响的。微观环境因素包括市场需求、竞争环境、资源环境等，涉及行业性质、竞争者状况、消费者、供应商、中间商及其他社会利益集团等多种因素，这些因素会直接影响企业的生产经营活动。

在现代经济中，企业是开放的经济系统，其经营管理必然受到客观环境的制约和影响。因此，企业必须准确把握环境的现状和变化趋势，善于利用有利于企业发展的机遇，避免环境中的威胁因素，这成为企业谋求生存和发展的首要问题。因此，对企业环境进行深入分析对于企业的经营至关重要。

外部环境在企业生存和发展中扮演着至关重要的角色，可被视为企业生存和发展的土壤。从宏观角度来看，任何国家的政府都会根据国内社会政治、经济等方面的问题制定和推行一系列的路线、方针、政策和法规。当国家政治和经济形势发生变化时，这些路线、方针、政策和法规也会相应发生剧烈变化。如果企业不能正确预测和评估这些变化，很可能陷入被动局面，甚至面临破产被淘汰的危险。因此，外部环境是企业生存的前提条件，国家的路线、方针和政策对企业有着直接的推动、制约和干扰作用。

从微观角度来看，企业经营的一切要素都要从企业外部环境获取，如原材料、能源、资金、劳动力、信息等生产要素都是从外部环境中取得的，没有这些生产要素，企业不可能生存。企业生产出的产品要通过外部市场销售出去。企业的经济效益和社会效益也要通过外部环境才能加以实现。总之，企业经营离不开市场和竞争，因此，对外部环境进行详细分析是企业经营成功的关键之一。只有全面了解外部环境，并根据其变化调整经营策略，企业才能在激烈的市场竞争中取得优势，实现长期的稳定发展。

外部环境对企业内部的管理关系有直接或间接的影响。产业政策、市场的变化等都会对企业内部的资源分配和管理产生影响。例如，随着科技的不断发展和进步，新技术的涌现越来越快，产品寿命周期也越来越短。企业必须及时调整产品结构，进行技术改造、设备更新和组织机构调整等自我改革和完善措施。只有在预测环境变化之前完成经营结构的调整，企业才能充分利用环境所提供的机会，避免因环境变化而带来的危机。因此，企业经营者不仅需要了解环境变化的趋势，还要预测和估计环境变化的速度，以取得经营的主动权。因此，外部环境是企业决策的依据，是计划、组织、指挥、协调、控制等企业内部管理活动的依据。

　　企业内部环境反映了企业所拥有的客观物质条件、工作状况以及企业的综合能力，是企业系统运转的内部基础。因此，企业内部环境分析也可称为企业内部条件分析，其目的在于掌握企业的实力现状，找出影响企业生产经营的关键因素，辨别企业的优势和劣势，以便寻找外部发展机会，从而确定企业战略。

　　总的来说，企业战略的有效实施需要与内外部环境相适配，企业需要根据所处的营销环境特点制定企业战略，因此，企业需要对企业内外环境进行详细分析，同时还需考虑很多相关的因素。在外部环境的宏观分析中，需要综合考虑企业所处行业的未来发展前景，国家整体的宏观政策环境，以及企业自身的经营实力等，并进行详细的综合分析。而内部分析主要是明确企业自身的优势和劣势，以便在竞争环境中知己知彼，百战不殆。通常情况下，先进行外部分析明确企业自身在竞争环境中所处于的地位，然后再进行内部分析，找到问题的突破点。

　　2）环境分析方法

　　（1）PEST分析法

　　PEST是对外部环境的宏观环境因素分析的基本工具，由英国学者Francis J. Aguilar于1967年提出。PEST是四个要素的首字母缩写，分别指代以下四个方面的因素：政治（politics）、经济（economic）、社会（society）和技术（technology）（如图8-1所示）。政治环境涵盖一个国家或地区的政治环境，包括政府的性质、执政党派、政策、法规和政治稳定性等。不同国家的政治环境对组织活动有不同的限制和要求，政府的政策变化可能会直接影响企业的经营。经济环境分为宏观和微观两个方面。宏观经济环境包括国家的人口数量、增长趋势、国民收入、国民生产总值等指标，反映了国家的经济发展水平和趋势。微观经济环境主要考察企业所在地区或服务地区的消费者的收入水平、消费偏好、储蓄情况和就业程度等因素，这些因素直接影响企业的市场规模。社会文化环境包括居民的教育程度、文化水平、宗教信仰、风俗习惯、价值观念等。文化水平影响着居民的需求层次，宗教信仰和风俗习惯会影响某些活动的进行，而价值观念会影响居民对企业目标和存在本身的认可与否。技术环境考察与企业所处领域直接相关的技术手段的发展和变化。技术的进步和应用可能会带来新的商机，也可能对企业的现有产品或服务产生影响。PEST分析的结果可以帮助企业制定适应外部环境变化的战略，并更好地利用机遇、应对挑战，确保企业的长期发展。在实际应用中，不同行业和企业根据自身特点和经营需要，可以根据PEST分析的结果做出相应的决策和调整。

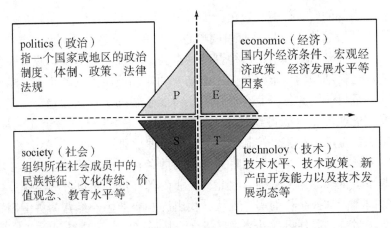

图 8-1　PEST 模型

（2）波特五力模型

波特五力模型是由哈佛大学教授迈克尔·波特（Michael Porter）在他的著作《竞争战略》（*Competitive Strategy*）中于 20 世纪 80 年代初提出的战略管理工具（如图 8-2 所示)①。该模型用于评估一个行业的竞争激烈程度和吸引力，帮助企业了解行业的竞争格局，并制定相应的竞争战略。他认为在各个行业中均存在决定竞争规模和程度的五种力量，这五种力量综合影响产业的吸引力，以及现有企业的竞争战略决策。波特五力模型将大量不同的因素汇集在一个模型中，以此分析一个行业的基本竞争态势。波特五力模型一般用于外部环境分析中的竞争环境分析，主要用来分析本行业的企业竞争格局以及本行业与其他行业之间的关系，是企业制定竞争战略利用的战略分析工具。五种力量分别为同行业内现有竞争者的竞争能力、潜在竞争者进入的能力、替代品的替代能力、供应商的议价能力与购买者的议价能力。通过综合分析这五个竞争力量，企业可以了解行业的竞争状况和竞争力量之间的平衡，从而制定更有效的竞争战略。波特五力模型帮助企业识别行业的优势和劣势，预测竞争趋势，并针对性地调整企业的定位和竞争策略，以提高企业在市场中的竞争力和长期盈利能力。这个模型在战略规划和市场分析中得到广泛应用，被认为是识别竞争环境中的关键因素的重要工具。

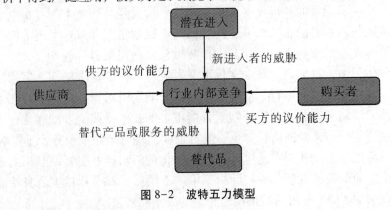

图 8-2　波特五力模型

① PORTER M E. Competitive strategy [J]. Measuring business excellence, 1997, 1 (2): 12-17.

202

渠 道 管 理 —— 新 零 售 时 代

（3）SWOT 分析法

SWOT 分析法是一种常用的策略性分析工具，由优势（strengths）、劣势（weak-nesses）、机会（opportunities）、威胁（threats）四大核心要素构成（见表 8-1）。SWOT 分析法对企业内、外部环境关键因素进行识别，为企业战略制定做出决策提供及指导。SWOT 分析，可以较为清晰地知道企业自身在综合环境中所处的位置，方便企业做出针对性决策。

表 8-1　全渠道背景下的 SWOT 分析

优势 （strengths）	弱点 （weaknesses）	机会 （opportunities）	威胁 （threats）
无缝的顾客体验	整合的复杂性	不断增长的电子商务市场	激烈的竞争
多样的顾客参与	技术挑战	交叉销售的潜力	技术迅速变化
数据驱动的洞察力	组织阻力	全球影响力	数据隐私担忧
增强品牌忠诚度	资源限制	个性化的潜力	供应链中断
综合营销策略	品牌不一致	数据变现	法规合规问题
强大的顾客关系	抵制变革	新的收入来源	网络安全风险
灵活的履约选择	数据分享不完整	增强的顾客洞察力	消费者行为变化
改善的顾客服务	缺乏培训	创新的可能性	市场趋势转变
有竞争力的定价	部门隔离的方法	增强的顾客保留	经济不稳定
强化库存管理	渠道冲突	本地化的机会	假冒产品

8.1.2　目标设定

全渠道零售是一种新型的零售模式，基于多渠道和跨渠道的发展，旨在使渠道涉及更广，渠道之间联系更密切，消费者选择更自由，并致力于为消费者提供无缝的购物体验。全渠道零售战略的总体目标是以消费者为主导，为消费者提供一致的购物体验。为实现这一目标，企业的全渠道战略目标可拆分为以下几个方面：

1）确保各渠道一致性

无论消费者选择哪个渠道购买商品，企业都应尽可能为消费者提供同品质的服务。一致性表现在产品描述的统一、产品价格的一致，以及服务体验的相似性。无论通过哪个渠道购买商品，消费者购买的应该是同一件商品，享受相同品质的服务。

2）增进渠道间互补性

与传统零售不同，现如今的消费渠道具有分散化、消费场景多元化以及消费体验个性化的特点，单纯依靠价格策略吸引消费者购买已远远不能满足消费者的需求。购物渠道的体验已成为继产品本身外，对消费者来说具有同等重要的消费决策因素。因此，企业需要明确各渠道的优势与限制，以各渠道间互补性优势提升消费者线上线下交互式体验。例如，新一代年轻消费者对酒精消费的喜好倾向于新奇、有个性，且更加注重自身体验，他们对体验感、故事性、游戏性、艺术感等元素非常感兴趣。酒类消费场景也从传统餐厅拓展到了精酿酒吧、户外露营、便利店调酒、家庭调酒等（如图 8-3 所示）。

图 8-3　酒类消费新场景

3）增强渠道间协作性

不论是线下还是线上渠道，其最终目标都是为消费者提供一致的消费体验及扩大市场份额。如果渠道间的关系以竞争为主导，则可能导致价格战、服务拖延等多种经营问题的发生。因此，企业应确立以协作性为主的渠道关系，包括协同消费者购物体验、协同销售流程运行、协同售后服务等多个方面。

4）实现信息共享性

企业通过信息系统改进和流程优化，实现线上线下库存信息和物流信息的互通，使不同渠道之间可以共享信息。信息共享有助于提高运营效率、优化供应链，并提供更及时准确的服务。

8.1.3　资源评估和规划

1）人力资源评估与规划

人力资源评估与规划是在企业发展战略和经营规划的指导下，对人员供需平衡进行预测和调整，以满足企业不同发展时期对人员的需求，并为企业的发展提供人力资源保证。总的来说，就是在某一个阶段，企业对人员进行供给以及需求两个方面的预测，再根据这个预测结果对公司的人力资源情况进行调整、调配、适应并达到适合的状态。其包含三层含义：

①人力资源评估与规划必须紧密结合企业的发展战略和业务规划。企业的人力资源管理体系应该建立在支持公司战略目标的基础之上，这个体系的设立是为了给公司提供源源不断的有效人力支持。因此，人力资源规划必须以公司的最高战略为基础，并与之协调一致，只有这样才能具有意义。

②要充分把握人力资源评估与规划两方面内容的作用关系，预测在前，平衡在后。只有对某一阶段的人员有了预测结果，才会有与之相适应的举措。前者是后者的基础，离开前者，人力资源是无法达到平衡状态的。后者是前者的目的，未及时采取措施就想达到供需平衡，预测也就没有必要进行。

③人力资源评估与规划不是随意而为之，所做出的供需预测在数量和质量上都有要求。企业的人力资源需求，保证数量是前提，注重质量更关键。但企业往往忽略结构上的相适应，实际上达到结构上的平衡比达到数量的平衡更为重要。

全渠道发展战略的调整势必引起组织架构的调整优化，充足的人力资源保障是顺利推进各项工作的必要条件。为此，企业需要提前对人力资源进行评估与规划。人力资源评估与规划涉及整体规划和业务规划两个方面。企业首先需要对人力资源进行整体规划。对企业一定时期内人力资源规划结果的整体概括，涵盖了人力预测需求和供给的具体数量。明确了预测所参考的依据，得出了人力供给及需求之间的数量对比结果，提出了企业组织供需平衡所贯穿的主要思想及实施整体规划上的整体方针。其中，最主要的内容是供给及需求之间的数量对比结果，即企业对人力资源的净需求。而人力评估与资源规划的目的就是要得出这个净需求结果。其次，需要对人力资源业务进行规划，它涉及对人员的一系列计划：人员的补充，人员的配置，人员的接替，人员的提升，人员的培训开发，人员的工资激励，内部员工关系和退休解聘等。针对提到的每一项业务计划，都应该有相对应的目标、详细任务以及完成任务所需的具体实施办法。

2）资金评估与规划

现金流是企业运营和发展的重要动力，若失去稳定的现金流，企业的资金链会紧绷，导致各项经营活动受限，发展受阻，最终可能导致衰败和倒闭。全渠道战略的实现是企业以信息技术为核心，进行全方位业务调整的新型战略。为确保顺利实施该战略，综合考虑最初的组织架构到最终方案实施所需的人力、资源、信息技术、市场营销等方面的资金需求，以及能否承担全渠道战略成本是企业决定转型的前提条件。为确保全渠道战略的顺利进行，企业可从以下几个方面着手：

（1）增加企业融资

企业首先可以了解省市各项政策，为符合政策的项目、组织申报财政补贴和扶持资金，按照要求专款专用，用于模式、项目、技术的创新；其次可加强与银行、政府基金等金融机构的沟通，保证公司能得到其支持，提高融资能力，获得创新、发展的资金支持；最后可通过吸引股权投资解决资金问题，获得全方位的资源支持和先进经验指导等。

（2）合理规划财务投入

各渠道推广和运营的费用是一笔庞大的长期财务支出，合理规划这笔支出，避免因资金缺乏导致项目停滞，需要制订合理的财务投入计划。首先根据推广和运营成本以及企业在不同阶段的盈利指标，按照比例计算出整个项目推广运营的预算。设置合理的使用计划，按照周月季的时间节点，跟进发放进度及销售反馈，保持基本财务平衡。财务部门要对发起部门销售反馈的结果进行分析，并给出相应财务建议。

（3）完善财务管理制度

财务管理是新零售企业重要的管理环节。企业应持续优化智能财务系统，帮助企业精准分析销售及财务数据，预判市场趋势。同时也应完善财务预警系统，对不同渠道的营销费用和营业收入进行评估和调整。在保证项目按计划推进的前提下，将优势项目中投入更多的营销成本和人力成本，扩大优势项目收益，获得更多利润，并在之后将其利润补充到其他支出中，形成有效的回报与再投资闭环。

3）技术评估与规划

在线上平台搭建过程中，互联网和大数据分析技术成为确保全渠道战略有效实施的关键资源。信息技术系统的整合是跨部门资源协调的关键，包括前台门店的进销存管理 POS（point of sale）系统，与第三方电商平台订单系统的联结，以及后台商品管理的 ERP（enterprise resource planning）系统。同时，网络安全保障也至关重要，包括运行和系统环境的安全以及业务应用的安全运行。企业在全渠道转型中，应综合考虑自身产品和系统构架，明确信息技术方面需要解决的问题，从以下几个方面进行规划：

（1）战略清晰，适合自身的才是最好的

首先要梳理企业自身的业务，明确业务的发展方向和存在的问题，结合现代信息技术进行全渠道转型规划；其次要多方交流，例如和知名信息技术咨询机构建立战略合作关系，探索适合自身的信息技术体系，切忌盲目追求大数据、AI 等技术的繁复应用，而是追求最小够用和可持续发展。

（2）外协为主，寻找最佳信息技术提供商

选择行业从业经验丰富的信息技术提供商进行合作，既节约时间又节省成本。一是垂直行业的信息技术提供商对行业的认识、业务流程较为熟悉，其提供的信息转型解决方案和企业实际情况匹配度更高；二是企业如果自行搭建全套信息技术体系，需要长期的沉淀、付出高昂的成本，容易导致半途而废。借助外协服务商构筑的技术体系，从烟囱式技术架构转变为共享式架构，辅以自建敏捷开发团队快速迭代，才是最佳选择。

（3）自研为辅，组建敏捷开发技术团队

在外协服务商提供主要技术体系基础上，组建企业自己的敏捷型技术开发团队。通过自研团队的配合，企业能够更好地掌控技术体系，提高需求变更的响应效率，降低日常迭代的研发成本。通过外协团队和自研团队的紧密配合，企业能够灵活满足业务需求，推动全渠道发展。

8.2 全渠道中的多渠道功能整合

8.2.1 渠道功能分析

（1）渠道功能介绍

营销渠道的功能在于能够顺畅、高效地使产品从生产者转移到消费者的整个过程，消除产品供应与消费需求之间在时间、地点、产品品种和数量上存在的差异。简而言之，营销渠道的基本功能就是要将产品或服务顺利地送达消费者。在此过程中，渠道中的各个成员要相互合作，共同努力实现产品的形式效用、时间效用、地点效用和所有权效用。形成的营销渠道功能主要包括：收集与传送信息、促销、洽谈、组配、谈判、物流、风险承担和融资。具体功能请见本书第4章的内容。

上述功能构成了营销渠道的功能集。研究与实践证明，顺利完成整个渠道流程，这些功能是不可或缺的，它们必须全部被执行。但这并不意味着渠道中的某一成员必须独立完成所有功能，渠道成员可以根据实际情况选择承担全部功能，也可以将其中一部分功能转移给其他成员来执行。渠道成员在执行各类功能时会有专长、成本、效率和渠道的差异，因此，构建与管理良好渠道问题的焦点也就集中在选择谁来执行这些功能会实现效益最大化上。渠道管理者在考虑渠道功能组合时应该注意一个要点，即某个渠道成员可以从渠道中消失，但是其承担的渠道功能不会随之消失，而是在渠道中向前或向后转移到其他成员身上，由其他渠道成员完成这些功能，以保证渠道的正常运转。

（2）渠道特征及选择

随着互联网和电子商务的发展，网络购物成为实体店购物等传统购物渠道之外的新型购物方式，并可依据互联网属性，将所有的零售渠道分为线上、线下两种。相比于实体零售，网络购物是以互联网和信息技术为媒介的一种新型的消费模式，其功能优势在于：

①便捷性：搜索简单、下单快捷，无须受营业时间和地点等传统约束，消费者能够轻松比较商品信息。

②节约：降低搜寻成本、时间成本和交通成本，提供价格优势。

③商品种类和渠道多样化：网络购物提供丰富的商品选择和多样的渠道。

一方面，网络购物令消费者享有更多的自由以及控制性，不需要承受社交带来的压力。另一方面，互联网的特性也令消费者在网络购物时面临较高的感知风险，具体表现有：

①隐私和金融风险：担心个人信息如信用卡等可能被泄漏或欺诈。

②商品风险：担心商品信息不真实、不充分、理解不准确，或商品来源不确定。

③心理风险：由信息不足或信息过载以及退货等带来的心理压力。

④不确定风险：获取商品时间性的不确定性。

⑤渠道壁垒风险：对于一些消费者，互联网技能和硬件设备可能成为阻碍。

⑥交易费用风险：退货退款的交易费用。

不同的购物渠道在渠道功能上存在比较优势，进而造就了消费者在渠道选择上的差异性。首先，在渠道选择上存在消费者个体差异，例如，网购用户更加趋向具备年轻、高学历、高收入、擅长使用电脑以及在线时间长、拥有较快网速、对网络金融环境较信任、时间约束严格等人口特征。其次，不同的消费动机也将影响消费者对网络购物的偏好程度。托马斯·诺瓦克（Thomas P. Novak）等（2003）指出，根据消费动机，买家可以被区分为目标性买家（goal-directed consumer）和体验性买家（experiential consumer）（见表8-2）[①]。目标性买家追求高效率、低成本；体验

---

① NOVAK T P, HOFFMAN D L, DUHACHEK A. The influence of goal-directed and experiential activities on online flow experiences [J]. Journal of consumer psychology, 2003, 13 (1-2): 3-16.

207

性买家追求购物过程中的审美乐趣、冲动消费的刺激感、搜到折扣品的愉悦、跟踪新商品以及社交的乐趣。相比于传统的线下购物，线上购物缺乏体验性特征以及即时满足等服务，但搜寻成本低，网络效应大，因此消费者一直以来以目标性买家为主。为了进一步扩大消费群体，吸引体验性买家无疑是网络平台或零售商的重要任务，尽管网络平台已致力于提高网络购物的体验性（如定制化、交互化），但相比于实体零售，网络平台仍以价格低廉、交易便捷高效为主要优势，因此网络购物的群体仍以目标性买家为主，而体验性买家则主要偏好到实体店购买。

表 8-2　目标性买家和体验性买家的行为差异

目标性买家	体验性买家
外在动机	内在动机
工具性导向	仪式化导向
情境参与	持久参与
功利性利益/价值	享乐性利益/价值
定向（预购）搜索	非定向（持续）搜索；浏览
认知的	情感的
工作	兴趣
计划采购；重复购买	强迫性购物；冲动购买

（资料来源：Novak 等人（2003））

（3）产品属性的影响

产品属性也会影响消费者对渠道的选择。商品可分为搜寻品和经验品两类，搜寻品是指消费者无须接触产品即可发现大部分与产品质量相关的关键属性的产品，而经验品则需要体验产品才能发现大部分与质量相关的属性。简而言之，搜寻品可以在购买前较为准确地确定产品特征，而经验品则需要在购买后通过亲身体验来确认产品的特征。

对于搜寻品，其主要特征或属性大多是客观的，消费者在购买前可以通过广告、产品描述等信息获取较为充分的了解，很少需要或不需要实物检查（例如图书、电子产品、应用程序、机票等）。消费者在购买搜寻品时更注重产品搜索过程中的搜索属性，例如购物便捷性、产品种类多样性、品牌等。由于网络搜索具有便捷性和信息丰富的特点，对于搜寻品而言，网络搜索是一个更为适合的渠道。消费者可以通过在线渠道快速查找和比较不同品牌、种类的产品，从而节省时间和成本。

而对于经验品，其主要特征或属性多为主观感受，需要消费者亲自触摸、试穿或试用才能真正了解产品的特征和质量（例如服装和鞋类、化妆品、家具、汽车等）。因此，消费者在购买经验品时更倾向于到实体店检查后再决定是否购买。实体店提供了消费者与产品直接接触的机会，让消费者能够亲身体验产品的质量和适用性。对于这类产品，消费者更注重在购物过程中的体验属性，例如产品的实际触感、穿着效果、味道等。实体店为消费者提供了更全面的体验和服务，满足了消费者对于产品体验的需求。

因此，在渠道选择方面，消费者对搜寻品和经验品有不同的偏好，而企业应该充分考虑这些消费者的行为差异。对于搜寻品，企业应着重提供便捷的在线搜索和购买体验，优化网店界面，提供丰富的产品信息和搜索工具，以吸引目标性买家。对于经验品，企业应注重在实体店中提供优质的购物环境，让消费者有充分的机会试用和体验产品，从而满足体验性买家的需求。总之，搜寻品和经验品的差异在消费者对渠道选择上产生了显著影响。了解这些差异有助于企业制定更有针对性的渠道布局策略，提升消费者购物体验，进而提高销售和客户忠诚度。

网络渠道和实体渠道之间存在相互竞争的局面，同时也能相互受益。随着互联网的发展，网络购物在市场上占据重要份额，尤其吸引了那些离实体店较远或时间受限的消费者。这导致许多消费者减少了前往实体店购物的频次，从而使网络渠道与实体渠道存在一定的替代关系。网络渠道通常提供更便捷的价格搜索与比较工具，消除了来自售货员或同伴的购买压力，并提供了丰富的产品选择和较低的价格。因此，对于购买感知风险较小的商品，原本会在实体店购买的消费者可能会转向网络渠道。

然而，要想网络渠道完全取代实体渠道面临巨大的挑战，网络渠道首先需要实现实体渠道的功能。这些功能包括保障商品质量，提供良好的产品信息服务（准确、即时、完整、易于理解、个性化定制信息），以及必要的社交服务（如即时客服、辅助消费者选择和使用商品、提供建议和互补商品等，体现为真诚、可靠、反应迅速、安抚和同理心）。同时，网络渠道还需要注重提供体验服务，以让消费者更好地感受产品。虽然网络渠道在方便、选择多样性和价格优势方面具有明显优势，但是对于某些商品，尤其是属于经验品的产品（如服装、化妆品），消费者更倾向于通过实际体验来确认产品的质量和特征。因此，网络渠道需要通过虚拟试衣、试妆等方式提供更贴近实体店购物体验的服务，以增加消费者对在线购物的信心。

综上所述，企业在渠道布局时，应充分考虑各渠道的优势和劣势，结合自身产品属性、目标客户群体等多方因素进行渠道选择。另外，了解产品属性对渠道选择的影响，对于企业制定更具针对性的策略、提升购物体验以及增强消费者忠诚度具有重要意义。无论是网络渠道还是实体渠道，都应当逐步满足消费者的多样化需求，以创造更为积极和满意的购物体验。

消费者的购物过程可以被简化为认知、搜索、购买和售后四个阶段。在考虑渠道选择时，可将购物行为归结为搜索与购买两个关键阶段。依据消费者的购物动机以及商品的属性，我们可以细分为四种情形（如图 8-4 所示）：一是在实体店中进行搜索与购买；二是在网络平台上完成搜索与购买；三是经过网络搜索后前往实体店购买；四是在实体店搜索后，通过网络平台购买。因此，企业可根据服务的顾客目标及产品属性来制定相应的零售布局策略。

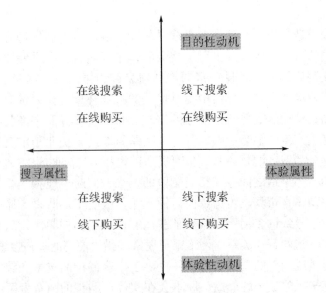

图 8-4　企业的渠道选择策略

　　对于经验属性的产品，若目标顾客是注重购物体验的消费者，企业应优先考虑布局线下渠道，以提供丰富的实体店购物体验。相反，若产品属性为搜寻属性，且目标顾客追求效率和便利，应优先考虑布局线上渠道，提供高效的网络购物体验。针对其他情况，应采取双渠道布局，但需要根据不同情形对渠道功能进行相应调整。假如产品为经验属性，但目标顾客更看重效率，仍需强化线下渠道的搜索功能与线上渠道的购买功能，以满足这类消费者的期望。又如，产品为搜寻属性，但目标顾客更注重购物体验，可全面拓展线上渠道的搜索功能，同时加强线下渠道的购物体验，以吸引更多追求体验的消费者。例如，越来越多的消费者追寻更具氛围感居家环境，以提升生活幸福感。电商平台上，氛围灯、香薰、音箱等"氛围感好物"销售热度快速上升，通过沉浸式体验搭建从美好小物到物品、宠物陪伴的全方位情景（如图 8-5 所示）。

居家消费新需求

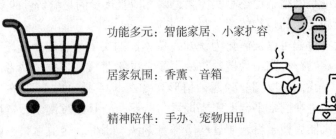

功能多元：智能家居、小家扩容

居家氛围：香薰、音箱

精神陪伴：手办、宠物用品

图 8-5　居家消费新需求

　　总之，通过深入了解消费者需求和产品属性，企业可以灵活地调整渠道策略，以提供更符合消费者期望的购物体验。这种策略的个性化定制能够更好地满足不同消费者群体的需求，从而促进购物体验的改善和销售的提升。

8.2.2 渠道整合策略

1）产品整合策略

（1）产品种类整合

在新型消费经济时代，企业面对消费者多元化、复杂化、综合化的购物新需求，要根据消费者偏好、商品热销度或市场差异化等原因来设置线上商品品类，激发消费者的购物欲望。企业应当增加和完善线上产品种类，提高线上线下产品种类的一致性，并将线上渠道和线下渠道的产品种类进行对应。同时，要确保产品的采购和质量一致，避免出现线上线下供需不平衡、库存积压严重的现象，从而提高线上渠道的销售量。提高线上线下渠道产品种类的一致性，可以增强产品整合的契合度，优化产品管理机制，提高消费者的购物体验和品牌认同感。

（2）产品价格整合

倘若线上线下渠道之间存在产品价格的差异，消费者往往更热衷于产品价格低的渠道，导致不同渠道之间发生价格战来相互抢夺客户资源，加剧渠道之间的冲突。因此，企业要建立价格管理制度，对产品价格进行统一、集中的管理，由公司产品部门负责审核产品价格的一致性，防止线上或线下恶意降价而抢夺客户。除特殊活动期间的主推商品和秒杀产品外，一般情况下相同产品在不同渠道之间保持价格一致，以缩减消费者对比产品价格的时间，提高了购物效率和订单成交率。企业采取线上线下产品同价策略，能更好地建立品牌的统一形象，有利于提高消费者对企业的品牌认同感和品牌信任。

（3）产品促销整合

低价促销渠道虽然能实现对消费者的引流，但当促销活动力度不一致时，会直接损害其他促销活动力度小或没有促销活动渠道的获利空间，加剧渠道冲突程度，同时会让没有享受低价促销的消费者产生不平衡、落差心理，降低消费者满意度。因此，企业应当结合其零售业务线上线下渠道的特点，努力提高线上线下渠道产品促销的一致性，在促销的时间、频率、类型、幅度等方面进行统一。线上线下渠道产品促销一致性的程度越高，越能够降低渠道冲突的侵蚀效应，为消费者提供良好体验，以提高产品重复购买率，进而提升企业利润。

2）信息整合策略

企业要实现在管理、销售、供应链、会员等方面的信息有机统一，需要建立全面的信息管理系统，并与 CRM 系统、POS 系统和 OA 系统等数据实现对接，加强线上渠道和线下渠道的沟通协调，实现公司订单、库存、物流和会员的协调共享，促进渠道信息协同发展（如图 8-6 所示）。

211

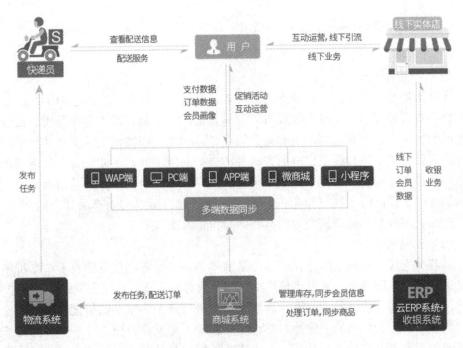

图 8-6　全渠道下的信息整合

（1）订单信息整合

企业应运用信息管理系统实现订单信息的共享，把线上和线下的订单数据集成，系统将线上和线下的订单自动分配到订单池中，与会员信息相匹配。企业通过调度引擎对订单进行批量审核，自动匹配物流仓库和发货平台，从而对订单的商品安排出库和进行配送。信息的整合要支持不同形式订单的履行，且要全方位、全时段监控订单履行的进度，线上线下订单信息的整合，将订单数据进行汇总集中和无缝对接，从而大幅降低运营成本和人工成本，提高订单履行的效率以及准确率。

（2）会员信息整合

企业应制定会员管理制度，建立会员管理中心。会员管理要包含会员基本信息、订单数据、积分兑换记录、卡券管理、搜索记录和退换货情况等信息的集成、共享和处理。要把线上会员和线下会员整合成统一会员号，让会员在线上线下渠道消费均能获得会员积分、享受会员权益和积分兑现礼品。利用大数据分析会员的价值，了解会员的消费偏好、消费需求、消费时间等信息，根据分析结果制定会员精准营销策略，利用公众号、会员商城、邮件等方式推送促销信息、产品介绍和售前营销等，帮助会员及时了解线上线下的商品、促销等信息，提高会员重复购买率，增强会员黏性。

（3）库存信息整合

企业应设立三级物流中心，调整线上线下渠道的库存信息整合，消费者在线上下单后，通过信息管理系统将订单转发到物流配送总仓接收，总仓计算离消费者收货地址最近的直营门店或区域仓库是否有库存。若门店有库存则由该门店配送，若门店无库存则转到区域性仓库；若区域性仓库有库存则由其配送，若区域性仓库无库存则由物流配送总仓进行配送。若跨境商品在三级物流中心均无货，则由合作的保税仓进行发货配送。另外，线上商品需要退换货的，退换货路径为逆向配送路径，优先门店退换货，其次到区域性仓库，再到物流配送总仓。企业只有将库存信息整合和共享，才能发挥线下直营门店优势，方便消费者取货、退货和换货，优化供应链管理，提高渠道运行效率，提升消费者购物的满意度。

（4）物流信息整合

企业应建立物流信息管理系统，通过物流信息的共享实现产品集中采购和集中配送，将线上订单与线下门店库存有机结合，丰富线下门店的物流职能。通过 ERP系统分析是否需要自动补货，若需要则由系统自动生产采购订单进行采购。借鉴其他典型企业零售业务线上线下渠道中物流信息共享的成功经验，设立三级物流中心，形成"前店+后仓"的物流模式，各级物流中心相互配合、协调共享信息，实现线上线下订单信息、库存信息和物流信息的整合。这样不仅避免了重建物流中心的成本，还优化了订单处理时限，提高了物流配送效率，从而促进供应链管理有序发展。

3）业务整合策略

（1）售前营销推广整合

首先，企业要提供零售业务线上线下的售前营销联合服务，确保消费者在任一渠道能查阅另一渠道的地址、电话号码、营业时间等信息，从而提高渠道在咨询、订购、支付、服务等环节的配合力和协调力。其次，要统一线上线下的营销内容，统一宣传和推广促销信息、体验活动、新货上架等方面。在线上，通过网上商城、公众号、小程序、APP 以及社交团群、会员邮件等方式进行推广，录制线下门店活动视频在线上播放来增强体验感；在线下，通过发放宣传单或宣传卡片等方式推广线上和线下的活动，通过关注二维码了解商品的更多信息，同时可以在线下直营门店开展线上直播活动，把线下门店现场和线上直播的方式结合，通过营销模式的创新来吸引更多消费。最后，通过大数据分析会员喜好，通过人脸画像等 AI 的先进技术去部署消费者的行为，实现数据的存储和分析，帮助销售人员更好地了解顾客喜好，从而提供更加个性化的服务。总之，通过做好线上线下的合力售前营销，让消费者在未接触产品前了解线上线下的产品特征，从而在购买时获得额外的无形知识，帮助顾客了解商品，达到扩大销量的目的。

（2）售中订单履行整合

企业零售业务线上线下渠道的业务整合，需要多种形式订单履约的支持以达到订单履行协调统一的效果，提高运营效率。表 8-3 展示了一些常见的订单履行方式。BOPS 方式属于线上线下渠道业务整合最重要的方式之一，顾客既能在线上方便快捷购买，又能到线下门店体验，满足消费者的需求，提高其满意度；ROPS（reserve online, pay in store）方式则与 BOPS 不同，消费者在线上仅预订而不进行付款，在线下自提时再支付款项，实现线上订单转移到线下直营门店进行履行，同时增加线上成交量和线下销售额[①]。SFS（ship from store）方式是线上线下渠道业务整

① JIN M, LI G, CHENG T C E. Buy online and pick up in-store: design of the service area [J]. European journal of operational research, 2018, 268（2）: 613-623.

合中备受消费者欢迎的方式，将线上订单通过与消费者同地区的线下门店进行配送，缩短了物流配送时间，有效提高了订单履行率。RTS（return to store）方式允许线上消费者将订单退换货到线下门店，且不额外收取退换货费用，大大提高消费者的满意度和忠诚度。STS（ship to store）模式允许顾客在网上购买商品后，可以选择将商品运送到指定的实体门店进行取货。这种方式使顾客既能享受网购的便利，又可以选择在附近的门店自取购买的商品①。

表8-3　订单履行方式

方式	具体做法
BOPS （线上订购，实体店自提）	·顾客在网上下订单后，可以在门店取货台或指定的取货区领取商品。 ·这种模式不涉及商品的寄送到门店，而是要求顾客亲自前往门店领取商品
ROPS （线上预定，线下支付）	·顾客可以在网上选择商品并进行预订，以确保商品在到达门店后不会被其他顾客购买。 ·到达门店后，顾客可以查看商品、尺寸和质量，然后在店内支付并带走商品
SFS （线上订购，线下配送）	·当线上库存不足或顾客所在地距离仓库较远时，门店可以发挥作用，将商品从门店寄送给顾客。 ·门店发货可以加快交付速度，减少运输时间，并在某些情况下降低运输成本
RTS （线上订购，线下退货）	·顾客可以将不符合期望、有缺陷或不需要的商品带回门店，进行退货或退款。 ·门店接受退货后，可能会对商品进行检查，并根据退货政策进行退款或换货处理
STS （线上订购，邮寄门店）	·顾客在下订单时选择了一个店铺作为目的地，商品会被寄送到该店铺，顾客可在到店铺后领取商品。 ·这种模式适用于那些希望在特定门店领取商品，或者想要在门店检查商品后再决定是否购买的顾客

（3）售后保障服务整合

企业需要对零售业务线上线下渠道的售后保障进行整合，使线上线下售后保障协同，为消费者打造线上线下无边界的购物体验。一是建立售后保障服务体系，制定售后规定和原则，完善三包责任制。二是打造专业化售后队伍建设，要求售后人员了解产品信息、售后流程和消费者意愿，及时收集诉求信息并精准解决问题，既要保障公司利益又要协调消费者关系，并加快处理售后的速度。三是成立售后服务部，无论线上线下订单，消费者均可自由选择偏好的渠道方式申请售后保障。

4）服务整合策略

（1）统一服务标准

针对零售业务线上线下渠道，企业应建立标准化服务机制、制定统一的服务标

___

---

① GALLINO, MORENO S A, STAMATOPOULOS I. Channel integration, sales dispersion, and inventory management [J]. Management science, 2017, 63（9）: 2813-2831.

准，涵盖售前的产品推广、信息查询，售中的订单跟踪、物流配送，以及售后的退换服务，旨在解决消费者在跨越线上和线下的接触点时所遇到的问题，确保线上线下服务水平的协同性、统一性和整体性。通过对线下销售人员和线上客服进行培训，统一服务内容、态度、水平、方式、效率、质量等方面的标准，以保障消费者在跨渠道获得同等性、一致性的服务，这有效规避了消费者因不同渠道的差异化服务而产生的不满购物情绪，提升服务质量。在线下渠道，销售人员要微笑服务，热情大方，对消费者的商品咨询要认真详细解答，并为消费者推荐符合需求的产品，而不是强行推销不符合消费者购买意愿的产品；在线上渠道，客服要言语得体、及时回复、礼貌热情，认真解答和处理消费者问题。以消费体验为中心，打通对消费者引流、转化、购物、反馈、留存的服务闭环，真正实现线上线下渠道一体化。

（2）提高服务效率

企业应成立专门的客户服务部门，负责统一管理公司各项服务工作，并注重服务的效率，重视产品销售的售前、售中和售后服务质量，对消费者的需求和问题应当及时处理、及时反馈和高效处理。若企业线上服务效率更低，购物和售后花费时间更长，线下的服务效率更高，则可能会降低线上消费者的购物体验，线上消费者可能会向线下流转。为此，企业需要调整线上的服务时限，由原来的工作日行政班时间调整为全天24小时服务，并且要求客服及时处理问题。企业通过信息管理系统，及时跟进订单的进度，缩短发货、配送和售后时限，让消费者切实感受线上线下服务的高效率，提升消费者对该企业的认同感和信任感。

（3）提升购物满意度

企业面对激烈的行业竞争和市场竞争，如果单一地使用低价策略，难以提高竞争力。向消费者提供个性化、多元化、全方位的服务，更能迎合、吸引、满足消费者。首先，线上和线下均应构建场景体验式服务，通过线上直播体验商品或录制视频宣传商品体验，线下举办商品体验活动，发挥人、场、货的相互作用，通过特定场景渲染购物氛围，让消费者有身临其境的感受，从而激发消费者购买欲望。其次，企业应设立员工服务考评机制，对服务标准、服务效率、服务项目、服务时限等制定考核、奖惩、监督制度，培养员工积极主动、微笑礼貌和认真负责的服务观念，对员工起到监督、激励的效果，为消费者留下满意的服务印象。

8.3　全渠道中的大数据应用

8.3.1　数据收集与整合

在21世纪，互联网已经广泛渗透到人们生活的各个方面。随着云计算和物联网的出现，各种传感器设备正在进入人们的日常生活，零售业也正在步入移动和感知物联网的阶段。在零售业中，常用的大数据工具包括：

（1）云计算技术

云计算技术为全渠道零售提供灵活、可扩展和成本效益高的IT基础设施，支持数据的收集、存储、处理和分析，为销售决策提供依据。

（2）大数据技术

大数据技术能收集、存储、处理和分析大量的消费者数据，为零售商提供精准的消费者画像和预测，从而优化产品设计、营销策略和服务。

（3）AI技术

AI技术实现自然语言处理、语音识别、图像识别等功能，为零售商提供智能客服、智能推荐、智能营销等服务，提高用户体验和销售转化率。

（4）物联网技术

物联网技术将各种传感器、设备和物品连接起来，实现实时监测和追踪，为零售商提供实时库存管理、供应链优化、物流配送等服务，提高供应链效率和成本控制。

（5）区块链技术

区块链技术实现商品溯源、交易信任和数据安全等功能，为零售商提供透明、安全和可信的交易环境，增强消费者信任和品牌价值。

大数据的处理流程可以定义为在相关数据工具的辅助下，对广泛异构的数据进行收集和集成，结果按照一定标准统一存储。利用合适的数据分析、数据挖掘技术对存储的数据进行分析，从中提取出有价值的信息，最后使用普通用户可以理解的手段解释呈现给用户。大数据的处理流程包含数据采集、数据处理与集成、数据分析、数据解释等流程（如图8-7所示）。基于大数据的商业模式创新，大数据成为全渠道建设的关键技术。

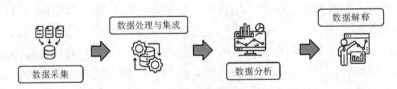

图8-7　大数据处理流程

（1）数据采集：数据采集是对原始数据的收集。这些数据来自企业内部和外部的不同系统，通过一定的技术协议将这些数据传输到指定的大数据存储介质。全渠道零售商借助线上自建商城、小程序、社交媒体、移动设备、LBS的系统日志记录、网络数据爬虫爬取以及零售服务商的API数据接口支持，加上线下店面传感器、摄像头、RFID等手段收集前端数据，储存到MySQL、Oracle等传统的关系型数据库中或NoSQL这样的非关系型数据库，以便实时获取多样、广泛的数据集。

（2）数据导入与预处理：数据导入指的是将各个前端的数据库数据导入一个综合的分布式数据库，为后续的数据预处理和数据分析做准备。数据预处理的常见方法包括数据清理、数据集成、数据变换和数据规约。数据清理主要是对于已经采集到的数据进行恰当的处理，包括进行清洗去噪，以保证数据的质量和可信度；数据集成将结构复杂、来自多个数据源的数据转换为统一的、便于处理的结构；数据变换是将数据转换成适合数据挖掘的形式，包括数据光滑、聚集、泛化、规范化和属性构造等；数据规约是用来减少数据量、规范数据，并且使得信息内容损失最小化。

（3）数据分析和数据挖掘：数据分析和数据挖掘是大数据处理流程的核心部分，数据分析强调利用统计学方法对历史数据进行规律分析，而数据挖掘则是利用数据分析结果和数据本身建立模型，从而对未知数据进行预测。数据分析和数据挖掘以云计算作为基底和依托，包括分布式存储、分布式云计算，而常用的分析工具则包括 Hadoop 下的 MapReduce、Oracle 的 Exadata 等。常见的数据分析技术则包括描述性分析、显著性检验、相关性分析等；而数据挖掘则包括分类、聚类、关联分析等挖掘手段。数据分析和数据挖掘能够从原始数据中提取出有价值的信息，形成数据资产。

（4）数据解释：数据解释是大数据处理流程的最后一步。数据解释的任务是把处理好的，但是抽象的数据集做成易于理解的内容交付给企业决策层，使得决策层准确地理解数据内容，同时不产生误解。传统的数据解释方式就是以人工+图文的方式形成数据报告。大数据时代，为了解释海量数据的动态演变和数据之间复杂的联系，常常会使用大数据可视化技术。常见的大数据可视化技术包括标签云（tag cloud）、历史流（history flow）、空间信息流（spatial information flow）等。除了大数据可视化，还可以使用人机交互技术和数据起源技术帮助用户理解数据内容。

8.3.2　数据分析与洞察

数据不再只是记录企业经营活动的数字，而是对企业经营活动的客观真实反映。对零售企业报表等财务数据和信息进行分析，可以指导零售企业业务政策的划分、制定更科学、更准确的经营政策和营销计划，具体表现为以下几个方面：

（1）行业选择与战略定位

企业的战略选择往往决定着其发展方向，是其发展战略的关键。在进行行业选择或发展扩张时，零售业往往需要借助大数据平台和技术提前进行分析和预判。对于拥有天然大数据平台的零售企业，充分利用自身的数据优势，构建数据支持分析和应用系统，可以帮助企业制定战略定位和调整新业务的切入点和时机。零售企业在日常生产经营活动中收集了多种类型的数据，包括自身企业数据、客户数据、行业数据、统计数据、竞争对手数据、交易数据等。企业在决策中应当充分利用有效数据，将大数据云计算、物联网、可视化、机器学习等多方面的大数据技术结合，并以此为基础进行分析。这样，零售业的海量数据才能实现价值转换，从而给企业经营决策提供更科学更有价值的信息，改变了以直觉和经验为主的主观决策模式，得出具有客观性、全局性、直观性的分析报告。这样能够帮助企业明确自身的市场定位，进行有效的市场分析和战略决策。

（2）投资决策

零售业企业在进行投资决策时，通过大数据技术可以充分评估风险，创造投资价值。具体包括以下两个方面：①零售业可以利用大数据技术，在进行风险投资和战略投资之前，将自身的战略与资本运作相结合，在清楚地认识自身发展情况后，对投资项目进行深入了解，从而提高降低风险的能力。②零售企业可以依托大数据技术，通过抓取、分析新闻，研究搜索行为、社交信息和报告等，预测资本运作和金融市场的前景，帮助零售业充分利用好资本运作这个十分重要的工具，及时调整战略。

（3）盈利模式

实现零售业价值中最重要的一环是盈利模式，零售企业利用大数据技术提高盈利水平主要体现在以下三个方面：

①业务流程再造。依托各类数据信息，零售企业利用大数据技术能够对单一数据资源价值进行放大，并在此基础之上，进行有针对性的分析，对关键业务的关键流程进行再造。例如，市场风靡的大规模定制生产，其本质就是零售业利用自身所拥有的 IT 基础设施对顾客进行需求挖掘，使得零售业生产流程进行再造最终得以实现。

②用户价值创造。以前企业寻找客户的渠道，要么是通过媒体传播信息，要么是通过企业自己的营销渠道获取，这种"广撒网"的方式并不能精准而快速地找到目标客户。随着消费升级，客户对产品和服务的需求也在不断迭代，变得更加多样化和高标准化。顾客对商品的需求更多是追求使用商品后的体验感，而之前顾客的需求仅仅停留在拥有权和使用权。基于大数据的技术，企业可以将客户的行为过程进行记录并加以量化，从而攫取可以提升客户满意度的方式和方法并加以实施，实现客户的价值，也实现零售企业自身的创造价值。但是在现实商业环境中，客户的需求是多样的，同时也具有隐晦性、情景依赖性和多元化等特性。与此同时，零售企业所拥有的数据又呈现另一个特点，即历史的、结构化的和静态的。因此，数据和需求之间缺乏链接，对于用户的真实需求，零售企业是很难直接掌握和判断的。但是凭借大数据技术，零售业可以通过已经观察和收集到的用户行为数据再加上算法的演算来判断用户内心的真实想法。通过深度剖析，零售企业可以相应做出决策并调整经营方向。例如，零售企业可以通过数据传感器捕捉顾客的消费、点击、足迹、浏览和停留时间、位置等，了解顾客对自家商品的使用情况。然后，对多种渠道、多样格式的数据进行综合比对，充分挖掘出顾客的真实诉求，并把新的符合客户需求的商品进行重组，推向市场，重塑业务流程。

③成本优化。利用大数据技术，零售企业将经营过程中的各项运营成本进行分类汇总，再结合云计算、流计算等技术，从各项运营数据中挖掘潜在的更有价值的数据。然后再利用前文提到的业务流程进行优化，从而提升企业效率，降低成本的同时也创造更大的价值。同时运用大数据分析，零售企业可以发现并识别在运营成本结构上的漏洞和不必要的支出，及时做出管理干预，弥补漏洞，提高零售企业的整体盈利水平。

（4）组织能力

随着大数据时代的到来，任何一家零售企业都需要适应新的形势和发展需求。虽然零售企业拥有相对完整的组织体系和制度，同时在员工制度包括奖惩、福利、薪酬、晋升、培训等相关环节也都有较为成熟的流程，但这些旧有制度和体系已经不能完全满足组织发展的需要。因此，充分利用好大数据技术进行分析，可以加强各部门之间的联系，同时增强组织凝聚力与战斗力，推动组织制度和体系的健康良性发展。首先，利用大数据技术可以实现员工数据的量化考核，包括个人业绩、出勤数据、加班情况、部门业绩等，通过这样的数据考核方式，真正实现"拿结果说话"，避免"一言堂"的情况。同时，员工数据的管理能够从业绩中暴露员工的不足和短板，让组织能够及时开展培训，提升员工素质和能力，增强员工的业务水平。其次，大数据技术还使得所有成员都可以对自己业务部门的数据进行加工、整理、分析。这样的做法提升了员工对业务的敏感度，同时也能够从中发现问题并找到解决办法，形成自下而上的建议，改变过去的自上而下的单向执行方式。以上这些都可以极大地增强员工的荣誉感和归属感，帮助员工树立主人翁的意识，从而打造高效且有凝聚力的团队。

（5）价值创造

通过运用大数据技术对用户画像进行分析，零售业可以充分了解客户的真实需求，并利用自身的优势和内外部资源进行产品更新、工艺创新、服务更新、技术迭代、营销创新等一系列创新，从而实现企业价值和满足不断升级的客户价值。具体来说，主要有以下三点：

①提升价值准确性判断。零售企业可以通过数据密集型平台，全方位详细记录用户的交易过程和结果。利用CRM系统对收集到的信息和数据进行筛选、整合、处理、分析，从而基本判断用户的价值主张。通过大数据技术，零售企业可以获取用户的身份、沟通、收入、行业特征等数据，从而深入挖掘用户的真实需求。此外，零售企业通过数据平台和同行业友商共享数据，实现合作双赢的目标。零售企业可根据这些数据依据调整经营策略，迭代产品和服务，实现对顾客的价值创造和对零售企业自身价值的追求。

②面对市场变化进行实时反应。借助大数据技术，零售企业能够全面实时掌握包括内部环境和外部市场环境在内的所有数据变化信息。大数据技术的实时分析使得零售企业与用户之间的沟通变得更为及时。产品与服务、商品和价格等方面都能得到即时反馈，缩短了沟通时间，节省了沟通成本。同时，零售业能够实现对客户精准需求的定制化满足，并通过用户偏好和数据流向选择掌握市场行情的变化，积极采取措施保持在同行业中的竞争优势。

③提升决策效率、节约成本。大数据技术的应用提高了零售业的沟通和决策效率。基于算法的大数据智能优化分析为零售企业的经营决策提供了很好的辅助。同时，通过大数据技术，零售企业还能进一步分析商业决策的实际效果，并提供建议，帮助企业做出更加明智的决策。这种优化的闭环不断提升了零售企业的决策效率，缩短了决策时间，降低了决策成本。同时，大数据技术也帮助零售业优化业务流程、商品和服务、交易方式，为企业带来更多收益，确保商业模式的可持续性发展。

（6）资源整合能力

市场瞬息万变，大数据技术正处于飞速发展阶段，数据已经成为除土地、资本、劳动力之外的重要资产，并被人们认为是"数字化石油"。对于零售企业来讲，大数据技术的应用对提升资源整合能力至关重要。

①在商场竞争瞬息万变、消费者需求日益多样化的环境中，零售企业需要借助大数据技术和量化工具来挖掘现有资源，将其充分发挥，实现资源的最大化价值，从而实现零售业的价值创造。

②零售业通过大数据技术的运用，能够提升商品力和服务力，增强核心竞争力，并加强对数据平台的维护、提升数据存储和分析能力。零售企业通过对数据平台软硬件的投入和数据存储分析计算能力的提升，进而获取更多资源，形成良性持续的正向循环，实现零售企业的商业价值和社会价值。

③零售企业通过大数据技术不仅实现自身资源的优化和整合能力，还能向相关的上下游行业客户、合作伙伴甚至消费者提供数据服务。将大数据技术与自身资源优势相结合，实现从数据采集、信息萃取，再到资源整合和价值传递的完整流程。此外，通过数据资产的平台化运营和处理脱敏数据，零售企业还可以将数据作为自身的产品，提供给行业内的上下游客户，为合作伙伴提供数据分析服务，实现产业链的增值和产业升级。

8.3.3　数据驱动的决策与优化

1）强化大数据思维，着力构建大数据核心能力

在大数据背景下，线上零售业给传统零售业发展带来了一定挑战。线上零售业务通过数据分析，能够重新定义客户形象，相比线下业务拥有更全面的客户信息，从而具有明显的效率优势。因此，传统零售企业应该充分认识和理解大数据对零售业务的影响，重视大数据技术的开发应用，以提升企业的竞争力。

（1）数据搜集与挖掘能力建设

大型零售企业正积极建立自己的数据系统，并构建信息共享平台和高性能数据处理平台。随着信息技术和多媒体技术的发展，数据来源也从传统的结构化数据发展转向半结构化和非结构化数据，如微博、微信等成为新的数据来源。零售企业还应重视社交网络、自媒体、视频音频等数据的搜集与挖掘。为实现精准营销，零售企业需要着重关注数据的可用性，建立数据标准体系和质量评估管理体系，确保数据标准统一、准确性和及时更新，从而保障数据质量。

（2）数据整合与分析能力建设

虽然大数据技术应用改变了零售企业的结构化分析方式，但面对半结构化和非结构化数据的采集、归类、分析技术，仍然存在许多技术层面的挑战。随着云计算、社交媒体、移动互联网、物联网等 IT 技术的兴起，大量碎片化的数据不断涌现，零售企业需要不断提高其"数据能力"，即高速、负责任、可持续地处理大量数据的能力。为此，企业应大力进行数据整合与分析能力建设，包括大数据的去冗降噪技术、文字识别技术、机器学习等。建立大数据应用成效的方法，加强数据核心处理能力，唤醒沉睡的数据资源，实现企业内外部数据的有效整合，推动业务发展。

（3）大数据技术的迭代优化

大数据量化研究和客户画像等工作不仅是数据工作的最后环节，也是大数据应用的起点。由于客户数据的不一致性、复杂性和动态性，客户通过交易行为反馈将

形成新的行为数据，这些数据支持产品开发或功能优化。在数据挖掘过程中，需要对大数据挖掘模型进行迭代优化，对已有大数据模型进行梳理，建立挖掘特征指标库，并建立知识累积机制，实现大数据技术全生命周期的管理和迭代优化。

2）构建大数据平台，实现零售业务的数字化管理

随着信息技术和多媒体技术的发展，数据来源已经从传统的结构化数据转向非结构化数据，这对传统的数据库提出了新的挑战，因此需要建立零售业务的大数据分析平台，以提高零售企业的决策效率。大数据平台的吞吐率和实时处理能力取决于其建设程度和信息整合能力。为有效承接大数据发展和提升核心能力，零售企业需要对传统的数据仓库技术进行改造，建立分布式大数据仓库。

（1）利用大数据平台整合内部数据

当前，零售企业拥有大量分散的数据单元，从客户属性资料到消费偏好等信息，需要在现有的信息技术系统基础上进行整合，实施数据的统筹化管理。大数据对零售业务的影响尤其在零售业务营销方面十分重要。通过大数据技术应用，零售企业可以对客户进行精细化分析，挖掘潜在客户，并实施精准营销，从而提高企业的管理效率和经营绩效。为此，零售企业在构建大数据系统时应结合大数据技术，以客户为中心，形成客户营销方案设计和客户营销结果反馈的全方位零售业务营销大数据系统，以促进内部业务发展。

（2）充分运用外部数据

当前，非结构化数据不断兴起，传统数据边界变得更加宽泛，因此需要注重加强与大数据平台的交流与数据共享合作。一方面，可以整合现代化客户交流渠道；另一方面，随着信息技术不断发展，零售企业需要加强与电信、电商等互联网企业的合作，以实现零售业务的数字化管理。

3）重塑零售营销模式，实施精准营销

零售企业需要通过大数据平台整合内外部数据资源，深入分析客户行为和生活形态，洞悉客户消费方面的需求，建立新型的数据化投资策略模型，并以此为基础进行产品升级，以提升客户经营策略的持续优化能力。

（1）个性化商品推荐

随着互联网的普及和数字化技术的飞速发展，越来越多的传统商家开始在多个接触点展开商品推荐和营销。然而，这种趋势也引发了信息过载的问题。

一方面，用户依赖多接触点感知到同质性商品信息，难以对这些信息进行区分，造成信息的过载，增加了用户购买商品的负担。用户耗费大量的时间获取的信息，但可能得到的并不是真正需要的信息，从而影响了用户的商品购买欲望，影响实际的消费行为。同时，在市场饱和的环境下，传统商家想要争得一席之地，不能仅靠传统的"吆喝式"营销，而是需要借助互联网的便捷性和及时性来宣传自己的产品。

另一方面，用户是企业利润的来源，抓住用户、满足用户需求是传统商家提高竞争力的基础。消费者的消费行为具有冲动性，容易在短时间内产生，也容易受外部营销环境的影响而改变。因此，想要增加企业的用户群体，就需要实时把握用户

的冲动性，采用"许可式"沟通，而不是"干扰式"宣传，让用户获得更有针对性的信息和服务，得到最佳价值体验。"许可式"沟通要求企业要准确探析用户的行为特征、精准把握用户的消费诉求，精准推荐商品，解决信息过载问题，帮助用户实现简单性、快捷化的商品购买。

传统商家可利用的信息推荐渠道是有限的，如何将更加精准的信息推送给用户，提高推送的效率和转化率成为企业亟待考虑的问题。目前已普遍使用的基于协同过滤的推荐算法和基于内容的推荐算法主要针对电子商务网站展开，然而它们的推荐内容存在同质性和推荐精准性不足的问题，影响了推荐的有效性。

因此，针对传统模糊推荐模式的不足，建议从传统商家的实际出发，提出更具可行性和操作性的个性化商品推荐策略。这样的策略可以缓解信息过载问题，为传统商家全方位开展营销、提高购买转换率提供有力参考。最终目标是促进消费行为的转化，实现潜在用户向实际用户的转化，促进市场营销行为向市场营销收益的转化。

（2）个性化用户关怀策略

在高度饱和的市场竞争环境下，企业为了在留住现有用户的同时吸引新用户，必须提升用户的"购买体验"，提升用户的满意度，让用户在和谐愉悦的购物氛围中体验到获得感和价值感。开展用户关怀的目的是与用户建立紧密的联系，提高用户的忠诚度，并为企业创造更大的价值。个性化用户关怀的本质是实现用户购物价值感的获得，同时促进企业经济利润的提升，形成双赢局面。传统商家的实体店是开展用户关怀的优势渠道，然而，要实现用户关怀的精准性和及时性，离不开对用户数据的充分利用。因此，获取用户数据、感知用户特征、预测用户需求对于传统商家开展有效的用户关怀活动至关重要。通过充分了解用户数据，传统商家可以更好地了解客户的喜好、购买习惯和需求。这些数据有助于企业制定个性化用户关怀策略，从而增强用户对企业的依赖感和黏性。传统商家可基于用户数据开展个性化用户关怀策略，主要包括以下两个方面：

①评价反馈关怀策略：传统商家获得用户信任的关键在于拥有"社会证明"，而用户评价就是企业的"社会证明"。用户评价能够提供关于商品或服务的信息，有效缓解消费者做出购买决策前所处的信息不对称环境，减少决策风险和损失。用户评价对潜在用户的购买欲望产生直接影响，其内容更具有鼓动性和说服力。正面的评价能够有效激发潜在用户的购买欲望，从而增加企业的经济收益；而负面的评价则会降低潜在用户对商品、品牌和企业的信任度，影响其购买意愿。

②用户专属关怀策略：将潜在用户转换成事实用户可能是一瞬间的事情，但要将事实用户转换成忠实用户则需要一个漫长的过程。忠实用户一方面可以持续购买本企业产品，为企业带来持续利润；另一方面，忠实用户也会进行社会推荐，增加企业的用户存量。在培养忠实用户的过程中，用户的变动性较高，他们有可能成为企业的忠实用户，也有可能因为一些原因转向考虑其他同类产品或服务，从而成为本企业的沉寂用户。因此，用户专属关怀策略是提高用户黏度、培养忠实用户的有效手段。这种策略以用户数据为基础，通过微信、短信、面对面交流等方式开展，

旨在满足用户个性化情感需求，提供定制化的服务。例如，传统商家可以根据用户登记的会员卡信息，开展生日关怀提醒，并为用户提供折扣券、优惠券等福利；还可以根据用户的年龄数据，通过内容营销的形式向用户提供适合的产品，比如向老年人发送养生策略，并同时嵌入相关产品；导购员可以结合用户之前的购买记录和购买行为特征，为用户提供口头的关怀性问候，比如药店店员可以根据用户以前购买的药物，对二次进店用户给予疾病现状问候。针对企业产品销售类型的不同，传统商家应该结合自身情况，设计适合自己企业现状的用户专属关怀措施，服务好二次进店或二次购买的用户，提高企业用户的忠实度和用户的黏度。

本章小结

1. 阐述制定全渠道战略的关键步骤和重要考虑因素。首先，通过深入环境分析，包括外部和内部环境，帮助企业了解其所处的环境。其次，采用 PEST、波特五力和 SWOT 等分析方法，有助于识别外部机会、挑战以及内部优势和劣势。确定全渠道战略目标时，强调以消费者为导向，确保一致性、互补性、协作性和信息共享性。人力资源规划和评估需要与企业发展战略紧密结合，以满足不同阶段的人员需求。资金评估和规划的关键在于维持稳定的现金流，可通过融资、合理财务投入和完善管理制度实现。技术评估和规划强调信息技术的整合、安全性和合理选择外协与自研。这些建议将帮助企业有针对性地制定全渠道战略，以在竞争激烈的市场中取得成功。

2. 探讨零售业务的渠道选择策略，聚焦于线上与线下渠道的优缺点。一方面，线上渠道能够提供广泛的产品选择、便利的购物体验以及全天候的服务。另一方面，线下渠道则凸显了实体店的触感、互动性以及即时获得感。为了有效地融合这两种渠道，企业需要深入洞察目标客户和产品特性，将渠道选择与消费者需求相协调，以实现最佳的销售表现和市场份额平衡。此外，还强调了通过虚拟试衣、试妆等方式，增强消费者对线上购物的信心，提供与实体店购物体验更为接近的服务。

针对零售业务的线上线下渠道整合策略，涵盖了不同渠道选择策略、信息整合策略、业务整合策略以及服务整合策略。在渠道选择方面，强调了消费者的购物动机和商品属性对渠道选择的影响，提供了四种情况的说明。在信息整合方面，企业需要整合订单、会员、库存和物流信息，以优化供应链并提供更卓越的服务。对于业务整合策略，详细介绍了售前、售中和售后的整合策略，包括 BOPS、ROPS、SFS、RTS 和 STS 等方式，旨在提升客户满意度和订单履行效率。最后，在服务整合策略方面，强调了统一服务标准、提高服务效率以及提升购物满意度的重要性。这些策略的目标是打造无缝的线上线下购物体验，增强消费者信任感，提升客户满意度，从而增加企业的销售额，提高市场竞争力。

3. 介绍传统商家在大数据时代中如何通过技术创新和战略转型来实现业务提升的关键步骤。首先，强调了大数据技术的核心作用，不仅改变了商业环境，也为传统商家带来了新的机遇和挑战。其次，探讨了数据驱动的决策与优化，从数据搜集、整合到分析能力建设，展示了如何运用大数据来优化企业运营。个性化商品推荐是另一个重点，阐述了如何利用大数据技术来解决信息过载问题，提升用户购物体验，并达到更精准的推荐效果。最后，个性化用户关怀策略突出了企业与用户之间的紧密联系，通过数据分析和个性化服务，提高用户忠诚度，促进市场推广的成功。这些内容展现了传统商家如何利用大数据技术重塑经营方式，以应对现代市场发展的趋势，提升竞争力，增强用户体验。

了解了这些，我们接下来的章节将介绍全渠道战略实施的保障，即智慧物流的相关内容，包括概念、内涵、层次、实施要点以及产生的背景，进一步探讨智慧物流的发展现状、历程和趋势，以及企业中智慧物流的实践。

思考题

1. 企业在实施全渠道战略前，环境分析是必要的吗？可运用哪些方法进行分析？

2. 渠道具有哪些功能？企业如何进行渠道整合？

3. 全渠道战略的制定涉及多个渠道，例如实体门店、电子商务、社交媒体等，请详细描述如何在不同渠道之间实现一致的品牌体验和顾客服务。

4. 大数据在全渠道零售战略中具有哪些作用？

案例阅读

瓜子二手车：数据驱动的交易革新

瓜子二手车的商业模式不断迭代升级，从最开始比较"轻"的直卖C2C模式，到最近逐渐加"重"严选直卖店，打造瓜子新零售业务。瓜子二手车构建的新零售不是简单线下线上的打通，而是通过大数据与AI技术的运用，将线下交易场景里的关键节点，镜像到线上的比特世界，线上建模并对数据进行智能优化，再反馈到线下门店，形成数据联动闭环，持续对交易场景的所有环节进行迭代、优化，驱动新零售实现效率的极致。

（1）优化定价模型

2016年3月28日，张小沛正式入驻瓜子CTO办公室。总体来看，贯穿她工作始终的一条主线就是用算法和数据来降低信息的不对称性。张小沛说，她对于二手车电商行业变革的期待，一个关键原因来源于对美国CarMax——美国最大的二手车连锁零售商的考察。她发现这里买卖二手车就像在超市里买洗发水一样简单，标准化、规范化的流程和透明的定价大大提高了用户体验，远超国内二手车行业混乱落后的现状。而在中国传统二手车交易中，评估师对于二手车定价具有绝对的话语权。评估师的眼力和经验就像是黑匣子，有时候他自己也说不清楚影响报价的全部因素。为了颠覆这种传统模式，张小沛从美国回来后，给自己确定的最大挑战就是定价模型。只有基于大数据和 AI 实现精准定价，打破二手车行业信息不对称，提升流通效率跑出交易量，才能打平成本赚到钱。但这很难。报价的背后是复杂的定价体系和庞大的数据集，涉及一切可能影响价格的因素——品牌、车况、出厂年份、市场存量、用户偏好、销售员、评估师……甚至交易当天的阳光和雾霾都可能会影响价格。

（2）瓜子大脑的研发

从瓜子成立伊始，具有互联网基因的瓜子就开始为算法积累交易数据。每个交易环节的数据交到瓜子算法团队后，会被拆解成小颗粒，再结构化。如今，瓜子的 AI 体系已经覆盖到二手车交易的各个环节：2 000 多个影响车价的数据维度，为上万名评估师和销售人员设计的任务调度体系，以及评估师傅智能终端中包含 259 项流程的车况检测系统。AI 体系不仅能够对车进行建模和定价，对与二手车交易密切相关的销售人员和评估师也在进行镜像化，通过他们的画像分析他们和车之间的关系。比如有的销售最擅长卖日产的车，这类车匹配给他能实现的效率是最高的。算法团队也花了很大精力把销售和评估师的服务标准化。比如评估师录入车况信息的时候，每个人有自己的语言和习惯。但团队通过对收集上来的数据分析，分解出 259 项检测，并把这些检测内容做成选择题，给每个选项一个明确的定义。如此一来，原本非标的流程逐渐变得标准化。

（3）线下到线上的映射

围绕核心的瓜子大脑，最基础的就是要实现线下向线上的映射。现在，整个瓜子正在将汽车零售的各个节点变得数据化、智能化。这些节点不仅有前面提到的卖家、车、线下门店、买家、评估师、销售人员这些大粒度的单元，而且要对这些单元进行细化。比如，在瓜子二手车严选直卖店里，上万平方米的面积内，每个停车位、检修工位、闸机、钥匙柜都是一个节点，甚至如果需要，这些节点也都可以再度细分。再比如，对于买家，除了一般基础信息，节点的设置还要看各种数据在时间维度与空间维度上的沉淀、积累——消费者在 APP 上看车，到店的所有行为，离开店之后的购买咨询电话与最终决策，与购车相关的一切行为都可以随时随地被记录。瓜子通过智能硬件和业务智能化在这些节点实现了数据可采集，把它们变成瓜子大脑中的"神经元"。这些神经元感受着外界的刺激，将神经冲动（数据）传输到神经中枢，驱动大脑做出智能决策。

（资料来源：改编自《瓜子二手车：AI 赋能新零售》，李静，中国管理案例共享中心，2019.）

参考文献

［1］ PORTER M E. Competitive strategy ［J］. Measuring business excellence, 1997, 1（2）：12-17.

［2］ NOVAK T P, HOFFMAN D L, DUHACHEK A. The influence of goal-directed and experiential activities on online flow experiences ［J］. Journal of consumer psychology,

2003, 13 (1-2): 3-16.

[3] JIN M, LI G, CHENG T C E. Buy online and pick up in-store: Design of the service area [J]. European journal of operational research, 2018, 268 (2): 613-623.

[4] GALLINO S, MORENO A, STAMATOPOULOS I. Channel integration, sales dispersion, and inventory management [J]. Management science, 2017, 63 (9): 2813-2831.

渠/道/管/理——新/零/售/时/代

9　全渠道战略中的智慧物流

学习目标

通过本章的学习，学生能够：

- 认识新零售时代智慧物流产生的背景与其定义。
- 理解全渠道战略中智慧物流的内涵、实施要点与层次划分。
- 了解智慧物流的发展现状、历程与趋势。
- 了解智慧物流在电商物流、制造物流与跨境物流中的实践。

开篇案例：智慧物流让货物"跑"得更快

走街串巷的快递小哥，高效灵活的智能设备，如约抵达的快递包裹……一头连着生产供给，另一头连着消费需求，物流快递业被称为经济发展与消费活力的"晴雨表"。得益于大数据、物联网、AI 等数字科技的助力，中国物流行业高速增长，快递"越跑越快"，流通体系效率进一步提高。

冷链设备助力"新鲜送达"

在湖北省潜江市，快递小哥将一箱箱鲜活的小龙虾打包装车，通过冷藏冷运车辆直发分拨中心，再经航空货运送到国内主要城市。

据悉，入夏以来，荔枝、樱桃、小龙虾、冰激凌、预制菜等产品寄递需求激增，快递企业加大冷链设备设施投入，通过陆空运输结合，实现"新鲜送达"。

快递企业将冷链服务网络延伸至乡村，扩大农产品的销售范围。在重庆市江津区先锋镇花椒基地，新鲜的青花椒一大早被村民们采摘后就直接送到种植基地旁边的冷库内进行预冷、分拣、包装。在紧邻冷库不到 100 米的位置，快递企业设置了冷链物流揽收点，当天下午就可以通过物流冷链车辆运送到全国各地。

国家邮政局监测数据显示，2023 年以来，截至 6 月 24 日，中国快递业务量已达 600 亿件。6 月，全国多个电商平台陆续启动年中促销活动，带动了快递业务量的新一轮增长。

不少快递企业采用仓储前置的模式，实现仓储配送一体化，消费者下单后，大数据匹配出距离收货地址最近的仓储，快递企业即可及时将包裹送出。清华大学互联网产业研究院副院长刘大成接受本报采访时说，以提前布置仓储的形式代替运输，实现了物流各环节的资源优化配置，通过大数据分析来指导配送，让供需之间更精准地匹配，可以有效减少成本、提高效率。

自动分拣如同"灵巧的手"

"过去快递分拣靠工人手持终端逐一扫码，再送至对应区域，不仅费时费力，还容易出错。"圆通速递相关负责人说，现在系统智能识别条码信息、自动分拣，如同有了"聪明的脑"和"灵巧的手"。

"打开数字化物流平台，每辆货车的实时行车轨迹一目了然。得益于定位技术和大数据处理系统，物流全流程智能化，可以实现人员、设备定位管理。"一汽物流有限公司相关负责人说。

在北京空港智慧物流园的鲸仓北京一号智享仓，每件货物从一入库就被贴上一个带有二维码的标签，相当于有了自己特定的"身份证"，仓库管理系统就会知道每一件货物的具体位置。当接到订单时，系统会自动发出指令，智能机器人立即在毫秒之间精准定位到存放商品的箱子位置，并快速把它转运到拣货台。

"安全、效率、价格是助推智慧物流时代加速到来的三大因素。自动导引运输车、自主移动机器人、工业级无人驾驶已经是很火的物流装备。"京东物流智能园区专家刘滨说，智慧物流正由简单室内场景转向室外复杂场景，依靠多设备协同实现全局无人化，配送机器人深入园区楼宇后，会将服务从"最后一公里"延伸至"最后一米"。

如今，快递企业大力提升数字化运营水平，优化中转和派送流程，加快运用全自动分拣、无人仓、无人车、无人机等设备和技术，大力提升寄递服务时效。专家认为，物流服务运营模式不断创新，正由"汗水型"向"智慧型"转变。

（资料来源：摘自《智慧物流让货物"跑"得更快（网上中国）》，人民网，http://yn.people.com.cn/n2/2023/0703/c378440-40479134.html.）

9.1 智慧物流的基础概念

《"十四五"现代物流发展规划》指出，现代物流一头连着生产，一头连着消费，高度集成并融合运输、仓储、分拨、配送、信息等服务功能，是延伸产业链、提升价值链、打造供应链的重要支撑，在构建现代流通体系、促进形成强大国内市场、推动高质量发展、建设现代化经济体系中发挥着先导性、基础性、战略性作用[1]。从宏观的角度来看，物流产业是支撑国内大循环的基础，对于打造现代流通体系具有非常重要的作用；从微观的角度来看，物流是支撑企业在新零售背景下渠道转型与变革的基础，对于企业实施全渠道战略的成功与否具有决定性的作用。

智慧物流：菜鸟助力田园主义物流数字化

田园主义是一家经营健康烘焙食品的创业型公司，坚持"让中国人吃得更健

---

[1] https://www.gov.cn/gongbao/content/2023/content_5736713.htm.

康"的理念。2022 年 4 月，田园主义与菜鸟正式达成战略合作，菜鸟利用其专业能力为田园主义提供一站式数字化全链路解决方案，包括仓网规划、自动化仓库、销量预测、库存管理等，以提升货品周转的效率。目前的合作已使田园主义仓内效率提升 20%，仅包装一项，每年可为其节省成本 200 万元。

值得一提的是，田园主义在江苏泰州建立的占地 1.6 万平方米的无人仓，在新冠疫情期间减少了仓内作业人数，节省了人工成本和管理成本，更有效降低了新冠疫情的影响。新鲜的面包由田园主义自动化工厂生产，自动包装和装筐后由传送带进入无人仓。此后，自动机械臂将一筐筐的面包整齐码放到托盘上，自动化叉车将托盘搬运到 AGV 机器人上，由 AGV 机器人推送到存储位进行存储。当顾客下订单后，由菜鸟仓库管理系统（WMS）发出指令，AGV 机器人接收到指令后将对应的货品从存储位送至拣选区，再由拣选区开始包装、自动封箱、自动贴标、自动扫描揽收，通过爬坡机输送到快递车上，开启送往顾客之旅。

（资料来源：改编自《从"人找货"到"货找人"——仓库变"聪明"，货物"跑"得快》，人民网，2022 年 11 月，http://finance.people.com.cn/n1/2022/1122/c1004-32571217.html.）

9.1.1　智慧物流的定义与产生的背景

1）智慧物流产生的背景

（1）"智慧地球"概念的提出

2008 年，IBM 首次提出"智慧地球（smarter planet）"的概念。IBM 指出，虽然技术的发展与应用已经让世界变得很小，但是各种重大问题却不断涌现，如交通拥堵、供应链效率低下、气候变化、能源危机和安全问题。现在的世界可以利用技术建造一个"智慧的地球"，包括智慧的政府、智慧的零售、智慧的物流和智慧的城市等。"智慧地球"的核心理念包括[1]：①更透彻地感知（instrumented），即将各种感应科技嵌入汽车、家电、公路、水利电力等设施中，令物质世界数据化；②更全面地互联互通（interconnected），即实现"物联网"与"互联网"的融合；③更深入地智能化（intelligent），即通过云计算和超级计算机等先进技术，对感知的海量数据进行分析处理，以便做出正确的行动决策。"智慧地球"的提出让我们第一次认识了"智慧物流"的概念。

面对"智慧地球"概念的提出，中国政府积极投入"智慧"建设。2011 年 3 月，《国民经济和社会发展第十二个五年规划纲要》发布。其明确提出要"构建下一代信息基础设施""推动物联网关键技术研发和在重点领域的应用示范，加强云计算服务平台建设"。到了"十三五"时期，中国数字经济发展取得了举世瞩目的成就，总规模稳居全球第二位，彰显出强劲的发展韧性和潜力。2021 年 3 月发布的"十四五"规划，进一步提出要"加快数字化发展，建设数字中国"，包括"大力推动数字化发展，加强关键数字技术创新应用，协同推动数字产业化和产业数字化转

---

[1]　经济参考报，"智慧地球"：从战略理念到改变生活，http://jjckb.xinhuanet.com/2013-03/19/content_434273.htm.

型，加快数字社会建设步伐，提高数字政府建设水平，建设数字中国"。

（2）"智慧物流"概念在中国的提出

在中国，"智慧物流"的概念由中国物流技术协会信息中心、华夏物联网、《物流技术与应用》编辑部于 2009 年联合提出，并定义智慧物流为"基于物联网技术应用，实现互联网向物理世界延伸，互联网与物流实体网络融合创新，实现物流系统的状态感知、实时分析、精准执行，进一步达到自主决策和学习提升，拥有一定智慧能力的现代物流体系"[①]。

物流行业是国民经济的支柱性产业，在推动制造业、农业、商贸流通业的供给侧结构性改革中发挥着重要作用。随着"智慧物流"概念的提出，国家各级政府机构先后出台了各种鼓励物流行业向智能化、智慧化发展的政策，并积极鼓励企业进行物流模式的创新。2017 年 7 月出台的《国务院关于印发新一代 AI 发展规划的通知》中，更是将智慧物流上升到了"引导新一轮经济发展和产业变革动力"的高度。2022 年 1 月，国务院办公厅印发《"十四五"数字经济发展规划》，"要求大力发展智慧物流"，并将智慧物流与农业、工业、商务、金融等并列为七大重点行业。同年 12 月，国务院办公厅印发《"十四五"现代物流发展规划》，提出"推动构建现代物流体系，推进现代物流提质、增效、降本，为建设现代产业体系、形成强大国内市场、推动高水平对外开放提供有力支撑"，并表示"到 2025 年，基本建成供需适配、内外联通、安全高效、智慧绿色的现代物流体系"。

2022 年，全国物流标准化技术委员会（SAC/TC269）提出并归口、日日顺供应链牵头联合天津大学等单位共同制定的《智慧物流服务指南》（GB/T 41834—2022）国家标准正式发布，给出了企业提供智慧物流服务的基本原则，以及智慧物流服务管理各方面需要考虑的要点，为企业实施智慧物流服务和中国智慧物流行业发展指明了方向。

2）智慧物流的相关定义

（1）物流的定义

在探讨"智慧物流"的定义之前，先来回顾一下"物流"的定义，美国物流管理协会（The Council of Logistics Management，CLM）对物流的定义是，"物流是供应链过程的一部分，是对货物、服务及相关信息从起源地到消费地的有效率、有效益的正向和反向流动和储存进行计划、执行和控制，以满足顾客要求"。中国国家标准《物流术语》（GB/T 18354—2021）对物流（logistics）的定义是，"根据实际需要，将运输、储存、装卸、搬运、包装、流通加工、配送、信息处理等基本功能实施有机结合，使物品从供应地向接收地进行实体流动的过程"[②]。

（2）智慧物流的定义

当我们提到"智慧物流"时，简单来讲，就是将"智慧"相关的要素注入传统

渠/道/管/理——新/零/售/时/代

---

① 中国物流技术协会信息中心、华夏物联网、《物流技术与应用》编辑部，《物联网技术及其在现代物流行业应用》，2009 年 10 月.

② 中国国家标准《物流术语》 （GB/T 18354—2021），http://c.gb688.cn/bzgk/gb/showGb? type = online&hcno = 91434A17CE8256349F50E069590E7070.

物流的各个环节，形成更先进的物流系统。关于"智慧物流"的定义目前还没有一个受广泛认可的说法，下面列举一些典型定义供参考。

①中国国家标准《物流术语》（GB/T 18354—2021）中将智慧物流定义为以物联网技术为基础，综合运用大数据、云计算、区块链及相关信息技术，通过全面感知、识别、跟踪物流作业状态，实现实时应对、智能优化决策的物流服务系统。

②中国物流学会（China Society of Logistics，CSL）认为智慧物流是利用服务于智能化的技术与方法，使物流系统中的个体与总体具有感知、思维、推理判断、学习和自行解决物流中某些问题的能力，有效地与其他经济与社会系统实现沟通与合作，并最终服务于整个经济与社会系统的最优化发展。

③京东物流联合中国物流与采购联合会联合发布的《中国智慧物流2025应用展望》对智慧物流的定义是，通过大数据、云计算、智能硬件等智慧化技术与手段，提高物流系统思维、感知、学习、分析决策和智能制行的能力，提升整个物流系统的智能化、自动化水平，从而推动中国物流的发展，降低社会物流成本，提高效率。

④王之泰（2014）认为智慧物流是将互联网与新一代信息技术和现代管理应用于物流业，实现物流的自动化、可视化、可控化、智能化、信息化、网络化的创新形态。

⑤施先亮（2021）认为智慧物流是具有感知、分析和思维能力，可自主决策的物流形态，智慧物流是以实现智能、高效、绿色为目标，综合运用物联网、大数据、云计算和 AI 等新技术，通过物流操作无人化、物流业务数据化、物流流程可视化等新模式，运营精准计划、高效组织、全面协调、集中控制等新管理，实现物流需求即时感知、物流数据实时分析、物流方案科学决策和物流任务精准执行的现代综合物流体系。

⑥刘伟华、李波、彭岩（2022）认为智慧物流是借助大数据、云计算等智能技术，使物流系统模仿人的智能，具备思维、学习、感知、推理判断、解决问题等能力，以提高物流系统的智能化水平，实现物流活动降本增效。

虽然关于智慧物流的定义说法不同，但关于"智慧"的内涵总结起来有几个关键词：一是技术，二是数据，三是智能化，四是降本增效。简单来讲，智慧物流就是基于海量数据，利用大数据、云计算、区块链及相关技术来处理与分析，匹配现代化物流管理理论，形成智能化的物流系统，从而达到整个系统运营过程的降本增效。

智慧物流是在现代物流的基础上发展而来的，物流不仅包括企业物流，还包括行业物流和社会物流，前者视角更为微观，而后两者则是从宏观的角度来看待问题。考虑到本书整体脉络的管理学属性，接下来的内容将更多地从企业物流的角度来阐述。

9.1.2　智慧物流的内涵与实施要点

1）智慧物流的内涵

智慧物流是物流业与互联网高度融合的产物[①]，理解智慧物流的概念要了解其

---

① 刘伟华，李波，彭岩. 智慧物流与供应链管理［M］. 北京：中国人民大学出版社，2022.

内涵，主要包括以下三个方面：

（1）物联网是智慧物流的基础

智慧物流以物联网技术为基础，综合运用互联网、大数据、云计算、AI、传感与视觉识别等智能技术，创新融合新技术与现代物流系统。

（2）智慧能力是智慧物流的本质

在以技术为手段的前提下，智慧物流基于现代物流理论与管理方法，通过对物流全流程的有效控制，重塑现代物流体系，使其具有智慧能力，实现自动感知、自主学习以及自我决策。

（3）降本增效是智慧物流的目的

智慧物流的最终目的依然是提升物流的效率，降低物流的成本和优化物流的服务，并履行实现绿色物流的社会责任。

智慧物流的特征

① 可感知：通过数据捕获、采集和上传等技术手段获得物流服务的实时状态。

② 可识别：对物流服务过程数据进行处理，发现数据关键特征，筛选可用信息。

③ 可调节：根据系统反馈，运用智能技术和智能设备，校正智慧物流服务系统偏差。

④ 可视化：将智慧物流服务过程数据转化成视频、图像、文字等，并进行交互处理。

（资料来源：摘自《智慧物流服务指南》（GB/T 41834—2022），中华人民共和国国家标准.）

2）智慧物流的实施要点

从智慧物流的定义与内涵总结出实施智慧物流的要点包括技术、系统、设备、管理和服务。

（1）技术

技术的变革推动了一系列产业的变革，其中也包括物流的变革。在智慧物流的实施中，最核心的技术包括物联网、5G、大数据、云计算、AI 和视觉识别导航等技术。其中，物联网技术帮助实现物流网络中人—物和物—物之间的联系，使得人和物、物和物之间信息互通，是智慧物流中最为核心的技术；5G 技术提供了强大的通信能力，提高了信息传输的效率；大数据提供了可供分析的海量数据，是效率优化的基础；云计算则为大数据提供了存储、处理和计算的空间，实现大数据分析的能力；AI 主要解决各种自动化的需求，让实际运营流程智能化；视觉识别导航是各种无人设施所使用的技术，包括机器人、无人车和无人机等（如图 9-1 和图 9-2 所示）。

（a）DHL"最后一公里"四足机器人　　（b）菜鸟网络仓内作业机器人

图9-1　智能物流机器人

（资料来源：来源于网络）

（a）顺丰无人机　　　　　　　　（b）京东无人车

图9-2　物流无人设备

（资料来源：来源于网络）

如果不局限于具体的技术，从广义的层面来讲，智慧物流中的技术可被分解为数据、算法和决策（如图9-3所示）。其中，数据是涉及整个物流过程中人、物、流程和环境相关的有用信息，是技术的实现基础；算法是基于运输、仓储和配送等各种业务场景，利用科学的方法设计的针对数据的计算和求解方法，是技术的实现手段；决策则是利用算法的结果，结合人工经验和实际场景对算法结果进行调整，形成最终的策略选择集合，是技术的实现形式。

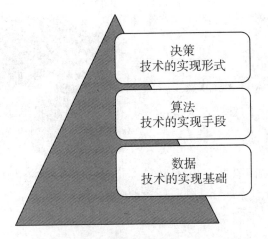

图 9-3　技术的三个层次

（资料来源：作者绘制）

智慧物流中的技术要素

智能技术包括底层数据采集技术、中间层数据处理技术、上层决策支撑技术。

①底层数据采集技术包括物联网技术、条码技术、射频识别技术、传感器技术、无线传感器网络技术、跟踪定位技术、机器视觉技术、图像处理技术、语音识别技术、红外感知技术、生物识别技术等。

②中间层数据处理技术包括大数据技术、云计算技术、机器学习技术、边缘计算技术等。

③上层决策支撑技术包括 AI 技术、区块链技术、预测技术、仿真模拟技术、数字孪生技术、可视化技术、深度学习技术、增强现实技术、虚拟现实技术等。

（资料来源：摘自《智慧物流服务指南》（GB/T 41834—2022），中华人民共和国国家标准.）

（2）系统

系统是应用技术后形成的集管理、控制和实施等职能于一体的操作端，可实现信息的输入、存储、处理和输出等功能。智慧物流的实施离不开系统的参与，系统的效率和有效性体现的是物流智慧化的水平。

一般而言，智慧物流系统由一系列业务子系统构成，包括智能设备管理系统、智慧仓储子系统、智慧运输子系统和智慧配送子系统等。这些系统内部记录和存储的数据，经过各个业务模块的算法计算和求解后，输出优化方案用于决策支持。

（3）设备

智慧物流相对于以往的物流而言，形式上最突出的变化即各种自动化和智能设施设备的使用，包括自动化立体仓库、自动分拣传送带、物流机器人、移动货架、无人车和无人机等（如图 9-4 和图 9-5 所示）。这些都是具有感知能力且能执行算法指令的物流服务技术装备，能够执行系统下达的实时指令，替代人力履行相关任务，提升物流运营效率。

（a）自动化立体仓库　　　　　（b）自动分拣传送带

图9-4　智能物流设施

（资料来源：来源于网络）

图9-5　京东"亚洲一号"无人仓

（资料来源：来源于网络）

235

智能设备：从"人到货"实现"货到人"

以往顾客订单到达仓库，是由拣货人员推着拣货小车，手持终端设备进行拣货，称为"人到货"。拣货效率受人员数量、人员移动速度和待拣货货架之间的间隔距离等因素的影响，拣货效率往往不高。如今，在智慧物流中完成了从"人到货"到"货到人"的转变。根据顾客订单，由系统经算法计算后输出指令到物流机器人，物流机器人拖动移动货架到拣货人员面前，由拣货人员进行拣货，此时多个物流机器人可以同时工作，所以拣货人员只用从送到面前的货架处拣货，而不用移动即可完成订单，大大提升了拣货效率。

（资料来源：作者编写）

（4）管理

这里的管理是指先进物流理论和现代管理方法在智慧物流中的使用。一般而言，除了技术方面的优化之外，还有流程和管理方面的优化，这部分的优化也直接影响物流的运营效率。

对于任何系统而言，除了嵌入系统的模型和算法外，还有业务的处理流程和针对不同环节的管理权限等，这些都是可以优化的方向。例如，利用业务流程再造（business process reengineering，BPR）的思想以不同业务为单位进行流程再造，进而优化整个系统的流程。此外，针对仓库中的库存设定库存过量或过少提醒、效期预警等，以及针对人员行为制定相关的管理制度，以避免人为原因造成的事故等。

（5）服务

对于服务的强调是来自市场营销的观点。与传统物流相比，除了物流效率的提升，智慧物流的特点也体现在物流服务水平的提升上。传统物流针对多个物流场景或需求可能只有一种解决方案，而智慧物流则能够利用其系统强大的协调能力和柔性提供个性化、定制化的物流服务。

9.1.3 智慧物流的三个层次

物联网是智慧物流的基础。物流行业是最早接触物联网的行业，也是最早应用物联网技术，实现物流作业智能化、网络化和自动化的行业[①]。因此，智慧物流的体系层次与物联网的层次划分类似，自下往上可以分为感知层、网络层和应用层（如图9-6所示）。

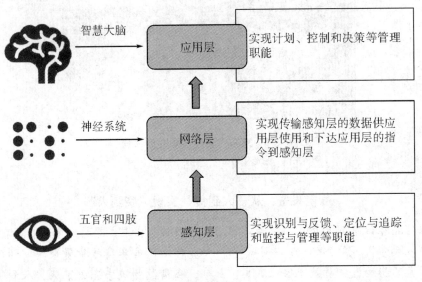

图9-6 智慧物流的三个层次

（资料来源：作者绘制）

1）感知层

感知层是通过射频识别技术、传感技术、视觉识别技术、地理信息系统技术和全球定位技术等，以智能设备为载体，对物流过程中各个业务场景下（如仓储、运输和配送）的有效信息进行感知，并对数据进行分类、处理和存储。感知层是智慧物流中最基础的一个层次。

感知层的主要功能包括识别与反馈、定位与追踪和监控与管理，以实现数据收集、指令执行和实时反馈等。相对于传统的由人工收集并录入信息，智慧物流利用自动化设备进行感知要更快速、高效和精确，突破数据采集瓶颈，获取更全面、维

① 胡荣. 智慧物流与电子商务［M］. 北京：电子工业出版社，2016.

度更细的数据。

（1）识别与反馈是通过各种智能设备，包括射频识别设备、传感设备和视觉识别设备等，根据操作指令来进行具体的物理作业和数据搜集工作。例如，仓储作业中常见的 AGV 搬运机器人，利用 AI 技术实现灵活移动和相互之间的避让，可以根据指令搬运托盘或纸箱，并返回执行数据至系统。此外，无人超市通过布置在智能货架和天花板上的传感设备和视觉识别设备，获取顾客在货架旁的停留时间和拿放商品的举动等，获取消费者行为数据。

（2）定位与追踪主要是用于运输环节，通过安装在运输设施如车辆、飞机、无人车和无人机上的定位装置，实现运输设施和货物的实时定位与追踪。在智慧物流中，定位与追踪需要实现高度的实时性和准确度，这样才能很好地操控无人设备，保证物流系统的有效性。例如，无人配送车在进行快递配送时，根据收件人的地址信息，匹配车辆规划派件路径，并通过定位与追踪装置，实现车辆按照正确的路径行走，并实时反馈车辆位置和配送状态。

（3）监控与管理是对整个物流流程进行控制与管理。在物流的每一个环节，通过各种射频识别设备、传感设备和视觉识别设备等搜集现场的数据与信息，并反馈给系统进行算法的计算，以输出新的指令；同时，密切监控异常状态的发生，即时反馈给系统进行处理。例如，运输监控系统主要负责对运输过程中车辆位置的准确监管，保证其按照系统规划的路径前行，并且根据实时的路况情况进行路线调整，使得车辆能按时到达规定的地点，方便下一个环节的对接。如发生不可控的意外情况，则触发系统报警流程，启动应急预案并反馈至系统，以调整后续流程。

2）网络层

网络层处于感知层和应用层的中间环节，主要发挥连接作用，一方面传输感知层的数据供应用层使用，另一方面下达应用层的指令到感知层。由于物流活动并不局限于企业内部，也存在企业与企业之间，因此对于网络层的要求也较高。此外，随着物流管理向精细化和服务化方向发展，网络层需要承载的数据量越来越庞大，对于各种设施设备以及通信技术的要求也越来越高。而 5G 技术的出现，正好为此提供了助力，因而在网络层发挥着重要作用。

网络层通常会包括专有网络、因特网、有线和无线通信网络等，这一部分对于技术类的专业化要求较高，在此不进行过多解释。

3）应用层

应用层是智慧物流的核心所在，所有的计划、控制和决策等管理职能都在这一层次实现。各类信息和数据通过感知层获取，由网络层定向传输，到达应用层之后，由系统里各个业务模块中的算法模型进行处理，形成最终的决策。

从横向来看，应用层包括各个业务模块的数据库和信息管理系统，如仓储模块、运输模块和配送模块等。从纵向来看，应用层可分为战略层、战术层和运营层三个子层级。其中，战略子层级由高层决策者谋划，针对整个物流体系和物流系统进行顶层设计；战术子层级由中层管理者设计，以战略层的目标为导向，分解为具体的管理目标，并制定相应的管理制度和措施对运营进行管理；运营子层级则是针对具体的物流活动进行执行和管理。

京东：智能物流技术全景

物流的本质是资源优化，可以简单地抽象为三层：网络规划层、智能管控层和装备执行层。网络规划层主要解决仓网规划、物流全链条选址、网络路由规划及库存布局优化等问题；智能管控层主要解决智能排产、路径优化以及多机器人智能调度优化等问题；装备执行层通过接受智能管控层的指令执行物流作业。如果将智能管控层比作大脑，装备执行层更像是四肢。随着5G技术的不断成熟，物联网、云计算、大数据、AI、运筹学、AR/VR、区块链、机器人等关键技术将与物流全流程深度融合，从而实现科学合理的网络规划、高效智能的排产调度以及自动无人化的物流作业，最终实现降本增效。

（资料来源：摘自《从连接到智能，5G助力物流数字化转型升级白皮书》，京东物流，2019年7月.）

9.2 智慧物流的发展现状、历程与趋势

9.2.1 智慧物流的发展现状

1）消费互联网和工业互联网

互联网的上半场是消费互联网，造就了淘宝、京东和拼多多等巨头企业，引领全球电子商务的发展。以京东和阿里为首的电商企业在电商物流方面的创新，也使得物流行业得以一窥智慧物流在B2C领域的应用。如今，互联网的下半场来到了工业互联网时代，国家和企业纷纷发力优化产业链和供应链的上游环节。工业互联网是链接工业全系统、全产业链、全价值链，支撑工业智能化发展的关键基础设施，是新一代信息技术与制造业深度融合所形成的新兴业态和应用模式，是互联网从消费领域向生产领域、从虚拟经济向实体经济拓展的核心载体①。

根据2017年11月27日国务院发布的《关于深化"互联网+先进制造业"发展工业互联网的指导意见》，工业互联网包括网络、平台、安全三大功能体系，其中工业互联网平台是工业互联网的核心。工业互联网平台是指面向制造业数字化、网络化、智能化需求，构建基于海量数据采集、汇聚、分析和服务体系，支撑制造资源泛在连接、弹性供给、高效配置的工业云平台。在此大背景下，互联网的发展进一步深化，工信部印发的《工业互联网专项工作组2023年工作计划》中提到，"强化平台设施建设，遴选跨行业跨领域综合型、面向重点行业和区域的特色型、面向特定技术领域的专业型工业互联网平台。加大财税政策支持，下达财政专项资金。发挥政府投资基金作用，支持工业互联网创新发展"。

工业互联网的基础是物联网。在互联网技术的推动下，消费端已高度互联互通，

---

① 光明网，https://m.gmw.cn/baijia/2018-01/29/27484514.html#version=b92173f0

238

而供给端的互联互通略显不足，物联网还在继续发力中。"物联网"，顾名思义，就是"万物相连的互联网"。根据中华人民共和国工业和信息化部给出的定义，它有两层含义[①]：第一，物联网的核心和基础仍然是互联网，是在互联网基础上延伸和扩展的网络；第二，其用户端延伸和扩展到了物品与物品之间，进行信息交换和通信，也就是万物相连。物联网是互联网的应用拓展，与其说物联网是网络，不如说它是业务和应用。物联网通过智能感知、智能识别与信息通信，广泛应用于网络的融合中。当前，物联网在交通、环保、政府工作、安全、智能家居、消防、环境监测、照明控制等领域都有应用。

消费互联网的高度发展，使得企业下游的智慧物流建设相对于上游而言更为充分，快递网络高度发达。正是基于工业互联网大背景，在物联网技术的加持下，智慧物流的建设正逐步向供应链上游不断延伸。

2）中国智慧物流行业发展现状

智慧物流最早在发达国家兴起，在中国起步较晚，目前还处于发展的初级阶段。纵观整个物流行业的科技赋能，互联网、物联网、大数据、云计算等新技术被广泛应用于物流的各个领域，使得行业电子化和数字化水平提升。其中，网络货运、数字仓库、无人零售、无接触配送等新模式新业态不断涌现，自动分拣系统、无人机、无人配送车、物流机器人等高新技术装备加快应用，高铁快运动车组、大型货运无人机、无人驾驶卡车等起步发展中。物流"智慧化"正在逐步实现中。

（1）中国社会物流总费用与 GDP 的比率较高

数据显示，2022 年中国社会物流总费用与 GDP 的比率为 14.7%[②]，而同期美国的数据是 9.1%[③]，该数值反映的是一个地区的物流发展水平，越低则代表越发达。国务院办公厅发布的《"十四五"现代物流发展规划》将"推动物流提质增效降本"作为"十四五"时期现代物流发展的重要任务，明确提出到 2025 年，社会物流总费用与 GDP 的比率较 2020 年下降 2 个百分点左右。

（2）中国物流行业集中度较低

一直以来，中国物流行业集中度较低，但近年来有提升趋势。据统计[④]，2022年中国物流企业 50 强物流业务收入合计 23 456 亿元，同比增长 13.4%；50 强物流企业物流业务收入合计占物流业总收入的比重升至 18%，为历年最高水平。从结构看，物流业务收入千亿级的企业增加至 5 家，百亿级企业增加至 34 家，两者合计占比近 80%，物流行业市场集中度进一步提升。另外，在中国 50 强物流企业中，有19 家是民营企业且占比持续提升，成为物流头部企业的重要主体。

---

① 中华人民共和国工业和信息化部，https://www. miit. gov. cn/jgsj/wgj/kpzs/art/2020/art＿1fe17450914a429ebc4858c225a1331d.html

② 中国物流与采购联合会，2022 年全国物流运行情况通报，http://www.chinawuliu.com.cn/xsyj/202302/24/599474. shtml.

③ Council of Supply Chain Management Professionals，34th Annual State of Logistics Report，2023 年 6 月.

④ 光明网，2023 年中国物流企业 50 强公布：发展韧性增强 行业集中度进一步提高，https://m.gmw.cn/2023−08/03/content_1303466207. htm.

（3）中国智慧物流处于高速发展中

得益于电商兴起对物流的推动作用，中国智慧物流近年来发展较快。数据显示，"十三五"期间，社会物流总额保持稳定增长，2020年超过300万亿元，年均增速达5.6%①。2022年中国智慧物流市场规模近6 995亿元，同比增长8%，到2025年预计突破万亿元②。发达国家的物流产业发展较早，在智慧物流领域占有一定优势。例如，全球领先的智慧物流装备企业如大福、胜斐尔、伯曼、范德兰德等大多分布在美国、日本和欧洲等发达国家和地区。

（4）中国智慧物流逐步转向高质量发展

随着物流基础设施的大规模投入，中国的智慧物流技术装备在成本控制、研发效率等方面具备了明显的竞争优势，特别是在智能分拣、智能搬运机器人、自动化立体仓库等方面，中国的物流装备技术与国外的差距正在缩小，有的甚至实现了超越③。并且行业的整体发展开始从最初的粗放式转向高质量发展，例如，中国以往高端标准仓库占总仓储量的比例小于10%，远低于发达国家水平，如今已逐渐被重视，正处于快速发展中④。此外，冷链物流、农村物流、应急物流、航空物流等存在短板的领域，发展的步伐也在加快。

9.2.2　智慧物流的发展历程

就目前而言，智慧物流的发展主要分为三个阶段，包括自动化物流阶段、智能物流阶段和智慧物流阶段。

1）自动化物流阶段

20世纪60年代，随着自动化立体仓库的发展，物流行业进入了自动化阶段。在这个阶段，AGV技术、扫描仪及条码技术等技术和设备逐渐应用到物流领域，自动设备取代了人力来履行部分功能，解决了传统物流依靠人工带来的效率低下、出错率高等问题。例如，在自动化立体仓库中，自动巷道堆垛机取代人工存放和提取货物。后来，计算机和互联网的兴起进一步助力了物流自动化的发展，自动控制系统开始流行，工人通过在电脑上操作就能实现现场作业的控制，使得物流行业对于人工的依赖变得更少。

相对于以往的物流，形成自动化能力之后的物流，在提高空间利用率、提升管理水平、降低物流成本和提高物流效率等方面表现突出。但是，物流自动化技术虽然具备了自动感知和执行功能，但只局限于直接执行命令或根据预设条件判断分析后执行命令的阶段，不具备实时分析和科学决策等能力。

2）智能物流阶段

21世纪开始，物流行业进入了智能化阶段。随着各项智能技术的发展成熟，这

---

① 中华人民共和国中央人民政府，国务院办公厅关于印发"十四五"现代物流发展规划的通知，https://www.gov.cn/zhengce/content/2022-12/15/content_5732092.htm? eqid = a463353c0001aff8000000066458b2e5.

② 中国产业研究院，2023—2028年智慧物流行业市场深度分析及发展策略研究报告，2023年7月.

③ 人民日报，智慧物流，让生产更高效生活更便利，19版：科技，2023年7月12日.

④ 财新周刊，物流地产吸金，第01期，2023年1月.

些技术与相关的系统逐渐被引入物流行业，用来解决自动化物流阶段所缺少的实时分析与科学决策等短板。物流智能化是由物流自动化发展而来的，当自动化系统可以对状态进行感知，并能实时分析数据，根据结果做出科学决策并能精准执行时，这个系统就具备了智能，此时，控制程序替代人工来下达指令与进行现场控制。

智能物流相对于自动化物流阶段而言，由于进一步释放了人力且增加了系统的科学性，管理水平和物流效率进一步提升。但是，智能化物流的重点主要是对执行能力与感知能力的提升，体现在智能硬件的系统集成和物联网技术的全面感知能力，以及简单的实时分析与决策判断，并未上升到智慧的层次。

3）智慧物流阶段

2008 年，随着"智慧物流"概念的提出，物流行业的发展正式进入了智慧化时代。随着 5G、大数据、云计算、AI 等技术的普及，物流各环节沉淀的数据得以被用于分析与应用。相比智能物流，智慧物流提升的地方在于自主决策和学习的能力，智慧物流系统向着具备思维、感知、学习、推理判断和自行解决问题的方向发展。智慧物流借助物流行业软硬件的进一步完善，将物流环节中的信息联通和资源共享推到了一个全新的高度，从根本上降低了物流成本，并提高物流效率和服务质量。

虽然无人仓、无人机、无人车等智慧物流设备已不新奇，但各种新技术的使用效果和使用成本还可进一步优化，智慧物流离大规模推广还存在一定的距离。

9.2.3 智慧物流的发展趋势

中国智慧物流发展至今，经历了高速发展期，目前发展速度有所减缓，反映出整个行业正由高速发展向高质量发展转变。2017—2022 年中国智慧物流市场规模统计如图 9-7 所示。

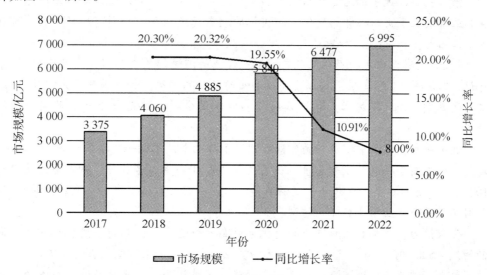

图 9-7 2017—2022 年中国智慧物流市场规模统计

（资料来源：根据公开资料整理）

2017 年 5 月，中国物流与采购联合会联合京东物流发布了中国智慧物流 2025

"蓝皮书"——《中国智慧物流2025应用展望》（以下简称"蓝皮书"），蓝皮书以京东物流为范本，指出中国智慧物流未来发展的三大支柱要素：智慧化平台、数字化运营、智能化作业。蓝皮书认为，大数据、物联网、云计算、机器人、AR/VR、区块链等新技术驱动物流在模块化、自动化、信息化等方向持续、快速变化，新技术使物流场景数字化，使整个供应链内的所有元素相互连接，让供应链相关的决策更加自主和智能。

总体而言，智慧物流行业的发展趋势可以概括为以下四个方面：

1）技术的应用更加深化

虽然"智慧物流"已耳熟能详，但是整个物流行业，无论是全球范围还是中国，离完全的"智慧"还有一段距离。首先，技术仍在不断发展中。其次，技术应用的成本还可以进一步压缩。最后，智慧化物流系统还可以进一步优化。

随着物联网、云计算、大数据、区块链等新一代技术走向成熟，物流人员、装备设施以及货物将全面接入互联网，物流各环节实现智能化，推动物流产业向智能化转型升级。5G对于智能物流有关键性的推动作用，凭借5G的高速传输，货物从仓储到装车到在途再到最终送到，每个环节的所有数据均可以"实时"地传输到物流管理平台，实现真正实时化的监管和调度，再配合后台的智慧物流服务，可以进一步提高物流配送服务质量，全面提升物流的整体效率。

物流发展趋势：数智化物流

"未来的物流一定是从数字化到数智化，数智世界将是我们共同面临的时代。"张勇说。

张勇表示，数字化是智慧物流的初心和基石。六年以来，无论是菜鸟还是整个物流业都发生了脱胎换骨的变化，而变化的起点正是数字化。所有的数字化，都在为未来的智能化做必要准备。

"天下没有无缘无故产生的包裹，商业形态的演进影响着物流业态的变化。"张勇说，"物流订单的产生，都源于商业和交易订单的发生。如何满足用户'快、准、省'的需要，同时满足客户和商家对货物效率的需要，这是整个产业共同面对的目标。"

过去一年，整个中国流转的包裹数超过500亿个，比前一年增加大概100亿个，增量接近美国全年包裹流转总量。在菜鸟成立的2013年，整个中国的包裹总量只有100亿个。过去6年，菜鸟与中国快递物流行业一起，打造了一张智能物流骨干网，并引领着整个行业加速数字化转型。

张勇认为，过去6年物流业的变化和菜鸟的快速发展，正是物流社会化大协同的结果。500亿的包裹总量，也必将为物流业的数字化带来前所未有的机遇。

整个物流业正在进入全面的数字化时代。张勇认为，实现货物流转效率的最大化，决定了物流必然和供应链管理高度结合在一起，这是未来一定发生的趋势。"只有实现整个产业链不同企业间的全面联动，数据打通，才能让端到端的整体流转效率变得更高。"

张勇还对未来的物流要素进行了大胆畅想。"未来一定有一种物流设备，看着像车，但一定不是车。小件员 PDA 也可以成为它身体的一部分。这样的前景需要我们大胆设想，小心求证。物流的数字化必将带来全新商业。"

"数智化的世界才刚刚开始，"张勇表示，"未来的新技术发展，特别是 IoT 的发展，不仅会带来现有物流要素的数字化，并走向智慧化和智能化，也必将会创造新一代的物流要素。"

（资料来源：摘自阿里研究院，张勇：未来物流一定是从数字化到数智化，http://www.aliresearch.com/ch/information/informationdetails？articleCode = 21805&type =%E6%96%B0%E9%97%BB.）

2）深耕垂直领域

如今细数各式各样的物流平台，有同城配、区域配、干线网、落地配、仓配一体化等不同服务模式的平台，以及针对家居、服装、粮食、设备、冷链等细分产业领域的平台。随着物流需求和物流场景多样化程度的进一步加深，未来的智慧物流将会衍生出更多深耕于垂直领域的业态。这种变化也有利于物流环节的减少，使得整个物流系统更加柔性和高效。

3）向平台化方向发展

商业规律显示，随着企业专业化程度的加强，其有实力将这些专业化的能力以交易的方式分享给市场，例如京东物流开始承接来自外部企业的业务；更进一步地，企业也可以利用自己的专业化能力设立平台，一方面将自己的软实力进行直接出售，另一方面也可以作为服务商促成交易，由重资产转为轻资产运营，例如京东物流开放平台，一方面提供物流解决方案，另一方面也提供社会化资源的需求匹配。因此，可以预计智慧物流也会朝着这一路径发展，更多的物流企业将综合自身的专业化沉淀，提供平台服务。

4）绿色和低碳

近年来，自然被破坏后对人类的反噬越来越频繁，无论是新冠疫情，还是各种极端天气和天灾的出现，都让人类不得不意识到环境保护的重要性。中国政府提出的"双碳"目标要求企业要摒弃粗放式发展的弊端，向着绿色和低碳方向靠拢。物流行业本身就是碳排放的"大户"，尤其是随着电商兴起之后，快递行业的碳排放量居高不下，相比仓储、包装环节，快递行业运输环节的碳排放在绝对体量和增速上更为突出，是行业碳减排的关键所在。《智慧物流助力可持续交通发展》提出，预计中国在未来 5 至 10 年，物流数字化将大幅提升，绿色包装、绿色运输、绿色仓储将加快推广应用。

智慧物流新趋势：全球首个"智慧零碳"码头

天津港北疆港区 C 段智能化集装箱码头拥有 3 个 20 万吨级泊位，岸线长度1 100米，后方陆域占地面积约 75 万平方米，可接卸目前世界上最大的集装箱船舶。

据了解，作为全球首个"智慧零碳"码头，它实现了真正基于 AI 的智能水平运输管理系统、车路协同的超 L4 级无人驾驶、"5G+北斗"融合创新全场景泛在智

243

能以及码头运营全过程零碳排放的全领域深度融合。码头装卸设备、水平运输设备、生产辅助设备等全部采用电力驱动，能源消耗百分百来源于"风光储荷一体化"系统，采用先进能源监测技术，对码头各类能源消耗进行实时统计分析。以先进的作业工艺为突破，将传统装卸工艺与自动化作业完美结合，能耗较传统自动化集装箱码头下降 17%，率先实现在能源生产和消耗两侧的二氧化碳"零排放"。

（资料来源：摘自《【中国式现代化的京津冀实践】探访天津港全球首个"智慧零碳"码头》，新华网，http://www.xinhuanet.com/politics/2023 - 08/18/c_1129809319.htm.）

9.3　智慧物流的实践

菜鸟助力智慧物流发展

菜鸟国际供应链总经理赵剑表示，如今越来越多的物流企业以运营效率为优先而投放大量资源与技术应用。例如，一些全球货运代理公司在货运匹配、报关和运输管理方面，提供创新的在线解决方案，有望显著降低运营成本。受惠于更短的运输时间，更完善的逆向物流流程以及从世界各地采购的多元化商品，消费者也将同样获得更好的体验。受益于科技发展，客户也越来越容易获得一站式解决方案。

鉴于智慧供应链的重要作用，"未来应加快建设数字化供应链的能力，同时推动消费供应链向上游延伸，把生产供应链和消费供应链进行无缝链接，为品牌和工厂提供更新的服务。"万霖认为。

为此，菜鸟为品牌商进行了服务升级，联合品牌商背后的生产供应链，通过协同仓、联合预测、预售极速达一系列基于大数据的产品，来提升品牌商的服务体验。面对"小 B"商户，菜鸟为其进行全面的升级，通过构建三层的分销网络来为超过 70 万家的小店提供更加确定性的物流供应链服务。

同时，菜鸟将帮助 10 个产值过百亿元的产业带和 1 000 家产值过亿元的工厂，通过数字化供应链让工厂端和生产端直接对接市场和消费者，从而加快整个产业的制造升级。菜鸟通过一系列的举措使整个数字化的供应链向生产端延伸。

赵剑认为，随着智慧供应链产业的加速发展，新的商业模式将继续演化，基于智慧物流的可追溯性，可以提供成本更低和体验更好的全面供应链融资服务。智慧物流和供应链将从根本上改变整个行业，从而提升运营效率和客户体验，提供更轻松的一站式解决方案，企业和消费者都将从中受益。

（资料来源：摘自《从数字到数智 全球物流注入新动能——解读后疫情时代全球智慧物流发展风向》，中国物流技术协会，http://www.clta.org.cn/? m = home&c = View&a = index&aid = 58.）

技术的发展使得物流行业得以腾飞，各种智能设备设施的使用已经逐渐普及，还未普及的技术期待在未来能够得以实现。第 8 章介绍了大数据相关技术的应用，本章内容则更多地从物流的管理学视角入手，探讨智慧物流的理论与实践。从管理的角度而言，电商物流无疑是所有物流中最为复杂的一种，值得注意的是，这里的电商指的是像京东一样的零售商，而不是像淘宝一样的平台。

接下来将分别从电商物流、制造物流和跨境物流的角度来简要介绍智慧物流的实践。值得注意的是，下面的内容将深入"幕后"，重点从管理学的视角来阐述企业层面的智慧物流的优化思路，而不是从技术的角度来介绍智慧物流的实现形式。

9.3.1 电商物流

随着互联网的兴起，电商也随之蓬勃发展起来。抛开资本的角逐，究其本质，电商发展的瓶颈在于物流。例如，京东的自建物流体系虽然耗资巨大，但是不可否认的是，京东物流帮助京东获得了竞争对手难以超越的竞争优势。当然，成也萧何，败也萧何，是否需要自建物流并不是我们讨论的重点，我们在此仅仅是为了阐述物流的重要性。

1）电商物流的流程

电商物流（e-commerce logistics）是销售物流（distribution logistics）的一种，是指零售电商在出售商品时，物品在供方和需方之间的实体流动[①]。电商物流涉及采购、仓储、销售等环节的实物流动，主要包括订单处理、仓内作业、运输和配送流程。电商物流的复杂之处在于顾客订单的"一对一"履行，即仓内作业中的"拆零拣选"。一方面，仓库需要将整箱货物按顾客所需的数量拆零；另一方面，需要将顾客订单上的商品从仓库对应的库位中一一拣选出来（如图9-8所示）。在物流行业中，"拆零拣选"被公认为是最复杂的仓内作业场景，也是库内运营环节耗费人力最多、最有可能出现出库瓶颈的环节[②]。

（1）订单处理流程

顾客下达订单后，企业的后台系统会根据仓库的库存情况将顾客订单分配到仓库，其中存在同一个顾客订单分拆到不同仓库的情况，称为"拆单"。拆单的原因可能是因为单一仓库没有存够顾客所需的商品种类或数量，只能由多个仓库来履行订单；也可能虽然种类和数量足够，但是考虑到其他因素如其他顾客订单的情况等，选择拆单。

（2）仓内作业流程

一般而言，电商仓库的运作流程主要包括收货、上架、单证、拣货、分拣、核验和包装（如图9-9所示）。其中，收货和上架对应货物的入库流程，其他对应顾客订单处理和出库流程。正是由于电商物流的复杂性，目前在仓库的实际操作中，主要采用"人工为主，智能设备为辅"的方式，无人仓库还未大规模普及。

[①] 胡荣. 智慧物流与电子商务［M］. 北京：电子工业出版社，2016.

[②] 中国物流与采购联合会，京东物流揭秘无人仓技术创新 拣货准确率99.99%，http://www.chinawuliu.com.cn/zixun/201909/05/343763.shtml.

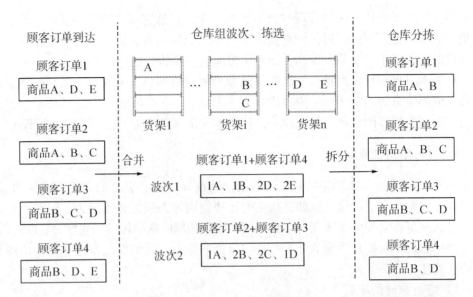

图 9-8　电商物流拆零拣选示意图

（资料来源：作者绘制）

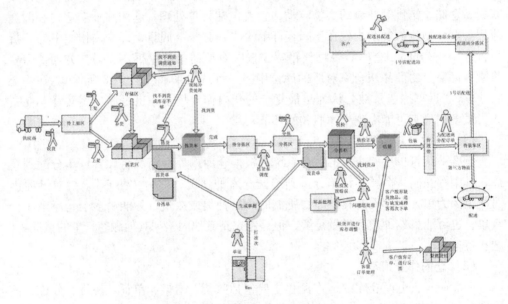

图 9-9　电商仓库运作流程①

① 入库。供应商将货物送至电商仓库后，企业会进行收货操作：供应商将货物送至待上架区，企业对抽检合格的货物进行入库，并根据推荐的货位进行货物的上架存储。

② 仓内作业和出库。仓库接收到顾客订单后，经由单证流程形成拣货单和发货单。其中，考虑到拣货的效率，一张拣货单往往包含多个顾客订单，称为组波次

① 李建斌，罗晓萌. 1 号店成长的烦恼：探寻自建物流之路［Z］. 中国管理案例共享中心，2018.

（顾客订单合并），发货单则是单一顾客订单。之后，拣货员根据拣货单进行货物拣选，接着在分拣柜将拣选的货物按顾客订单进行分拣（顾客订单拆分），经由核验流程确认无误之后，进行包装出库。

（3）运输和配送流程

① 运输。运输流程包括前端采购和后端销售的实物运输，一般是整车运输。前端采购由供应商根据电商企业下达的采购订单，将其所需的商品从供应商的仓库送至电商企业的仓库。后端销售的运输是待包裹出库之后装车，由货车运送至集散中心，在集散中心根据最终收货地址分配至各个配送站点。

② 配送。配送流程是从电商企业或者第三方物流的配送站点，由快递员或无人车将顾客订单一一送至顾客手中。此时，如果是拆单的顾客订单，将在配送站点进行合单操作后统一配送。

2）电商物流的优化分析

从管理学的角度纵观电商物流的上述流程，主要涉及的优化包括拆单优化、仓内作业优化、运输和配送优化。

（1）拆单优化

拆单问题是影响电商物流效率的重要方面。一方面，拆单使得同一顾客订单被分拆为多个子订单进行履行，无谓增加了物流成本；另一方面，只要电商企业启用不止一个仓库存储货物，拆单就可能存在。拆单虽然增加了企业的运营成本，但是却保证了顾客订单的履行时效，让企业又爱又恨。拆单优化主要解决降低拆单率的问题，它不仅仅是涉及多个顾客订单如何分配的简单问题，更深一步来讲，还涉及企业最初的仓库规划、仓内选品和库存策略等一系列问题。如今，这些问题的解决可以基于大数据分析，主要基于顾客历史订单和其他基础数据。

仓库规划主要解决市场覆盖面的问题。一般而言，电商企业在全国范围内会设有主仓，在各个城市会设有分仓，以及在热门地区还配有前置仓。这些仓库的层级和数量需要统一规划，以实现对市场区域的精准覆盖，并保证配送的时效。仓库确定之后，需要进行仓库选品，即每个仓库存储哪些商品，选品的好坏直接影响拆单率。库存策略则是解决仓库每种商品库存量的问题，包括库存多少量、何时补货和补货多少等，因而也直接影响了拆单率。

（2）仓内作业优化

仓内作业优化主要涉及仓库布局优化、库位优化、波次优化和拣货路径优化。

① 仓库布局优化。仓库布局优化主要解决仓库区域划分、通道数量和宽度、货架类型和数量等问题，以尽可能节省仓内物流活动的成本。基于仓内选品、库存策略和其他基础信息，一般按照商品品类划分区域，同时考虑一些特殊的划分条件，比如需要冷藏的商品、奢侈品、有气味的商品等。

② 库位优化。上架流程主要涉及货物存储在仓库哪个库位的问题，直接影响拣货人员或自动拣选的拣货效率。一般而言，除了考虑货物的大小、体积和重量等因素外，还会根据顾客订单中商品的相关性来进行库位的优化，以使得同一顾客订单上的商品摆放在尽可能近的库位。

247

③ 波次优化。单证流程主要是将多个顾客订单进行打包拣选，以提升拣货的效率。在进行顾客订单打包时，要使得同一波次内商品的重合率尽可能高，以及要考虑不同商品存储库位之间的距离；此外，波次的顺序则需要考虑顾客订单的配送时效性要求等因素，将时效性要求高的订单先行组波次。

④ 拣货路径优化。拣货流程的优化重点在于拣货路径的规划，使得拣选一个波次的时间尽可能短。值得一提的是，库位、波次和拣货路线优化环环相扣，共同影响拣货的效率。

⑤ 其他优化。分拣、核验和包装环节的优化主要涉及模型和算法的设计，例如利用感应技术和视觉识别技术，采用自动化设备来进行高效分拣和分拣。值得一提的是，包装环节看似简单，实则直接影响效率和成本。以往包装人员根据经验选取纸箱进行顾客订单的打包，容易出现装到一半装不下的情况，也存在装完剩余较多空间的情况。针对这一环节的优化，可以根据顾客订单上商品的体积、形态等条件进行算法设计，由系统推荐包装大小以及商品放入包装箱的位置和方式等。

（3）运输和配送优化

① 运输优化。对于运输环节的优化涉及装车、发车和路线优化等。简单来讲，先将顾客订单按照地址大区域进行划分，运输到离顾客最近的配送站，其中包括专线、干线和支线运输路线的选择，中转站的选择以及在每个中转站进行包裹的重新组合装车和发车，使得总的运输成本尽可能小，运输效率尽可能高。

② 配送优化。由配送站履行"最后一公里"配送，这里的优化涉及包裹在配送员之间的分配，使得配送员单次从配送站出发，配送完成返回的效率最高。此外，随着智能收货柜和社区收货点的使用，配送更加便捷，这里涉及对智能收货柜和社区收货点运营的优化。

电商物流：京东无人仓

京东物流首次公布了无人仓的世界级标准。这标志着，由中国物流人自主研发的无人仓智能控制系统，正在开启全球智慧物流的未来。

基于十余年的物流经验积累和无人仓的建设实践，京东首次公开无人仓的建设标准，即"三极""五自"和"一优"原则。

"三极"：极高技术水平、极致产品能力、极强协作能力；"五自"：自感知、自适应、自决策、自诊断、自修复；"一优"：成本、效率、体验的最优。无人仓标准的公开，对于推动行业发展，促进行业伙伴共同致力于智慧物流的建设有着极其重要的意义。

京东于2017年10月投用了全球首个全流程无人仓，在"双11"的订单高峰的压力下，无人仓从入库、扫描到打包、分拣、出库所有环节均有序进行。在这个无人仓中，操控全局的智能控制系统，为京东自主研发的"智慧"大脑，仓库管理、控制、分拣和配送信息系统等均由京东开发并拥有自主知识产权，整个系统均由京东总集成。

据了解，未来京东将朝着终极无人型仓库的目标迈进，将无人仓的作业模式覆盖到所有品类、所有业务类型的无人作业，AI技术全面应用，实现自感知、自适应、自决策、自诊断、自修复的能力。

（资料来源：摘自《京东物流首次公开无人仓的世界级标准》，中国物流与采购联合会，http://www.chinawuliu.com.cn/xsyj/201805/25/331461.shtml.）

9.3.2 制造物流

1）制造物流的流程

制造物流（production logistics），也称为生产物流，是指生产企业、流通企业在出售商品时，物品在供方和需方之间的实体流动[①]。总体而言，制造物流和电商物流没有本质的区别，不同之处主要体现在以下两个方面：一是制造物流的最终目的是满足产线的需求，而不是终端消费者，因此对于供应的准确性和时效性的要求非常高，一旦供应不足或不及时将造成产线停产，损失较大；二是制造物流在仓内作业方面要更简单，不需要电商级别的拆零拣选，因此自动化设备的普及率更高。

制造物流的流程简述如下：①供应商将原材料、零部件等送至制造商的物流中心，制造商进行收货、质检、装卸和存储。②仓库接收产线下达的物料订单，排作业计划（组波次）、拆包/拆箱和拣选。注意，这里与电商物流的区别在于，物料订单在货品种类和数量上相对简单，因此不需要专门的分拣和核验；同时物料拣选后直接上产线，需要将大包装按需拆成小包装，多了一个拆包/拆箱流程，少了包装流程。③考虑到所需物料需要一起上产线，接下来仓库会检查同时上产线的物料是否备齐，即齐套流程。④物料出库后，送至生产车间线边进行暂存或是直接上产线生产，也存在一部分物料由供应商直接送至产线，不在物流中心存储。⑤产品生产完成后，再进行包装并运输至客户端（如图9-10所示）。

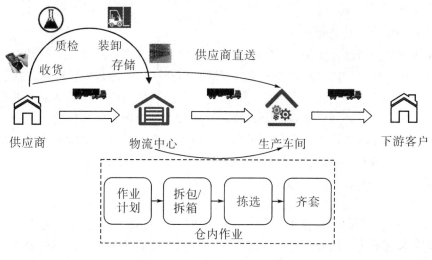

图9-10 制造物流流程示意图

（资料来源：作者绘制）

---

① 胡荣. 智慧物流与电子商务［M］. 北京：电子工业出版社，2016.

2）制造物流的优化分析

从整体上看，制造物流与电商物流，一个服务于内部产线，一个服务于消费者，在流程上并没有太大的差别。因此，电商物流中关于拆单、仓内作业、运输和配送的优化思路可以沿用。下面的分析重点关注两者有差别的地方，主要包括时效性要求和齐套性要求。

（1）制造物流优化难点

①时效性要求。制造物流的时效性要求体现在物料从供应商处运送至产线的每一个物流环节，主要由收货和拣货环节决定。制造物流中的收货是按照产线的需求下达订单，电商物流中的收货是按照市场需求下达订单，虽然两者的需求都是预估量，但是产线的需求对时效性的要求更高。因此，制造商对于高频物料往往会要求上游供应商在制造商工厂附近设立仓库，以保证物料的及时供给，避免缺货导致产线停线的风险。收货顺序的安排也需要考虑需求的紧急程度，一方面保证产线上物料的供应，另一方面也尽量减少物料的物料中心或线边暂存的时间。

②齐套性要求。制造物流的齐套性是指只有产线上需要的所有物料都备齐后才能开始生产。因为制造物流也存在"拆单"，对于产线下达的订单，可能是由多个仓库履行，也可能是由仓库和供应商共同履行。这些拆单虽然不可避免，但不像电商物流一样并不强制要求同时送达，可以分批送至顾客处。正如前所述，只有产线上所需要的所有物料都备齐后才能开始生产。因此，制造物流对于拆单物料到达产线的时间差要求较高，一方面是为了防止产线停产，另一方面是为了避免先到达的物料占据产线的库存空间，这就对收货和拣货环节提出了高要求。总体而言，与电商物流相比，制造物流特殊的优化包括供应商送货路径优化、供应商拼车优化和拣货排产优化。

（2）制造物流优化模块

①供应商送货路径优化。一般而言，物料的供应方式有两种，一种是由供应商送至物流中心暂存，产线需要时企业内部转运至产线；一种是由供应商直接送至产线边。这两种方式分别适合不同特点的物料，目的都是保证生产的基础上最小化物流成本。因此，有必要对不同供应商的送货方式进行综合考量后优化。例如，简单的判定规则包括时效性要求不高、库存成本高的物料可以要求供应商直送，时效性要求高但库存成本不高的物料可以在物流中心存储，时效性要求高且库存成本也高的物料可以一部分直送，一部分在物流中心存储。

②供应商拼车优化。在实际运营中，供应商送货往往要等待一辆车装满后再发车，以最小化自身的运输成本，这往往会影响货物送达的时效，尤其是对由供应商直送的物料影响大。因此，需要根据需求量、生产计划和车辆装载率的要求，对供应商的车辆种类和数目、一辆车上所装载的物料种类和数量、送货时间等进行优化，保证时效性和齐套性要求。通过上述大数据分析，尽可能减少供应商的运输成本和企业的库存占用时间。

③拣货排产优化。虽然电商也有拣货流程，但是制造物流中的拣货流程多了齐套性要求，尤其需要按照订单的时效性要求进行组波次，称为拣货排产。首先，拣

货排产的原则是，控制同一个订单上所有物料的拣货时间差，保证齐套，并且要考虑订单需求的紧急程度，这对组波次的模型算法提出了更高的要求。其次，拣货是按照产线下达的订单执行，产线的订单依据预测下达，可能存在不准确的情况或者是临时调整生产计划，这就会导致产线边暂存的物料可能积压过多，因此需要针对上述情况设定合理的阈值，将积压的物料返回仓库，这也需要基于大数据分析设计优化算法来自动执行。

制造物流：智慧化新系统

精益物流 WMS 系统在仓储管理业务流程再造基础上，利用识别技术、网络通信、管理系统等信息技术及精益管理手段，实现来料、入库、出库、盘库、齐套等多种仓储作业管理。通过自动识别和采集数据，对仓储管理进行预警、指导；通过系统 PC 端、手持端的融合应用，提升作业效率和业务流程的透明化，最终实现实物流与信息流的同步。

产线配送 LES 系统以产线工位生产的物料需求计划为配送依据，生成产线配送计划，在 WMS 系统的仓储物料分拣、齐套的基础之上，进行"工位制节拍化套餐式"物料配送，通过 RFID、拍照系统、条码识别等技术应用，实现产线物流配送全流程数据采集、追溯跟踪，保证生产物料的 JIT 供应。

（资料来源：摘自《智能物流——制造企业经济增长新玩法》，江苏中车数字，https://www.sohu.com/a/312548703_120120913.）

9.3.3 跨境物流

1）跨境物流的流程

跨境电商（cross-border e-commerce）是指分属不同关境的交易主体，通过电子商务平台达成交易，进行支付结算，并通过跨境物流送达商品、完成交易的一种国际商业活动[①]。跨境物流（这里主要指跨境电商物流），相对于电商物流要更简单，体现在顾客订单上商品的种类和数量更少，而难点在于库存的管理以及各种客观因素如通关、国际物流等导致的不确定性。

跨境电商包括从中国销售到其他国家和从其他国家销售到中国两种销售模式，如美国亚马逊上的第三方中国卖家和中国的天猫国际、京东国际、网易考拉等各种海外购平台与商家。以后者为例，物流模式科可分为海外直邮和国内保税区备货两种。保税备货模式下商家将商品运输至国内保税区仓库进行存储，顾客下单后仓库发货出保税区。由于保税区是海关的特殊监管区，在商品出保税区时，海关会对部分商品进行布控查验。与境内物流相比，跨境物流涉及国际运输、报关、通关、检验检疫等特殊环节，影响物流效率的客观不可控因素较多，整个物流过程历时较长。这就导致整个物流环节以及市场的不确定性较高，因此，跨境物流中往往有供应链金融服务提供商的参与，为采购方提供融资服务，以解决资金回笼慢的问题。

---

① 鲜军.电子商务概论［M］.北京：机械工业出版社，2019.

物流流程包括从海外供应商处采购商品，由供应商的海外仓库发货并报关，通过国际物流送至境内保税仓，在保税仓内完成报关报检等流程，通过之后进行入库操作，在接收到顾客订单后，进行组波次、拣选、分拣、核验和包装出库（如图9-11所示）。

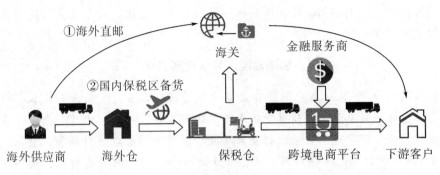

图 9-11　跨境物流一般流程

（资料来源：作者绘制）

2）跨境物流的优化分析

跨境物流与电商物流的不同之处主要体现在是否跨境，因此电商物流中关于拆单和仓内作业的优化思路可以沿用。

（1）跨境物流优化难点

跨境物流的主要难点在于库存、通关和资金问题。

①库存问题主要是由跨境物流漫长的国际运输和物流的不可逆性造成的，一方面，商品入库后保质期较短，导致需要临期处理的商品较多；另一方面，由于订货往往需要提前几个月甚至半年的时间，因此难以把握市场需求，容易发生商品到货后滞销，造成库存积压的情况。

②通关问题则体现在烦琐的备案和报关程序，以及海关的布控查验会影响商品的收发货效率。

③资金问题也是由跨境物流漫长的国际运输和物流的不可逆性造成的。当进货与卖货之间的间隔越长，对于需求的预测越难，资金回笼越慢，甚至产生商品滞销无法变现等问题。

（2）跨境物流优化模块

与电商物流相比，跨境物流特殊的优化包括国际物流线路、报关通关和供应链金融的优化。

①国际物流线路优化。国际物流线路优化主要是根据不同货物的特点和客户要求选择不同的运输方案，包括运输路线和运输方式的选择，目的是在规定的时效内最小化成本。具体考量因素包括货品种类、运输时间、运输价格、港口等信息，综合考虑各种可能出现的突发情况，并整合最有利的报关行、承运方、车队等资源。适合开发相关智能平台，输入目的地、运量、货品、时效、成本等要求，自动推荐备选方案。

②智能报关系统。报关是跨境物流中必要的环节，通过优化国际物流运输方式、

进境港口和清关环节的申报地海关，可以极大地减少通关时间，提升整体物流效率。因此，可以开发智能报关系统，自动生成报关单，提高报关效率。根据客户货物的进境港口和运单结构等因素选择合适的通关监管点清关。

③跨境供应链金融优化。金融的难点在于风控，而跨境电商的融资风险比传统供应链金融更大，因此更需要采用科学合理的方法进行风控。具体而言，资金提供方存在的风险包括政策风险、企业经营风险、库存风险、资金成本风险、虚假贸易风险等。

（a）政策风险包括金融监管风险和跨境监管风险，针对跨境进出口的行业政策还在逐渐完善中，因此与传统金融活动相比，跨境行业政策风险较高。

（b）企业经营风险包括采购风险和汇率风险等，采购风险主要有箱单不符、交货延期、假货等。

（c）库存风险包括跨境进口商品滞销、过期和库存贬值等风险，如前所述，这些都是由跨境业务的国际运输时间长、不确定性因素高导致的。

（d）资金成本风险体现在供应链金融业务主要盈利来源于息差收入，当供应链企业获取的资金成本远小于其从事供应链金融业务所获得的利息收入时，供应链金融业务利润空间较大；反之则存在风险。

（e）虚假贸易风险是指由融资方通过提供虚假的业务单据和货物凭证来取得融资借款，而资金则被转移至其他投机或投资业务，导致资金提供方蒙受损失的风险。

跨境电商：义乌经验

从 2012 年起，国家在义乌先后开展国际贸易综合改革试点、国内贸易流通体制改革试点、自由贸易试验区等国家级改革试点。十年来，义乌出口增长了 5.4 倍，进口增长了 10 倍，电子商务交易增长了 6.1 倍，从"买全国、卖全国"走向了"买全球、卖全球"。

"义乌经验"，重在改革。义乌创新推出小商品数字自贸应用下撮合交易、国际货运代理、"结汇宝"三大场景。通过撮合交易，采购商线上即可精准匹配有供货能力的商户；国际货运代理则意在减少中间商，可将商户小而散的订舱需求化散为整，降低运输成本；运用"结汇宝"，商户就能以沉淀数据的梳理，凭订单数据便捷完成自主结汇收钱。

义乌市政府基于数字贸易综合服务平台 Chinagoods，打通商务局、税务局、海关等部门数据，方便小微企业在平台上处理全流程事项和政府的贸易全过程监管。此外，政府与中国远洋海运集团有限公司、普洛斯投资（上海）有限公司签订三方战略合作框架协议。依托中远海运港口船务优势和普洛斯仓储基础设施优势，实现义乌"货"与中远"船"、普洛斯"园"的强强联合，有力推动义乌物流升级，加快构建现代化贸易枢纽。义乌市政府通过整合三方资源，打造更适应跨境贸易单小货杂新趋势的物流服务模式，为中小微贸易主体解决"订舱难、订舱贵""一舱难求"的难题。

（资料来源：改编自《义乌市场 40 年启示②|"世界超市"当下的关键变量和打法》，澎湃新闻，https://www.thepaper.cn/newsDetail_forward_20859802.）

253

本章小结

1. 理解智慧物流的概念及其内涵，了解其产生的背景和必要性，并进一步掌握智慧物流的实施要点和划分的三个层次。智慧物流就是基于海量数据，利用大数据、云计算、区块链及相关技术来处理与分析，匹配现代化物流管理理论，形成智能化的物流系统，从而达到整个系统运营过程的降本增效。智慧物流的概念最初由 IBM 在 2008 年提出，并于第二年在中国正式被提出，自此拉开了智慧物流发展的大幕。中国政府指出智慧物流是"引导新一轮经济发展和产业变革动力"，并表示"到 2025 年，基本建成供需适配、内外联通、安全高效、智慧绿色的现代物流体系"。2022 年，《智慧物流服务指南》（GB/T 41834—2022）国家标准正式发布，为中国智慧物流的发展指明了方向。

理解智慧物流要把握智慧物流是新技术与现代物流系统的创新融合，具有智慧能力，包括自动感知、自主学习以及自我决策，从而提升物流效率，降低物流成本和优化物流服务。在实施中需要抓住技术、系统、设备、管理和服务五大要点。智慧物流是基于物联网发展而来的，因此可以划分为感知层、网络层和应用层。其中，感知层是通过各种感知和识别技术对物流过程中的有效信息进行感知和存储，主要功能包括识别与反馈、定位与追踪和监控与管理，是最基础的一个层次；网络层主要用以连接感知层和应用层，包括传输数据到应用层和下达指令到感知层，是中间环节；应用层执行计划、控制和决策，包括各个业务模块的数据库和信息管理系统，以及分为战略层、战术层和运营层三个子层级，是智慧物流的核心。

2. 认识智慧物流的发展现状，尤其是中国目前物流行业的发展；理解智慧物流发展的历程及其内在逻辑，并能基于前面的分析展望智慧物流未来的发展趋势。首先，中国的智慧物流目前还处于发展的初级阶段，其中社会物流总费用与 GDP 的比率为 14.7%，仍处于高位，代表物流发展水平还可以进一步提升。其次，中国物流行业集中度较低，但近年来有提升趋势，尤其是民营企业在物流头部企业行列中占据了一席之地，并且比例持续提升。此外，电商的兴起对中国的智慧物流发展促进作用明显，并且随着物流基础设施的大规模投入，中国的智慧物流技术装备在成本控制、研发效率等方面具备了明显的竞争优势。

截至目前，智慧物流的发展主要分为三个阶段，即自动化物流阶段、智能物流阶段和智慧物流阶段。自动化物流阶段始于 20 世纪 60 年代，主要以自动化立体仓库的使用为标志，物流行业自此进入了自动设备取代人力的时代，但此时的自动化技术停留在自动感知和执行阶段，不具备实时分析和科学决策的能力。智能物流阶段从 21 世纪开始起步，随着智能技术的进一步发展，智能硬件的系统集成和物联网技术全面发展，此时的物流系统可以进行实时分析和科学决策，但还未上升到智慧的高度。从 2008 年智慧物流的概念被提出开始，进入了智慧物流阶段，此时物流系统开始具备思维、感知、学习、推理判断和自行解决问题的能力。

3. 了解智慧物流在三种细分行业——电商、制造和跨境电商的实践，以及其背后蕴含的管理优化思想，能够基于所学的知识延伸到其他领域进行优化分析。电商物流的"拆零拣选"环节被公认为是物流行业最复杂的仓内作业场景，因此针对电商物流的分析重点在于仓内部分。电商的仓内优化主要包括仓库选品和布局、库位推荐、组波次、拣货路径、包装等优化模块。此外，电商的"拆单"问题也是影响其成本和效率的重要方面。制造物流相对于电商物流而言，由于品类和数量不在同一级别，物流场景要更为简单，电商的优化思路可以沿用；不同之处在于，制造物流是为了满足产线需求，一旦供应不及时会造成产线停产，影响较大，因此需要满足时效性和齐套性要求。跨境物流受客观因素如报关、通关、检验检疫等影响较大，且国际运输时间往往较长且风险较高，容易造成库存积压、回款不及时等难题，因此与其他电商相比，更需要供应链金融的参与。在优化方面，除了常规的电商优化之外，还有报关系统智能化、国际物流路线和供应链金融的优化。

思考题

1. 什么是智慧物流？智慧物流为什么会产生？
2. 你如何理解智慧物流的概念，其与传统物流相比最大的区别是什么？智慧物流在实施过程中有哪些要点？
3. 智慧物流分为哪三个层次？这三个层次的功能分别是什么？
4. 智慧物流发展至今经历了哪几个阶段？其未来将如何发展？
5. 结合你的看法，从管理学的角度谈一谈，智慧物流在实践中的优化思路是什么？还可以从哪些方面进行优化？

案例阅读

智慧物流让快递"飞"得更快

全国快递行业揽收快件超 65.9 亿件，最高日处理量超过 4 亿件——今年的"618"购物节，再次掀起了一波消费高潮。许多消费者惊喜地发现：以往订单量激增导致的快递"爆仓"现象基本没了，通常是"昨晚刚下单，今早就到货"！

快递处理工作量堪称"海量"，货物是如何快速送达的？这背后，智慧物流功不可没。

（1）多个环节逐步实现智能化

近些年来，随着 AI、大数据、云计算、物联网等技术的发展，物流业在多个环节正逐步实现智能化。

在快递分拣环节，以前只能靠一个个拣货员每次拿起包裹扫一下二维码，然后根据包裹上贴的面单信息将包裹放到代表相应配送位置的区域，这么做不但效率低，还容易出错。如今，以智能分拣装备为核心的多类型技术装备被广泛应用，大大提高了快递分拣的效率，也解决了困扰行业多年的"爆仓"问题。

物流行业的智能化发展，不仅能提高消费者的线上购物体验，还能为生产和生活带来各种便利。

在位于浙江慈溪滨海经济开发区的公牛智能仓库，4个人、1个班次，就能够拣选1.2万箱，而传统方式需要20人才能完成同样的工作量。

公牛智慧物流相关负责人说："原来，每天作业发货能力仅3 000~4 000箱，一旦超过就要顺延到第二天，每月出错率为20~30次；智慧物流系统投运后，最多每天达6万箱，每年出错率仅1~2次。"

在民航机场，智能行李分拣机能够自主完成从行李托运、运输、分拣到行李提取等一系列环节的无人化，极大提高机场效率。

智慧物流不仅提高了效率，还显著降低了成本、增强了安全保障。比如，自动驾驶技术在物流领域的应用就可以在效率、成本和安全等方面帮助企业增加效益。

智慧物流不仅应用在硬件的仓储、运输、配送等全环节，也用于物流供应链规划、智慧决策、物流云等软件层面的场景。

京东物流智能园区创新负责人者文明介绍，京东物流自主研发了仓储、运输及订单管理系统等，支持客户供应链的全面数字化，通过专有算法，为销售预测、商品配送规划及供应链网络优化等做出更好的决策。

（2）新一代信息技术深度应用

京东亚洲一号武汉物流园的最新一代智能控制系统，是这个庞大的物流中心的智能大脑。它可以在0.2秒内，计算出300多个机器人运行的680亿条可行路径，并做出最佳选择。分拣智能搬运机器人系统"小红人"在智能大脑的调度下，无论多忙碌，都不会撞车、打架；要是遇上"堵车"，它会自动重新规划路线；如果没电，它还会自动返回充电站充电。

这种场景，越来越多地出现在国内各类物流行业。在传感器及识别、大数据、AI、地理信息系统等多项先进技术的支撑下，智慧物流给物流行业和人们的生产生活带来了前所未有的改变。

在传统仓储中，需要人工对货物进行扫描、分拣以及入库，然后再手动录入系统。而在智慧仓库中，传感器及识别技术的应用让一切变得既简单又高效。

通过安装RFID（射频识别技术）标签对货物、托盘和操作硬件等资产进行标记，传送有关订单内容和位置等信息，工作人员就可以很轻松地获取每一件货物的所在位置，并实时监控货物的出入库情况，及时清点库存。

同样，在快递行业，基于深度神经网络的细粒度分拣码自动生成引擎技术，实现了对货品地址的自学习与自分析，能自动生成分拣和配送编码，直接取代了传统的邮政编码，实现了海量包裹的快速分拣和配送。

（资料来源：摘自《智慧物流，让生产更高效生活更便利》，人民日报，19版：科技，2023.07.12.）

参考文献

［1］胡荣. 智慧物流与电子商务［M］. 北京：电子工业出版社，2016.

［2］刘伟华，李波，彭岩. 智慧物流与供应链管理［M］. 北京：中国人民大学出版社，2022.

［3］施先亮. 智慧物流与现代供应链［M］. 北京：机械工业出版社，2021.

［4］王之泰. 城镇化需要智慧物流［J］. 中国流通经济，2014（3）：4-8.